臺灣歷史與文化 研究輯刊

四 編

第 15 冊

臺灣福佬系故事中的性別政治
——以婚姻與家庭的相關探討為主

葉翠雰 著

花木蘭文化出版社

國家圖書館出版品預行編目資料

臺灣福佬系故事中的性別政治——以婚姻與家庭的相關探
討為主／葉翠雰 著— 初版— 新北市：花木蘭文化出版社，
2013〔民102〕
目 4+222 面；19×26 公分
（臺灣歷史與文化研究輯刊 四編；第 15 冊）
ISBN：978-986-322-497-6（精裝）
1. 民間故事　2. 性別政治　3. 臺灣
733.08　　　　　　　　　　　　　　　　　102017403

ISBN-978-986-322-497-6

9 789863 224976

臺灣歷史與文化研究輯刊
四　編　第十五冊　　　　　　　ISBN：978-986-322-497-6

臺灣福佬系故事中的性別政治
——以婚姻與家庭的相關探討為主

作　　者　葉翠雰
總 編 輯　杜潔祥
出　　版　花木蘭文化出版社
發 行 所　花木蘭文化出版社
發 行 人　高小娟
聯絡地址　235 新北市中和區中安街七二號十三樓
　　　　　電話：02-2923-1455／傳真：02-2923-1452
網　　址　http://www.huamulan.tw 信箱 sut81518@gmail.com
印　　刷　普羅文化出版廣告事業
初　　版　2013 年 9 月
定　　價　四編　22 冊（精裝）新臺幣 50,000 元

臺灣福佬系故事中的性別政治
——以婚姻與家庭的相關探討爲主

葉翠雰　著

作者簡介

葉翠雰，1966 年生，台南人。曾任出版社編輯。現在是國小老師。喜歡閱讀、看電影。讀台文所，圓了文學夢。

提　　要

　　本文的目的，在觀察潛藏在民間故事背後的性別意涵，找出性別支配如何通過敘事的過程產生出來。

　　第一章概述本研究之研究動機與目的、概念界定及研究範圍、研究方法，並回顧民間文學及女性議題之相關研究，提出預期研究成果與研究限制。第二章綜觀父權體制從成形、確立以至鞏固而深化的歷程。第三、四、五章以台灣福佬系民間故事為藍本，分別從婚姻關係、夫妻互動、家庭生活三個女性生命的重要面向進行性別解讀。第六章總結全文，釐清傳統社會性別統治的事實，並對真正男女平等寄予期待。

目次

第一章　緒　論

第一節　研究動機與研究目的

　　台灣民間故事是我最早接觸的課外讀物，可說是我童年的精神食糧，陪伴我長大。在享受閱讀樂趣之餘，對於故事中傳達的善惡報應、姻緣天定、女子從一而終等各種訊息，都認爲是理所當然。如今我仍然愛讀故事，但受到女性主義的薰染之後，閱讀有了不同的觀察與體會，那些潛藏在故事背後的性別意涵便逐漸浮現出來。

　　女性主義近年來已成爲文化研究的重要一環，其訴求著重於性別不平等及權力關係的分析，進而提出女性主觀經驗的另類詮釋，改正長期以來在社會發展中居於掌控地位的男性觀點，藉以推動婦女權益，達到男女平權。事實上，性別在文化中的影響隨處可見，民間故事自然也充斥著男性中心的性別標記。

　　民間故事乃是出於口耳相傳的集體創作，所反映的是社會大眾的共同信念，在傳述的過程中，無可避免的受到禮制倫常、性別觀念等既有社會權力體系的制約。這些社會權力體系透過發話者傳遞給聽眾，聽眾又成爲講述者，在不斷的建構演繹中複製強化，進而內化爲個人價值觀。過去傳統社會中的兩性權力關係，就經由這樣的過程不斷在故事中被傳布，換言之，民間故事在進行社會教化的同時，也爲父權價值體系的深化而服務。

　　本文即試圖以女性主義的角度切入，以「讀細節」的方式考察文本，進行具有性別意識的闡釋，描繪出台灣民間故事中的女性形象，並抉發其中所

蘊藏的性別政治，亦即找出「性別支配如何通過敘事過程產生出來」。

第二節　概念界定與研究範圍

　　本節將概述民間文學的內涵及台灣民間故事的來源與歷來文獻資料，並對「性別政治」的概念及「台灣福佬系故事」的定義作一界定，以說明本研究的研究範圍及研究對象。

一、民間文學與民間故事的內涵

　　民間文學來自於民間，具有保存與傳承的價值。胡萬川指出：「民間文學不只是我們生命中感性的文學，也是一套理性的認知系統，一套人們反省、記載他們的存在方式的系統。」江寶釵又將其衍伸爲「祖先與祖先、祖先與山川與歷史對話留下的回音，承載了民族集體的記憶與創作的活力」。〔註 1〕

　　鍾敬文在《民間文學概論》一書中說：「民間文學是勞動人民的口頭創作，它在廣大人民群眾當中流傳，主要反映人民大眾的生活和思想感情，表現他們的審美觀和藝術情趣，具有自己的藝術特色。」〔註 2〕

　　汪志勇認爲，民間文學是出自民間肆口而發的歌謠、故事、笑話、戲劇等，也許內容迷信、知識淺陋，或甚至思想錯誤，但只要是在當時的時空環境下呈顯人們眞性情的作品，就是眞正的民間文學。〔註 3〕

　　民間文學不僅是文人文學的源頭活水，並且眞實反映時代環境和民眾的思想與情感。

　　關於民間文學的分類，有依內容或傳播方式而定。高國藩依內容將民間文學分爲五類：（一）散文類，包括古代神話、民間傳說、民間童話、民間笑話、世俗故事、動物故事、植物故事等；（二）韻文類，包括古代韻文、短篇民歌、長篇民歌等；（三）說唱類，包括古代說唱、民間曲藝等；（四）語言類，包括謎語、諺語、歇後語、對聯等；（五）戲劇類。〔註 4〕

〔註 1〕 江寶釵，〈開闢一片活水田──訪胡萬川先生，談民間文學〉，《文訊雜誌》155
　　　　期（1998 年 9 月），頁 70～71。
〔註 2〕 鍾靜文，《民間文學概論》（上海：上海藝文出版社，1990 年 8 月），頁 5。
〔註 3〕 汪志勇，〈漫談民間文學中的僞品及糟粕〉，《中國通俗文學民間文學學術研討
　　　　會論文集》（台北：政治大學中文系所主編，教育部顧問室贊助出版，1994
　　　　年），頁 4。
〔註 4〕 高國藩，《中國民間文學》（台北：台灣學生書局，1995 年 9 月），頁 7～9。

黃志民則依傳播的方式將民間文學分為五類：（一）說的，如民間故事、童話、寓言、笑話、謎語、話本等；（二）唱的，如民歌、兒歌、俗曲等；（三）講唱的，如變文、諸宮調、寶卷、彈詞、評書、相聲等；（四）唸誦的，如數來寶、民謠、童謠等；（五）搬演的，如各種戲曲。〔註5〕

胡萬川將民間文學分為散文故事類、散文歌謠類、諺語類、謎語類，同樣是按照傳播方式分類。散文故事類又分為四類：（一）神話，（二）傳說，（三）民間故事，（四）笑話類；其中，傳說以人物為主，包含歷史故事、地方山川勝跡、動植物、土產、特產、儀式或習俗；民間故事包括幻想故事、動物故事、生活故事、機智人物故事、寓言故事。〔註6〕此與高國藩歸為散文類的民間文學，在名稱上雖略有差異，但包含的內容大致相同。

所謂「民間故事」，有廣義和狹義兩種理解和用法。廣義的用法，是把群眾所有口頭講述的散文故事都叫做民間故事，〔註7〕如段寶林的說法：「民間故事是人民口頭創作中敘事散文作品的總稱，按題材內容及流傳的不同情況可分為神話、傳說、生活故事、笑話、寓言、童話等六類。」〔註8〕至於狹義的民間故事，則指神話、傳說以外的口頭敘事散文故事。

本研究中所稱的「故事」即「民間故事」，係採廣義的分類法，與前述胡萬川、高國藩所稱「散文（故事）類民間文學」含義類同。

二、台灣民間故事的來源與文獻資料

一般所謂「台灣民間故事」，乃統稱台灣福佬、客家、原住民三大族群的民間故事。早期台灣居民除原住民族之外，幾乎都是從中國移民過來的，大部分移民來自福建，以漳州、泉州的福佬人為主，其次為廣東的客家人，因此台灣民間故事大抵都圍繞著原住民、福佬人、客家人而產生。

先民遷徙到台灣，家鄉的傳說故事自然成為茶餘飯後的娛樂和慰藉；台

〔註5〕 黃志民，〈民間文學的範圍〉，《中國通俗文學民間文學學術研討會論文集》（台北：政治大學中文系所主編，教育部顧問室贊助出版，1994年），頁219。

〔註6〕 江寶釵，〈走過的痕跡——嘉義地區文學的採集、調查、整理與研究概述〉，《漢學研究》19卷2期（總74期，2000年5月），頁191。

〔註7〕 劉守華，《故事學綱要》（修訂本）（武漢：華中師範大學出版社，2006年9月），頁1。

〔註8〕 段寶林，《中國民間文學概要》（北京：北京大學，1985年），頁41。遠流版《中國民間故事集》亦採相同的分類方式，其中童話又稱為幻想故事，見出版前言。

灣民間故事因而與閩、粵一帶的民間故事同出一源。無論是福佬人、客家人，又多是在唐宋之間自中原南遷而來，淵源於華南的台灣民間故事也承襲了典型的中國性格。然而台灣民間故事並非原封不動的繼承華南故事的母型，經三百年來特殊的歷史推移（尤其連續多次的異民族占據）及海島地理環境影響，使台灣民間故事產生異趣的面貌，甚至有純粹以台灣鄉土爲背景形成的。〔註9〕因時空背景的差異，台灣民間故事已逐漸發展出自己獨特的風格。

台灣民間故事最早載錄於清代所纂修的台灣方志，如《台灣府志》、《鳳山縣志》、《台灣縣志》、《淡水廳志》、《澎湖廳志》、《苗栗縣志》等，記載了清治時期的台灣地方傳說。〔註10〕

至日治時期，日本官方和台灣文人都對民間文學高度重視。民間文學的整理是日本統治者進入台灣基層文化的方式，而台灣文人則藉此寄託鄉土情懷，在皇民化政策下保留台灣的母語與文化；〔註11〕此時期因而成爲台灣民間文學蒐集紀錄的一個高峰期。

日本政府爲更有效推行殖民政策，著手調查台灣民俗，民間故事也一併被采錄，如：「台灣慣習研究會」刊行的《台灣慣習記事》（雜誌，1901 至 1907，共七卷）、平澤平七（又名平澤丁東）的《台灣俚諺集覽》（1914）、片岡巖的《台灣風俗誌》（1921）、伊能嘉矩的《台灣文化志》（1928）、鈴木清一的《台灣舊慣冠婚葬祭與年中行事》（1934）、由金關丈夫與黃得時等人創辦的《民俗台灣》（雜誌，1941 至 1945，共四十三期）、池田敏雄的《台灣家庭生活》等。在這些書刊中，編著者分別以不同的篇幅記述當時台灣流傳的民間故事；然而，民間故事畢竟只是民俗的一部分，因此這些故事的蒐集較爲零散。〔註12〕與此同時，對台灣民間故事專門的輯錄與整理工作也陸續展開，如：宇井英《台灣昔噺》（1915）、川合眞永《台灣笑話集》〔註13〕

〔註9〕 施翠峰，〈台灣民間故事的發展及其內容〉，《漢學研究》8 卷 1 期（1990 年 6 月），頁 677。

〔註10〕 陳益源，〈明清時期的台灣民間文學〉，《中正大學中文學報年刊》3 期（2000 年 9 月），頁 183～203。

〔註11〕 江寶釵，〈走過的痕跡——嘉義地區文學的採集、調查、整理與研究概述〉，《漢學研究》，頁 191。

〔註12〕 彭衍綸，〈淺論台灣民間故事發展概況〉，《國立中央圖書館台灣分館館刊》5 卷 2 期（1998 年 12 月），頁 111～12。其中，鈴木清一的《台灣舊慣冠婚葬祭語年中行事》於 1976 年由台北眾文圖書公司發行中譯本，易名爲《台灣舊慣習俗信仰》。

〔註13〕 本書是最早的台灣民間笑話專集，台語（以漢文記錄）日語對照。見胡萬川，

（1915）、平澤平七（又名平澤丁東）《台灣の歌謠と名著物語》（1917）、入江曉風《神話台灣生蕃人物語》（1920）、左山融吉、大西吉壽《生蕃傳說集》（1923）、澤壽三郎《台灣童話五十篇》（1926）、西岡英雄《朝鮮台灣アイヌ童話集》（1929）、瀨野尾寧、鈴木質《蕃人童話傳說選集》（1930）、中村亮平《朝鮮台灣支那神話と傳說》（1934）、台北帝國大學言語學研究室《原語による台灣高砂族傳說集》（1935）、黃鳳姿《七爺八爺》（1940）、上田八郎《高砂族の話》（1941）、西川滿、池田敏雄《華麗島民話集》（1942）、竹內治《台灣むかし話》（1943）、東亞出版社編輯部《台灣面白いオトギばなし》（1943）、台灣藝術社編輯部、黃啓木、江肖梅《台灣地方傳說集》（1943）等。以採集的量而言，成果頗爲豐碩，但以上雜誌、專書大都以日文出版，並由日人主導發行；〔註14〕這些調查與採集是將台灣民間文學視爲研究對象，當中存在著上層／下層、主動／被動的權力關係，做得再好，也改變不了外來者的觀點。〔註15〕

　　由台籍人士主導並以中文發行的台灣民間文學書刊，首見於《第一線》〔註16〕在1935年一月推出的「台灣民間故事特輯」，收錄台灣民間故事十五則，表達了對民族文化的關切。之後李獻璋在賴和等人的支持下編輯《台灣民間文學集》，於1936年刊行，全書分爲歌謠與故事兩大類，「故事篇」以《第一線》爲基礎，由十五篇故事增爲二十三篇，所收錄的「都挑選台灣獨特的東西」，並「極力留心于記錄文字的選定」，〔註17〕力圖在異族統治下保

　　　〈台灣民間文學的過去與現在——以故事類爲主〉，《民間文學的理論與實際》（新竹：清華大學出版社，2004年1月），頁194～196（原發表於《台灣史料研究》，創刊一號，1993年2月）。
〔註14〕彭衍綸，〈淺論台灣民間故事發展概況〉，頁112～13。其中，《蕃人童話傳說選集》中譯本（非全譯本）由魏素貞翻譯，台北國語日報社出版（1987年9月），名爲《台灣山地故事》；《原語による台灣高砂族傳說集》中譯本（非全譯本）由陳千武譯述，台北臺原出版社出版（1991年2月），名爲《台灣原住民的母語傳說》。
〔註15〕見江寶釵，〈開闢一片活水田——訪胡萬川先生，談民間文學〉，《文訊雜誌》，頁70～71。
〔註16〕《第一線》原名《先發部隊》，由台灣文藝協會創辦，創辦人有郭秋生、黃得時、朱點人、廖毓文等；因受日方干涉，翌年改稱《第一線》。
〔註17〕李獻璋，《台灣民間故事集》（台北：龍文，1989年2月），頁5（原於1936年6月由台北台灣文藝協會發行）。薛順雄認爲，此書「故事篇」中每一篇都註明了故事的流傳地點及採集者姓名，具有田野調查徵信性，更詮釋故事流傳的地方性，乃此書特色之一。另一特色是用心選用河洛方言的文字，如「泔糜仔」（稀粥）、「佚陶」（遊玩）、「後擺」（後回）、「刁致」（故意）、「頭路」（就

存我族本色。〔註18〕

　　除了上述各種雜誌、專書，日治時期的《台灣新民報》、《三六九報》等報刊也有民間故事的載錄。民國以後，報章期刊亦時有相關作品刊登，如《台灣風物》、《台灣文獻》、《台北文物》、《台南文化》、《高雄文獻》、《民俗曲藝》、《漢學研究》、《國文天地》、《台灣新生報》等。〔註19〕而戰後編修的部分台灣方志中也收錄台灣民間故事，極富地方特色，其中以《重修台灣省通志‧卷三住民志禮俗篇》（1993 年出版）所收錄的台灣民間傳說故事最為完整而豐富。〔註20〕

　　1945 年之後，為了民族學、人類學的研究，中央研究院（民族所）、台大人類學系、省市文獻會等學術研究單位，先後展開對原住民族神話與傳說的調查採集。〔註21〕至於漢族民間故事的采錄或研究則以個人為主，早期較重要的有：江肖梅《台灣故事》（三冊）、涂麗生、洪桂己《台灣民間故事》、婁子匡編纂、齊鐵恨註釋《台灣民間故事》、賴燕聲《麗島搜異》等。〔註22〕後續有王詩琅採集記錄的《台灣歷史故事》、《台灣民間故事》，多於五〇至六〇年代初在雜誌發表；吳瀛濤的《台灣民俗》述及地方傳說、民間故事、民間笑話，於六〇年代末出版；周青樺的《台灣客家俗文學》，〔註23〕極有可能是第一本專門記述客家民間文學的作品。施翠峰的《台灣鄉土的神話與傳

職）等。見薛順雄，〈李獻璋《台灣民間文學集》評介〉，《東海學報》38 卷（1997年 7 月），頁 169。

〔註18〕 胡萬川，〈賴和先生及李獻璋先生等民間文學觀念及工作之探討〉，《民間文學的理論與實際》，頁 216。

〔註19〕 參見彭衍綸，〈淺談台灣民間故事發展概況〉，頁 113、115。

〔註20〕 其他如《高雄市志》（1968 年出版藝文篇）、《芳苑鄉志》（文化志 1997 年出版）亦收錄多篇民間故事。見范姜灯欽，〈台灣方志中所收錄民間文學作品的內容與特色：以 1945 年後纂修之方志為研究對象〉，《國立中央圖書館台灣分館館刊》10 卷 2 期（2004 年 6 月），頁 102～103。

〔註21〕 胡萬川，〈台灣民間文學的過去與現在──以故事類為主〉，《民間文學的理論與實際》，頁 194～196（原發表於《賴和及其同時代的作家：日據時期台灣文學國際學術會議》，1994 年 11 月）。

〔註22〕 涂麗生、洪桂己《台灣民間故事》原連載於《公論報》6 版，1957 年 4 月～1960 年間。賴燕聲《麗島搜異》共收錄六十則台灣民間故事，由員林的經濟新報社於 1960 年發行。江肖梅與婁子匡的故事集皆收錄於《國立北京大學中國民俗學會民俗叢書》第 118、119、120、11 冊（台北：東方，1973年）。

〔註23〕 收錄於《國立北京大學中國民俗學會民俗叢書》第 55 冊（台北：東方，1973年）。

說》、《台灣民譚探源》於七〇年代自民間採集，後者並探討故事的時代意義，或與中國華南類似故事作比較；林藜的《台灣民間傳奇》共十二冊，收錄四百多個故事，原發表於七〇年代，「內容包被宏廣，幾乎縣縣有傳奇，鄉鄉有故事，實集台灣民間故事之大成」；〔註 24〕林道衡口述的《台灣夜譚》有專章講述民間傳說，成書於八〇年代初；陳慶浩、王秋桂主編的《中國民間故事全集》於 1989 年出版，乃自前人搜集出版的大量民間故事中選出具代表性的作品結集成書，共四十冊，其中第一冊即為《台灣民間故事集》，收錄漢族故事七十則。

　　這些學者專家熱心投入，整理及保存了相當多漢人民間文學，有其重要貢獻。他們所關注的是文本，著重在表現故事情節的精采，故而將民間故事改編改寫成具有閱讀樂趣的文學；因此這些故事都帶有撰寫者的寫作風格，而非客觀、忠於原貌的記錄。〔註 25〕

　　近十餘年來，由於本土民俗文化再度受到重視，台灣民間文學調查採集工作陸續在各地區積極展開。胡萬川提倡「民間文學採集 DIY」，呼籲「台灣在地各族群覺醒，自己調查、採集與整理，在祖靈文學的滋潤中返回自己，擁抱鄉土，深植文化的根」。〔註 26〕1992 年春季開始，由胡萬川策劃主持，在台灣中部對漢族民間文學進行客觀科學化的采錄整理，〔註 27〕這是學術單位與地方政府文化機構首度合作蒐集民間文學，〔註 28〕先後完成《石岡鄉閩南語故事集》、《沙鹿鎮閩南語故事集》、《彰化縣民間文學集・故事篇》、《大甲鎮閩南語故事集》、《新社鄉閩南語故事集》、《清水鎮閩南語故事集》、《梧棲鎮閩南語故事集》等系列民間故事出版品，帶動後續多個縣市積極投入民間

〔註 24〕林藜，《台灣民間傳奇》序文（台北：稻田，1995 年 12 月）。

〔註 25〕林培雅，〈近四十年來台灣民間文學的調查、研究狀況〉，《台灣文學研究學報》3 期（2006 年 10 月），頁 45～46。

〔註 26〕見江寶釵，〈開闢一片活水田——訪胡萬川先生，談民間文學〉，《文訊雜誌》，頁 70～71。

〔註 27〕胡萬川堅持謹守嚴格的學術規範，不隨便改動講述者的講述內容，以標音方式記錄原音原語，還必須記下採集時間、地點、采錄人及講述者資料等等講述情境及相關背景。見胡萬川，〈台灣地區民間文學調查、采集、整理、研究〉，《文學台灣》123 期（1995 年 1 月），頁 25。

〔註 28〕這種合作模式的目的在於，希望透過地方政府行政力量的支持，結合既有文化資源，喚起當地人士搶救當地民間文學的自覺，進而加入採集工作的行列；採集工作以鄉鎮為單位進行全面性、廣泛性的普查，采錄人員以當地人士為主。見林培雅，〈近四十年來台灣民間文學的調查、研究狀況〉，《台灣文學研究學報》3 期，頁 47。

文學普查採集的行列，迄今已出版民間故事集的地區計有：台中縣、彰化縣、嘉義縣、台中市、苗栗縣、宜蘭縣、高雄縣、基隆市、雲林縣、桃園縣、嘉義市、台南縣、南投縣等多個縣市，目前部分縣市的採集工作還在持續進行中。

三、「性別政治」的意涵

「性別」（gender）一詞的含義，必須與「性」（sex）作出區隔。在當代女性主義理論中，「性」一般被認為是生理上或生物學上的男女先天之別；「性別」則是後天文化制約下形成的社會性別角色，由文化建構、社會再複製的教育和文化社會體制，透過法律、語言以及意識形態的方式來強調差異。〔註29〕

瑪麗・渥斯通克拉夫特（Mary Wollstonecraft）在 1792 年發表的《女權辯護》（*A Vindication of the Rights of Women*）一書中，已開始對女性被賦予的性別角色提出質疑：由於男性將自己所期待的女性情態加諸於女性，女性因此被教育得「比天生的軟弱更軟弱」。〔註30〕西蒙・波娃（Simone de Beauvoir）在其著作《第二性》（1949）中的名言：「女性並非天生而成，而是後天學習而成。」〔註31〕更直指性別為文化的產物而非生理事實。因此，所謂「男性氣質」與「女性氣質」實來自後天社會期待的形塑，男性利用性別差異對女性進行掌控，而衍生出「性別政治」（Gender Politics）的關係。

「政治」（politics）是指「一群人用於支配另一群人的權力結構關係和安排」，也可以說是「維持一種制度所必須的一系列策略」，「政治的本質便是權力」。〔註32〕

米利特（Kate Millett）在《性政治》（*Sexual Politics*）一書中指稱：〔註33〕

〔註29〕廖炳惠編，《關鍵詞200》（台北：麥田，2003 年 9 月），頁 241～242。

〔註30〕瑪麗・渥斯通克拉夫特（Mary Wollstonecraft）指出：「即使證明女人比男人天生軟弱，但是從哪裡可以得出結論說她應該努力使自己變得比天生的軟弱更軟弱呢？」見瑪麗・渥斯通克拉夫特，《女權辯護》（*A Vindication of the Rights of Women*）（北京：商務印書館，1995 年），頁 50。

〔註31〕西蒙・波娃（Simone de Beauvoir）著，陶鐵柱譯，《第二性》（北京：中國書籍出版社，1998 年）。

〔註32〕米利特（Kate Millett）著，宋文偉、張慧芝譯，《性政治》（*Sexual Politics*）（台北：桂冠，2003 年 12 月），頁 37、40。本書係以江蘇人民出版社宋文偉譯本為藍本，經部分增補改譯而成。

〔註33〕洪淑苓認為，書名 *Sexual Politics* 著重生理上的「性」，有其侷限，可將之易

從歷史上到現在，兩性之間……是一種支配與從屬的關係。在我們
的社會秩序中，基本上未被人們檢驗過的甚至常常被否認的（然而
已是制度化的）是男人按天生的權利統治女人。〔註34〕

她認爲「性即政治」，人們一直以來視爲自然形成的性（別），事實上是「政
治」作用的結果。因此，「性別政治」的定義可以說是「統治的一性試圖維持
並擴展宰制另一性的權力」。〔註35〕

　　至於「父權」（patriarchy）原義指父親的領導，米利特最早將此一概念引
入女性主義理論，在《性政治》中，以父權制指涉社會中各個面向都由男性
所支配，從家庭到社會律法和國家都是由男性爲主導的結構。父權體制往往
結合宗教、政治以及文化形式，將其粗暴的權力本質加以包裝，〔註36〕靠著
嚴密的控制手段，在人類社會長存不墜。

四、研究範圍與研究對象

　　本研究將研究範圍設定爲「台灣福佬系故事」，意指在台灣以福佬話講述
的民間故事，一則由於唐山渡台的移民以福佬族群居多，具有代表性，一則
由於台灣福佬語故事采錄成果斐然，可作爲研究的主要文本。除了各縣市政
府出版的閩南語故事集之外，也參酌歷來文人學者採集整理而以華語記述的
民間故事，以補其不足，部分文本雖經改編改寫，可視爲以書面形式流傳之
民間故事，仍可用以分析性別意涵。

　　本研究所要探討乃是，台灣福佬系故事中，父權體制是如何透過敘事形
塑及掌控女性，藉以維持並鞏固其宰制地位，因此，研究對象將僅限於具有
性別意義的民間故事。此外，由於故事重複的現象十分普遍，如屬同一故事，
原則上僅擇取一篇進行研究分析，選文標準以最能反映性別權力關係的文本

　　　名爲「性別政治」，以兼及兩性在社會文化層面的權利抗爭，見《民間文學的
　　　女性研究》（台北：里仁，2004年2月），頁4、20。另，張京媛在《當代女性
　　　主義文學批評》（北京：北京大學，1992年1月）的前言（頁2）中，即直接
　　　將本書譯爲《性別政治》。陳芳明在《後殖民台灣：台灣史論及其周邊》提及
　　　本書，也稱《性別政治》（台北：麥田，2007年6月二版）。
〔註34〕米利特著，宋文偉譯，《性政治》（江蘇：江蘇人民出版社，2000年9月），頁
　　　32～33。
〔註35〕托莉・莫（Toril Moi）著，王奕婷譯，《性／文本政治：女性主義文學理論》
　　　（*Sexual/Textual Politics: Feminist Literary Theory*）（台北：巨流，2005年9月），
　　　頁30。
〔註36〕廖炳惠編，《關鍵詞200》，頁189～190。

爲主，其餘異文則視情況概述或於註文中說明。

由於研究文本中兩性性別政治的呈現，多集中於婚姻關係、夫妻互動與家庭生活之中，因此本研究將依此三個面向分別進行探討。

第三節　研究方法與研究取向

本研究將採取歷史比較研究法，依其步驟逐次達成研究目標。除此之外，女性主義研究取向爲本研究的重要指標，本節亦將概述本研究的立論基礎。

一、研究方法與步驟

歷史比較研究法屬於質性研究，其關注焦點在於文化，適合用來解釋種種社會因素的合併所造成的特殊結果，也適用於社會變遷的探究。研究者以自身的觀點進行詮釋，可以重新解釋資料或是挑戰舊的解釋；藉由檢視歷史事件或文化脈絡，概化出新的概念且加以擴充。〔註37〕

歷史比較研究最主要的面向在於研究者如何建立問題、蒐集資料，並進行解釋，其研究步驟依序如下：〔註38〕

（一）調查主題概念化（形成問題）

歷史比較研究始於將研究對象概念化，透過閱讀一些基本文章，研究者嘗試掌握特定場景、組織概念、將主要議題集中在一起、並發展出要問的問題。在此階段，概念和證據的互動得以刺激研究。〔註39〕

本研究藉台灣民間故事與女性主義的激盪，形成主要問題意識，即前述研究動機與目的。

（二）確認證據（蒐集文獻資料）

形成問題後，研究者透過密集的文獻研讀來蒐集、確認證據，並依照在

〔註37〕W. Lawrence Neuman 著，王佳煌、潘中道等合譯，《當代社會研究法》（*Social Research Method: Qualitative and Quantitative Approaches*）（台北：學富文化，2002 年 4 月），頁 652～653、660～667。

〔註38〕研究步驟小標題引自《當代社會研究法》，括號內文字是依原標題意思調整爲較適合本研究的説法。

〔註39〕W. Lawrence Neuman 著，王佳煌、潘中道等合譯，《當代社會研究法》，頁 668～673。

證據中的發現調整最初的概念、問題或焦點。〔註40〕

　　本研究涉及台灣民間故事及性別議題兩大區塊，因此文獻的搜尋也分別依這兩個方向進行：一方面蒐集各種台灣福佬系故事集作為研究之藍本，同時研讀歷代婦女觀相關的文獻典籍，並兼及西方女性主義、性別研究等論述，以闡明父權體制的形成及女性在父權支配下的地位與處境。此外，當代民間文學的女性研究著作及論文皆可提供本研究之借鏡。在資料搜羅的過程中，理論、史料、文本互相印證，有助於調整既有概念。

（三）評估證據之品質（篩檢文獻資料）

　　研究者在蒐集證據時應評估證據和研究問題及研究概念間的關係：有些證據會刺激新的思考方向而促使研究者再找尋其他事證，其次，證據的正確性和有效性也必須考慮；研究者試圖在證據中找尋三件事：隱含的概念架構、特定的細節，以及實證的概化（大家都同意的事實陳述），並且避免將某一事件擴大到全部脈絡裡。〔註41〕

　　本研究在大量的相關文獻中，必須針對研究主題篩選出可用的素材。目前可見的台灣福佬系故事文本資料相當豐富，然而，唯有能讀出性別意涵的故事才適用於本研究，因此必須廣泛閱讀再加以過濾選擇。理論與史料典籍同樣須考慮是否切合研究概念，並可資佐證或說明文本中性別支配的歷史事實。在檢閱的過程中，重要細節與事證將被凸顯出來，概念架構亦初具雛形。

（四）組織證據（分析文獻資料）

　　研究者評估所蒐集的證據並找到新的資料來源後，開始組織資料，通常透過記下低度的概化或主題開始初級的分析。接著，藉由資料和理論間的互動跨過證據表面的解釋，以理論為基礎進行證據的批判而發展出新的概念，再以此概念重新解釋證據。〔註42〕

　　本研究在前一步驟的基礎上，將篩檢出的民間故事文本參酌相關史料及論述，依故事中的女性角色、地位及其透露的性別權力關係進行初步分析，在分析的過程中，逐漸形成較為明確的概念，繼而重新檢視個別資料在女性觀點下所代表的意涵。

〔註40〕同上註，頁 669～670。

〔註41〕W. Lawrence Neuman 著，王佳煌、潘中道等合譯，《當代社會研究法》，頁 670～671。

〔註42〕同上註，頁 671。

（五）綜合資料（比較、歸納與詮釋）

此步驟是綜合證據的過程。綜合性的資料用彼此間的關係或因果機制來連結特定的證據，而先前的主題或概念則經過調整或修正，並且進一步精簡化。研究者以不同方式檢視證據、尋找類型，並標出相似和相異之處，將不同事件分門別類。當研究者將概念納入證據而組織成一個整體，同時也發展出合理的解釋，形成解釋模型，而賦予證據新的意義。〔註43〕

推求歷史法則最主要的方法是歸納，而歸納往往離不開比較，甚至可以說，法則即是比較。〔註44〕比較研究者解釋不同案例類型間的相似和相異性，「比較」即了解和察覺訊息的主要動作。〔註45〕「比較」並不等同於「歸納」，一方面「比較」供給「歸納」資料，另一方面，「比較」也幫助分析、幫助記憶；而「歸納」則有賴於綜合能力和邏輯技術的應用。如將兩者揉合起來，則有幾個運用的原則：取「同」和別「異」同樣重要，同樣可使原則的內容充實而明白。追究「同」的原因是追求法則最重要的途徑，要不厭其詳，同時必須分別出根本因素、偶合因素及衍生因素。追究「異」的原因可以發掘出小原則，再融合其他小原則又可歸納出法則來。而不論「異」和「同」都要抓住本質，有時表面看來相同的事情，細加分析後可能發現本質上並不相同；有時分明是不同的事件，卻是同一本質不同形式的表現。此外，必須掌握時間、地點等各項要素的真實意義，並排除成見；至於歸納最重要的原則，在於力求資料的豐富，資料越豐富，歸納就越周全，法則就越正確。〔註46〕

本研究在分析文獻資料之後，開始進行個別故事的比較。根據不同故事中相同身分的女性之處境與性別功能，歸納出「同」的類型，並尋求原因；對於不同故事中相同身分女性的不同行事作為，則可歸納出「異」的法則；此外，不同身分的女性間是否具有「同」的性質亦在探究之列。在比較歸納的過程中同時確認概念，並發展出性別意義的合理解釋，進而在全面觀照下建立完整的分類架構，並分別賦予女性觀點的另類詮釋。

（六）撰寫報告

最後一個步驟是將證據、論述和結論整合成一份研究報告。研究報告的

〔註43〕 W. Lawrence Neuman 著，王佳煌、潘中道等合譯，《當代社會研究法》，頁671～672。

〔註44〕 余鶴清，《史學方法》（台北：洪氏出版社，1975年2月），頁30。

〔註45〕 W. Lawrence Neuman 著，王佳煌、潘中道等合譯，《當代社會研究法》，頁684。

〔註46〕 余鶴清，《史學方法》，頁31～32。

撰寫是研究的關鍵，證據的組織和解釋可能完成或摧毀一個歷史比較研究。成功的研究者淬煉證據，進行合理的論述闡釋，藉以提供一個完整的時代圖像。〔註47〕本研究即企圖描繪出父權體制下早期台灣女性的生命圖像。

二、研究取向

除了以歷史比較的方法及步驟進行研究之外，本文始終是以女性主義為思考及立論基調。以下概述女性主義的發展脈絡及流派劃分。

女性主義運動經歷兩個高峰期：第一波女性主義運動產生於十八世紀末，以啟蒙思想的「天賦人權」為基礎，認為女性擁有與男性一樣的理性天賦，爭取女性享有投票權等男性已享受的權利。女性主義第二波從1960年代展開，與美國發生的爭取公民權、反種族歧視與反戰運動，及歐洲風起雲湧的的學生運動和社會運動密切相關──女性在政治運動中與男性並肩作戰，卻感受到男性戰友的不公平對待，她們意識到必須脫離男性主導，才能爭取到女性的平等，其訴求在於要求公共領域對女性全面開放，改變女性的附屬地位。〔註48〕

第二波女性主義運動規模宏大，直接促成了當代女性主義理論的誕生。〔註49〕女性主義者發現，男女的不平等不僅存在於選舉權、就業權、受教育權等社會政治領域，在文化中也有深刻的烙印，而文學作品裡就有大量的性別歧視現象。女性主義文學理論的產生，即是女權運動深入文學領域的產物。〔註50〕此時期的女性主義分成兩支──平等女性主義（即自由女性主義）與差異女性主義（以基進女性主義為代表）。一般而言，平等女性主義盛行於1960至1970年代，差異女性主義則登場於1970年代晚期之後。〔註51〕平等女性主義強調改革，認為男女應一視同仁，她們尋求沒有性別的正義的未來，最終理想是「我們都是人」。差異女性主義具革命色彩，她們指出，「我們都是人」的「人」其實指的是「男人」，將偏頗的男性觀點當作人類活動的唯一準

〔註47〕W. Lawrence Neuman 著，王佳煌、潘中道等合譯，《當代社會研究法》，頁673。
〔註48〕參見黃華，《權力，身體與自我──福柯與女性主義文學批評》（北京：北京大學出版社，2005年6月），頁5；及唐荷，《女性主義文學理論》（台北：揚智，2003年2月），頁21。
〔註49〕黃華，《權力，身體與自我──福柯與女性主義文學批評》，頁5。
〔註50〕張岩冰，《女權主義文論》（濟南：山東教育出版社，1998年12月），頁4～5。
〔註51〕周嘉辰，《女人與政治》（台北：揚智文化，2003年8月），頁26。

則,等於否定了女人;平等並不一定需要等同,爲實踐性別正義,反而不能忽視性別差異,因此她們致力於在差異中尋求平等,主張「我們是女人」,藉由彰顯女人擁有的特殊價值,以抵抗主流社會的詆毀。〔註52〕

八○年代之後,女權運動在走向廣泛和深入的同時,黑人女性、女同性戀者、第三世界婦女相繼發聲,凸顯婦女組織中種族、階級、年齡、文化等差異,相應的理論分歧隨之產生,走向了多元化的理論格局;〔註53〕也有學者認爲八○年代之後女性主義運動進入了第三波。〔註54〕這時期的女性主義者發現,把所有女人看作是相同的,隱藏著「同質化」的危險,因此承認「我們是不同的女人」,走向反普遍主義與反本質主義,〔註55〕並且與解構主義、精神分析、後結構主義展開對話。

克莉斯緹娃(Julia Kristeva)認爲女性主義在政治和歷史發展上經歷了三個階段:在第一階段,女性要求獲得和男人平等的權利,已有的象徵秩序被認爲是合理的。第二階段是在六○年代以後,女性主義者以差異爲名,否認男性秩序,頌揚女性本質。第三階段則是解構二元對立的新興時代。〔註56〕此分期與女權運動的歷程互相平行。

以上爲女性主義歷史發展的大致分期。如依照女性主義的政治主張或方法論加以歸納,女性主義傳統三大流派指自由女性主義、馬克思女性主義和基進女性主義。自由女性主義主張兩性間的平等和公正;馬克思女性主義認爲婦女受壓迫源於私有制經濟結構;基進女性主義則以終結父權統治爲目標。八○年代以來,新女性主義三大流派──後現代女性主義、精神分析女性

〔註52〕女性道德觀的特色在於「關懷並同情他人及自我的需求、避免衝突造成任何傷害、保持和諧、喜好維持關係」,這種「關懷倫理」(an ethic of care)與男性道德觀的「正義倫理」(an ethic of justice)不同。見周嘉辰,《女人與政治》,頁34～37。

〔註53〕黃華,《權力,身體與自我──福柯與女性主義文學批評》,頁6～7。

〔註54〕Diana H Coole, *Women in Political Theory: From Ancient Misogyny to Contemporary Feminism.*(New York: Harvester Wheatsheaf. 1993),p.184;見黃華,《權力,身體與自我──福柯與女性主義文學批評》,頁7。另,亦有將第三波女性主義的開展時間設定在九○年代,見陳瀅巧,《圖解文化研究》(台北:易博士文化,2006年11月),頁115。

〔註55〕周嘉辰,《女人與政治》,頁63～65。

〔註56〕參見張岩冰,《女權主義文論》,頁12;及朱莉亞・克里斯多娃(Julia Kristeva)著,〈婦女的時間〉("Women's Time"),張京媛編,《當代女性主義文學批評》,頁353。

主義、後殖民女性主義逐漸崛起，〔註57〕豐富了女性主義文論的內涵，也進一步深化女性主義批評的「學術」性格。〔註58〕此外，當代女性主義理論還包括其他多個分支，形成流派紛呈的局面。但不論女性主義文論如何發展，其性別原則不會改變，反抗父權文化的目標也不會轉移。

西方女性主義文論另一種常見的劃分方式，來自理論框架的不同文化傳承而展現的地域特色，分爲英國女性主義、美國女性主義和法國女性主義。傳統上，美國女性主義側重批評實踐；英國女性主義由於有深厚左派傳統，對文化研究較爲關切；法國女性主義受到精神分析、解構理論和語言學的影響，較偏重理論的建構。〔註59〕

至於女性主義社會研究乃於 1980 年代後期浮出檯面，是一種植基於詮釋與批判的研究取向。〔註60〕其特徵在於擁護女性主義價值立場，反對在假設、概念和研究問題的性別偏見，並敏銳的關注性別關係和權力如何滲透在社會生活的各個層面。女性主義研究者指出多數非女性主義之研究具有「性別盲」，乃是以男性爲參照點，將男性經驗過度推論爲適用於全人類，忽視性別這項基本社會差異。因此，女性主義研究者有意識的採取女性觀點，使用多元的研究技術，企圖爲女性發聲，藉以提昇女性自覺，致力促進社會變革。〔註61〕

女性主義是一種「視角」（perspective），不是一種方法。並沒有一種所謂單一的女性主義方法來進行社會研究，而是以特有的女性主義視角來使用現有的研究法，或是根據其視角發展出創新的方法；又由於女性主義派別林立，其定義是多元的，因此存有多種視角。〔註62〕本文將借重英美女性主義批評與理論，對文本進行社會歷史分析。

英美傳統的女性主義批評被稱爲「鏡子」（the mirror）式的批評，基於文學是客觀現實的反映，將文本視爲「歷史的副本」，藉以捕捉「性別觀點的眞

〔註57〕黃華，《權力，身體與自我——福柯與女性主義文學批評》，頁 9～10。
〔註58〕唐荷，《女性主義文學理論》，頁 28。
〔註59〕同上註，頁 26。
〔註60〕W. Lawrence Neuman 著，王佳煌·潘中道等合譯，《當代社會研究法》，頁 155。
〔註61〕同上註，頁 156～157。
〔註62〕Reinharz, S.，《社會研究的女性主義研究法》（*Feminist Methods in Social Research*），見胡幼慧，〈轉型中的質性研究：演變、批判和女性主義的研究觀點〉，《質性研究：理論、方法及本土女性研究實例》（台北：巨流，2002 年 3 月），頁 20～21。

實」（gendered reality）：〔註63〕

　　英美女權主義者，以文學文本作爲或隱或顯的歷史副本，從中分析
　　女性受壓抑的歷史和現狀，以期引導婦女讀者在了解眞相後認清人
　　與人、人與自然、人與社會之間的關係，提高婦女覺悟。〔註64〕

這面「性別觀點的鏡子」，洞照了歷史文化中男性中心的偏見。〔註65〕

　　埃蓮娜・蕭瓦特（Elaine Showalter）在〈走向女性主義詩學〉（"Toward a
Feminist Poetics"）一文中，提出女性主義文學批評的兩個面向：一是重新考
察男性文本中的性別意涵，稱爲「女性主義批判」（feminist critique）；一是探
討女作家作品、女性文學傳統及其美學特色，稱爲「女性中心批評」
（gynocritics）。〔註66〕

　　「女性主義批判」又稱作「女性主義閱讀」（feminist reading），是一個以
女性觀點爲中心的閱讀方式，對男性作品中遭扭曲的女性形象及僵化的性別
符碼展開批判，正面挑戰傳統文學。女性主義批評家認爲，文學機制普遍呈
現「男性中心」的失衡現象，再者，文學不只傳達意識形態，也同時創造意
識形態，兩者間存在著穩固的共謀關係。因此，對文學體制神話的解構，乃
是女性主義者爭取話語權力的必要步驟。〔註67〕

　　茱蒂斯・菲特利（Judith Fetterley）在《抗拒性的讀者》（*The Resisting
Reader*）一書開宗明義指陳──「文學是政治的」，而傳統文學卻以「非政治」
的客觀姿態自我論述，隱蔽其背後充滿父權思維的事實，〔註68〕女性讀者在
閱讀過程中將不自覺的向男性價值傾斜。因此，她倡議由新方向進入舊文
本：從一個「贊同型讀者」（assenting reader）轉化爲「反抗型讀者」（resisting

〔註63〕桑德拉・吉爾伯特、蘇珊・格巴（Gilbert & Guber）著，董之林譯，〈鏡與妖
　　　　女〉（"The Mirror and Vamp"），張京媛編，《當代女性主義文學批評》，頁272
　　　　～274。另，法國女性主義理論家則被比喻爲「妖婦」（the vamp），展現她們
　　　　反理性的叛逆之姿。
〔註64〕張岩冰，《女權主義文論》，頁7。
〔註65〕唐荷，《女性主義文學理論》，頁171。
〔註66〕Elaine Showalter, "Toward a Feminist Poetics", *The New Feminist Criticism:
　　　　Essays on Women, Literature and Theory.* Ed. Showalter.（New York: Pantheon
　　　　Book, 1985），p. 131. 見唐荷，《女性主義文學理論》，頁33、51～52。
〔註67〕唐荷，《女性主義文學理論》，頁51～52。
〔註68〕Judith Fetterley, *The Resisting Reader: A Feminist Approach to American Fiction.*
　　　　（Bloominton: Indiana University Press, 1977），見唐荷，《女性主義文學理論》，
　　　　頁53。

reader），透過拒絕贊同的行為，開始有意識的袪除根植於心中的男性意識。
〔註 69〕她以歐文（Washington Irving）的短篇小說〈李伯大夢〉（"Rip Van
Winkle"）為例：以男性角度來看，李伯是個老好人，村子裡任何人的事情他
都樂意效勞，但她太太卻總是喋喋不休，他只好孤身逃入山中。如以女性觀
點閱讀，李伯對自家所有份內的工作都不肯做，他的「好」其實是建立在他
的不負責任之上，然而，故事中同村的婦女都同情他，替他抱不平；至於女
性讀者也不自覺的認同這種男性主導的詮釋方式，她們誤讀文本，甚至成為
代罪羔羊而不自知。菲特利認為：

> 女性主義批評是一種政治行為，其目標不僅僅是解釋這個世界，而
> 且也是通過改變讀者的意識和讀者與他們所讀的東西之間的關係去
> 改變這個世界。〔註 70〕

這段話可視為女性主義批判的終極目標。

　　喬納森・卡勒（Jonathan Culler）在〈作為婦女的閱讀〉（"Reading as a
Woman"）文中，將女性主義文論的閱讀理論分為三個時期：在第一個時期，
建立「女性讀者」的假設，取代居主導地位的男性批評，揭示他們對女性的
誤解；這時期的研究重點在於女性形象的探討，以西蒙・波娃的《第二性》
和米利特的《性政治》為代表。在第二個時期，女性經驗不再是天經地義的
閱讀依據，這時期的女性主義批評主要在探討女人一直未作為女人來閱讀的
問題。到了第三個時期，女性主義批評要竭力考察的是「我們的理性是怎樣
成為男性權益的同謀的」。〔註 71〕

　　瑪奇・洪姆（Maggie Humm）在《女性主義批評》（*Feminist Criticism*）
一書強調，女性讀者應當以女性的身分與角度來解讀作品，也就是「帶著性
別意識去解讀」（Gendered Reading）。「性別解讀」的概念涉及三種性別的比較
和轉換：一個女人的閱讀同時涉及了作為女人的生理經驗、對女性角色的認
同（對母親及其他女性角色的認同）以及體悟女性的社會角色（意識到社會
如何去塑造建構女人）。女人和男人是不同的讀者，自然也就是不同的評論
家，因為這種「性別解讀」不僅在本質上有區別，而且它產生於我們對男女

〔註 69〕喬納森・卡勒（Jonathan Culler）著，黃學軍譯，〈作為婦女的閱讀〉（"Reading
　　　　as a Woman"），張京媛編，《當代女性主義文學批評》，頁 53～54。
〔註 70〕喬納森・卡勒著，黃學軍譯，〈作為婦女的閱讀〉，張京媛編，《當代女性主義
　　　　文學批評》，頁 53。
〔註 71〕同上註，頁 59；並參見張岩冰，《女權主義文論》，頁 13。

「差異」的理解，而這正是文化建構的重要憑藉。〔註72〕

　　蕭瓦特提出的「女性主義批判」、菲特利主張的「反抗型讀者」、洪姆強調的「性別解讀」，以及卡勒對女性閱讀的觀察與分析，將是本研究審視文本的重要取徑。

　　台灣福佬系故事傳述於父權體制根深柢固的傳統社會中，故事中男性威權無處不有，可視之爲男性文本。本研究將以反抗型讀者的姿態帶著性別意識閱讀文本，抉發故事中承載的父權價值，並反省女性如何內化父權思維，藉以揭露男性支配的文化語境對女性身心的壓制與禁錮。

第四節　先行研究回顧與探討

　　台灣學界對於民間故事的女性相關研究，主要是以女性人物故事爲主，早期有不少研究圍繞著一般通稱的「四大傳說」與「四大美人」，如：織女、孟姜女、梁祝、白蛇、西施、王昭君、楊貴妃，〔註73〕其他則有：何仙姑、龍女、嫦娥、陳靖姑、觀音等。〔註74〕此外，如周成過台灣、七世夫妻、蛇

〔註72〕瑪奇・洪姆（Maggie Humm）著，《女性主義批評》（*Feminist Criticism*），見〈女性文學批評〉，成令方譯（第一章）（《聯合文學》4 卷 12 期，1988 年 9 月），頁 27～28。

〔註73〕如：鄔錫芬，《王昭君故事研究》（東海大學中國文學研究所碩士論文，1981 年）、潘江東，《白蛇故事研究》（文化大學中國文學研究所碩士論文，1981 年）、林美清，《梁祝故事及其文學研究》（台灣大學中國文學研究所碩士論文，1982 年）、楊振良，《孟姜女故事研究》（台灣師範大學國文研究所論文，1985 年）、陳桂雲，《楊貴妃故事研究》（文化大學中國文學研究所碩士論文，1986 年）、洪淑苓，《牛郎織女研究》（台灣大學中國文學研究所碩士論文，1987 年）、鄭慧如，《月宮故事研究》（政治大學中國文學研究所碩士論文，1990 年）、葉仲容，《西施故事源流考述》（政治大學中國文學研究所碩士論文，1991 年）、范金蘭，《「白蛇傳故事」型變研究》（政治大學中文教學碩士專班碩士論文，2003 年）。

〔註74〕如：陳宇碩，《何仙姑故事研究》（東海大學中國文學研究所碩士論文，1985 年）、王方霓，《龍女故事研究》（文化大學中國文學研究所碩士論文，1993 年）、李文鈺，《嫦娥神話的形成及其意象之研究》（台灣大學中國文學研究所碩士論文，1996 年）、游佩娟，《嫦娥奔月神話研究》（中央大學中國文學研究所碩士論文，2001 年）、洪白容，《幸福的祈思──中國龍女故事類型研究》（東海大學中國文學研究所碩士論文，2001 年）、張育甄，《陳靖姑信仰與傳說研究》（中興大學中國文學研究所碩士論文，2002 年）、秦美珊，《羿與嫦娥的神話與儀式之結構分析》（南華大學文學研究所碩士論文，2003 年）、王雅儀，《臨水夫人信仰與故事研究》（成功大學中國文學研究所碩士論文，2003

郎君、望夫石、「難題求婚」型故事等研究，〔註75〕篇名雖未見特定女性人物，
事實上也都是以女性的境遇爲故事發展的主軸。如此多的女性相關論述，顯
示女性議題在民間故事的學術研究中不曾缺席。

這些研究大多對女性的生命、情感有所關切，可以歸類於廣義的女性研
究，但探討的層面多止於對女性形象的描繪與女性故事的分析，性別批判的
思考並不明顯。再者，部分故事在台灣流傳並不普遍，主要乃是以中國的故
事爲研究對象；即使是已在台灣流傳的故事，爲了追溯故事源頭及流布層次，
或比較同類型故事增衍變異的情形，也往往與中國民間故事不易切割；部分
研究的範圍更自民間故事延伸擴展到古籍、詩詞、戲曲等範疇。至此，以台
灣民間故事進行女性研究或性別研究的論述尚不多見。

值得注意的是，王釗芬《「周成過台灣」故事的形成及演變》是研究台灣
本土傳說故事最早的一篇學位論文，文中探討周成故事形成的時代背景及故
事情節在傳說、戲曲、電視、電影、小說中的演變，並分析周成故事與中國
負心漢故事類型的異同。其論述重點在探究故事的型變發展脈絡，並未強調
性別意識。

至八〇年代後期，經由《中外文學》、《聯合文學》、《當代》的陸續引介，
〔註76〕女性主義文學批評逐漸蔚爲風潮，開啓了以性別觀察與女性主體意識

年）、王儷蓉，《普門化紅顏──中國觀音變女神之探究》（台灣大學中國文學
研究所碩士論文，2004年）。

〔註75〕如：王釗芬，《「周成過台灣」故事的形成及演變》（東吳大學中國文學研究所
碩士論文，1994年）、林美清，〈精誠不散，那論生死──從「七世夫妻」論
中國民間文學中的永生〉（1994年）、陳麗娜，〈「蛇郎」故事在台灣的流傳與
變異〉，《美合專校學報》16期（1998年6月）、石麗貞，《望夫石傳說研究》
（成功大學中國文學研究所碩士論文，1999年）、簡齊儒，《台灣地區蛇郎君
故事研究》（中興大學中國文學研究所碩士論文，2000年）、彭衍綸，《中國望
夫傳說研究》（政治大學中國文學研究所博士論文，2005年）。

〔註76〕1986年，三本文學刊物不約而同推出相關專輯：《中外文學》「女性主義文學
專號」14卷10期（1986年3月）、《聯合文學》「女性與文學專輯」17期（1986
年3月）、《當代》「女性主義專輯」5期（1986年9月）。《中外文學》更製作
一系列以女性爲主題的專號：「女性主義／女性意識專號」（1989年3月）、「女
性的文學／文學的女性」（1989年6月）、「女性與文學」（1990年3月）、「法
國女性主義專輯」（1993年2月）、「女性主義重閱古典文學專輯」（1993年11
月）、「精神分析與性別建構專輯」（1994年3月）、「性別與後殖民論述專輯」
（1995年10月）、「衍異性與性別：酷兒小說與研究專輯」（1997年8月）、「女
性文學／藝術與文化論述專輯」（1999年3月）、「女性書寫與藝術表現」（1999
年9月）、「第三世界／跨國女性主義實踐」（2004年7月）等。

為命題的研究路徑，女性學者相繼投入，包括古典文學、現代文學、當代文學的相關研究皆蓬勃燦爛。〔註 77〕與民間文學屬性較為接近的古典文學，在九○年代出現許多以女性觀點重新詮釋文本的研究，論文題目中不乏如「女權思想」、「性別政治」、「女性意識」、「兩性關係」、「婦女情欲」、「話語建構權」或「逆讀」等字眼，〔註 78〕顯示女性主義文學批評帶來新觀念、新方法，開拓了多元的研究視野。

　　經過一段時間的醞釀，在本世紀初，學位論文也出現寓含女性主義批評的思考方向，如：《明末清初小說中的男女扮裝之性別與文化意義》、《從性別政治論《海上花列傳》中娼妓生存》、《《鏡花緣》中女性生命的主體性研究》、《巾幗英雄之研究——從樊梨花出發》、《從性別政治論《金瓶梅》淫婦的生存》，〔註 79〕可見女性主義思潮在台灣漸趨成熟，不過，以上這些論述仍多屬古典文學的範圍。

〔註77〕　參見張小虹，〈性別的美學／政治：當代台灣女性主義文學研究〉，《慾望新地圖》（台北：聯合文學，1996 年 10 月），頁 117～138。

〔註78〕　如：李玉馨，〈反傳統與擬傳統：論《鏡花緣》中的女權思想〉、胡錦媛，〈女子無容便是德：《水滸傳》中的兩性關係〉、孫康宜，〈柳是與徐燦：陰性風格或女性意識〉，以上三篇論文刊載於《中外文學》22 卷 6 期（1993 年 11 月）。鄭毓瑜，〈由話語建構權論宮體詩的寫作意圖與社會成因〉（1995 年）、梅家玲，〈六朝志怪人鬼姻緣故事中的兩性關係——以「性別」問題為中心的考察〉（1996 年）、陳翠英，〈抗拒性對話——試析〈快嘴李翠蓮記〉的女性意識〉（1996 年）、鄭毓瑜，〈神女論述與性別演義——以屈原、宋玉賦為主的討論〉（1997 年）、梅家玲，〈依違於婦德與才性之間：《世說新語》〈賢媛篇〉的女性風貌〉（1997 年）、蔡瑜，〈離亂經歷與身分認同——蔡琰的悲憤交響曲〉（1997 年）、康韻梅，〈《三言》中婦女的情欲世界及其意蘊〉（1997 年），以上七篇論文收錄於《古典文學與性別研究》（台北：里仁，1997 年 9 月）。梅家玲，〈漢晉詩歌中「思婦文本」的形成及其相關問題〉（1997 年）、鍾慧玲，〈吳藻作品中的自我形象〉（1997 年）、曾珍珍，〈粲粲三珠樹：論六朝詩賦文本兩性化的表現〉（1997 年）、張淑麗，〈逆讀明末清初才子佳人小說——從《玉梨嬌》談起〉（1997 年），以上四篇論文收錄於《女性主義與中國文學》（台北：里仁，1997 年 4 月）。

〔註79〕　蔡祝青，《明末清初小說中的男女扮裝之性別與文化意義》（南華大學中國文學研究所碩士論文，2001 年）、江江明，《從性別政治論《海上花列傳》中娼妓生存》（南華大學中國文學研究所碩士論文，2003 年）、殷肇霙，《《鏡花緣》中女性生命的主體性研究》（南華大學文學研究所碩士論文，2003 年）、曾馨慧，《巾幗英雄之研究——從樊梨花出發》（中興大學中國文學研究所碩士論文，2004 年）、王碩慧，《從性別政治論《金瓶梅》淫婦的生存》（高雄師範大學國文教學碩士班碩士論文，2006 年）。

　　至於民間文學的女性研究，目前可以洪淑苓爲代表：〈女性與智者：巧女故事的兩個介面〉〔註80〕一文除了探討巧女故事類型與情節模式外，並指陳巧女憑藉智巧雖得以受媒聘，但其才智卻甚少發揮在公共事務上；〈美人計的敘事模式與性別政治——從西施故事談起〉則剖析「美人計」對女性人物本身情感的操控，並揭露「交換女人」的性別政治運作。〔註81〕洪淑苓致力於尋找民間文學研究與女性研究的交會介面，〔註82〕近年又陸續發表〈昭君故事的敘事、修辭與性別政治〉、〈歌仔簿《三伯英台新歌》及其英台形象探究〉、〈「回娘家」習俗、歌謠、故事與女性研究〉、〈七夕神話、習俗及其詩文的性別與文化意義〉、〈從民間文學與習俗論女性節日文化之特質〉，〔註83〕分別從歷史、愛情、習俗、信仰與節日五個面向切入女性議題，藉以具體刻畫女性的生活與心靈，可說是以民間文學進行女性研究的積極實踐者。然觀其研究內容，除歌仔簿之外，較側重析論傳統中國文學與文化，對台灣民間故事尚著墨不多。

　　李俐思的《中國民間故事的巧女形象》，〔註84〕以中國各地巧女故事爲研究文本，標舉巧女擁有獨立的自我意識與行爲能力，能憑藉聰明才智反抗權威、追求幸福，顛覆傳統女性唯命是從的一般認知，無論今昔都具有積極的社會意義。但在一百零八篇巧女故事中，出自台灣的只有三篇。

　　針對台灣民間故事中女性人物進行研究的學位論文，首見於張靜茹《敘事文學中的台灣清代婦女行爲類型研究》，〔註85〕該文以敘事文學作品將清代台灣婦女呈現的行爲類型歸納爲貞、孝、慈、和四種正負面形象，並分析清代台灣婦女表現道德行爲的原因乃在於家庭教育的影響、傳統威權的束縛、因緣果報的威嚇、法律獎懲的宣揚；而敘事文學中的清代台灣婦女又有癡情

〔註80〕洪淑苓，〈女性與智者：巧女故事的兩個介面〉，發表於「婦女文學學術會議」（1995年12月16日），《女性主義與中國文學》（台北：里仁，1997年4月）。

〔註81〕洪淑苓，〈美人計的敘事模式與性別政治——從西施故事談起〉，原載《婦女與兩性學刊》8期，（1997年4月），《古典文學與性別研究》，（台北：里仁，1997年9月）。

〔註82〕洪淑苓，《民間文學的女性研究》緒論，（台北：里仁，2004年2月），頁15。

〔註83〕此五篇論文於2001～2003年分別發表後結集成書：《民間文學的女性研究》。

〔註84〕李俐思，《中國民間故事的巧女形象》（台東大學兒童文學研究所碩士論文，2004年）。

〔註85〕張靜茹，《敘事文學中的台灣清代婦女行爲類型研究》（中正大學中國文學研究所碩士論文，1996年）。

女子負心漢、膽識過人等特殊行為類型，推論其成因乃與清廷治台政策、重商求利風氣與收養買賣的陋習有關。文中定義的「敘事文學」除傳說、故事之外，尚包括方志中的傳記及小說、歌仔冊，研究範圍較大。雖已剖析許多台灣民間故事中的女性角色，且論及父系社會的權力運作，但由於重點在於婦女行為的歸類及成因探討，在性別觀察的部分並未深入。

黃淑卿的《林投姐故事研究》〔註 86〕是另一篇以台灣民間故事中女性角色為研究對象的學位論文。林投姐乃是台灣本土民間故事中的經典人物，該論文從林投姐的民間傳說到有聲媒體與文人創作改編，逐一說明故事孳衍的過程，並能以女性角度闡述女子在婚姻關係的附屬地位，進而指出受恩於妻的男子飛黃騰達後若不能飲水思源，往往導致負心婚變的結局，甚或家毀人亡的悲劇。不過全文仍是以探究故事演變的歷程為主。

除了上述關於故事文本的研究之外，透過歌謠、諺語、史料文獻等素材也可以了解早期台灣女性的生活樣貌，亦有助於兩性關係之分析。早在日治時期李獻璋的《台灣民間文學集》即蒐羅大量歌謠並加以分類，和女性有關的諸如「男女抒述懷念與愛慕之心情的」、「妓女和賣淫婦的苦調」、「唱詠婦女所處的環境與地位的」，後者更標示數種類型：「在家被賤視的」、「出嫁做人難的」、「賢媳婦的功課」、「對於父母主婚的不平鳴」等，流露對女性的悲憫之情。〔註 87〕

卓意雯《清代台灣婦女的生活研究》〔註 88〕藉由文獻資料的收集整理，探討清代婦女的婚姻關係、婦女在家庭與社會中的角色、婦女在禮教與法律上的地位，企圖對清代台灣婦女的生活作一全面性的觀照，雖然並非以民間故事為分析藍本，但提供不少可資參考的史料線索。

另有數篇以早期台灣女性為主要討論對象的學位論文，亦有值得借鏡的觀點，如《台灣諺語反映的婚姻文化》、《清代台灣「妾」地位之研究》、《日治體制下台灣女性文化之研究——以《民俗台灣》為探討主題》、《台灣民間歌謠婦女婚姻與角色研究》、《從閩南歌謠探討台灣早期的婦女婚姻生活》，〔註 89〕這些論述都傳達了研究者對早期台灣女性的觀察與關懷。

〔註 86〕黃淑卿，《林投姐故事研究》（成功大學中國文學研究所碩士論文，2006 年）。
〔註 87〕李獻璋，《台灣民間文學集》，頁 1。
〔註 88〕卓意雯，《清代台灣婦女的生活研究》（台灣大學歷史研究所碩士論文，1991 年）。出版成書改稱《清代台灣婦女的生活》（台北：自立晚報，1993 年 5 月）。
〔註 89〕許蓓苓，《台灣諺語反映的婚姻文化》（東吳大學中國文學研究所碩士論文，

綜觀民間文學與女性議題的相關論述顯示，台灣民間故事的性別研究尚待開拓。以女性觀點全面檢視台灣福佬系故事，覺察出敘事中的性別支配脈絡並重新解讀詮釋，應是具有研究意義的論題。

第五節　預期成果與研究限制

一、預期成果

一般認爲民間故事具有道德教化、知識傳遞、娛樂交際的功能，然而，這些「功能」都是男性思維下的產物，藏身其後的是性別政治的全面運作與宰制。台灣民間故事中的女性典範，乃是依照父權社會結構的需要被塑造出來的；在男性威權的主導下，民間故事的傳播明顯具有馴化女性的強大功能。本研究透過女性主義視角細察台灣福佬系故事，藉以解構其間男尊女卑的文化符碼，照見傳統女性在不同階段不同身分角色下身心受囚的生命困境，釐清父權體制的偏見及迷思，以期能激發女性自我覺醒，建立女性主體意識，並省思當前社會中的兩性關係，進而彰顯性別平等的眞義。

二、研究限制

民間故事的分類常是研究者關注的焦點之一，如幻想性較強的童話、寓言和神話的界限常不易區分，而故事傳說化、傳說故事化也都是普遍的現象，〔註90〕不過本研究並不針對故事類型分別論述。另外，民間故事由於是口語相傳，經由不同的講述者在不同區域傳述，隨著時空流轉與情境改換而可能呈現不同風貌，「變異性」因此是民間故事的重要特質。〔註91〕台灣民間故事的出現，始於明清拓荒時期隨閩粵移民而來，但長久以來經歷史及地理環境等客觀因素影響，部分民間故事已與其母型大異其趣，亦有純粹在地形成的。

2000 年）、吳瓊媚，《清代台灣「妾」地位之研究》（台灣師範大學歷史研究所碩士論文，2000 年）、林嘉芸，《日治體制下台灣女性文化之研究——以《民俗台灣》爲探討主題》（中國文化大學日本研究所，2001 年）、王慧蓮，《台灣民間歌謠婦女婚姻與角色研究》（東海大學中國文學研究所碩士論文，2004 年）、黃佳蓉，《從閩南歌謠探討台灣早期的婦女婚姻生活》（花蓮師範學院民間文學研究所碩士論文，2004 年）。

〔註90〕劉守華，《故事學綱要》（湖北：華中師範大學，2006 年 9 月），頁 2～6。
〔註91〕胡萬川，《民間文學的理論與實際》，頁 2。

〔註 92〕然而，本研究之命題在於對流傳於台灣的福佬系故事進行全面的性別觀察，主旨乃是論析兩性權力關係，因此不考究故事的演變過程，也不進行同一故事的異文或版本比較；再者，民間故事形成的時間不易確認，故事中「台灣性格」的多寡也不在討論之列。除此之外，限於時間及能力，文獻蒐集或有缺漏；至於講述者或採集者、記錄者的性別是否會影響故事中性別意識的呈現，也有待後續研究。

〔註92〕施翠峰，《台灣民譚探源》（台北：漢光文化，1985 年 5 月），頁 11～12。

第二章　父權體制的建構與
　　　　傳統女性之形塑

　　父權體制既是女性主義著力批判的對象，而台灣福佬系故事中又顯然充斥父權色彩，因此，在分析探究文本之前，對於父權的建構有必要作一番歷史的回顧，檢視其成形、確立以至於鞏固而深化的歷程，將有助於釐清性別統治的發展脈絡。

　　本章以中國傳統社會之性別文化為闡釋重點，另輔以西方女性主義及其他相關論述，藉多種角度辨析父權秩序及女性形象的模塑路徑。

第一節　以二元對立定義性別尊卑

　　男女自然生理性別原無高下之分，二者尊卑之別乃發端於易經乾坤陰陽之說。〔註1〕

　　　《易經·繫辭上傳》即開宗明義：「天尊地卑，乾坤定矣。卑高以陳，
　　　貴賤位矣。動靜有常，剛柔斷矣。」

　　　《說卦傳》言：「乾，天也，故稱呼父。坤，地也，故稱呼母。」

　　　又云：「乾為天，為圜，為君，為父，為王，……。坤為地，為母，……。」

　　　《坤卦》云：「文言陰雖有美，含之以從，王事弗敢成也，地道也，
　　　妻道也，臣道也，地道无成而代有終也。」

　　　《家人象辭》曰：「家人，女正位乎內，男正位乎外。男女正，天

〔註1〕　林麗珊，《女性主義與兩性關係》（台北：五南，2003年7月），頁20。

地之大義也。家人有嚴君焉，父母之謂也。父父子子，兄兄弟弟，
夫夫婦婦，而家道正，正家而天下定矣。」

又

《白虎通・三綱六紀》：「一陰一陽謂之道，陽得陰而成，陰得陽而
序。」

《禮記・禮器》曰：「大明生於東，月生於西，此陰陽之分，夫婦
之位也。」

由上述幾段經文可見：純陽之乾卦推衍為天、為父，象徵尊貴與剛健，動為
其常性；純陰之坤卦則推衍為地、為母，象徵卑下及柔弱，以靜為其常性。
因此，陰與陽相反相成，剛柔相配；陽成男，陰成女，尊卑分明，男女各守
其份；男子應該剛強、主動積極，女子應該柔順、被動消極；父為一家之長，
母應率其家中成員服從於父。至此，乾坤之義模塑出傳統社會中陽剛陰柔、
男尊女卑、父嚴母慈的雛型。

類似乾坤陰陽的二元對立也存在於西方傳統思想。人類學者李維史陀
（Lévi-Strauss）發現，「原始」社會錯綜複雜的親屬關係和民族神話，都揭示
了二元對立的邏輯；他認為，世界的形貌決定於人類心靈結構，而人類心靈
無時無刻都以二元對立（Binary Opposition）方式思考。〔註2〕

後結構主義理論家德希達（Jacques Derrida）即指出，西方思想的本質是
建立在二元對立的思想模式上，如真理／謬誤、男／女、文化／自然、言談
／書寫等，每一組二元對立概念都隱含了階序的價值判斷，即其中一個優於
對立的另一個；這是「邏格斯中心主義」（logocentrism，或稱「理體中心主義」）
作祟的結果。「理體」（Logos，源自希臘文，「字」、「道」或「思辯」之意）
如咒語般誤導我們，使我們錯以為意義是外存於我們，且保證我們所言的真
實性，而使人執著於某種本質、真理、邏輯性的原則或核心概念，以作為「意
義的源頭」。〔註3〕

西蘇（Hélène Cixous）曾列舉一系列二元對立語詞與概念：主動／被動、
太陽／月亮、文化／自然、日／夜、父親／母親、頭腦／情緒、理智的／感

〔註2〕 Sophia Phoca 著，謝小苓譯，《後女性主義》（*Postfeminism*）（台北：立緒文化，
1999 年 12 月），頁 34～35。

〔註3〕 參見唐荷，《女性主義文學理論》，頁 107；及 Sophia Phoca 著，謝小苓譯，《後
女性主義》，頁 46～47。。

性的、邏格斯／情感……。﹝註4﹞她認為，男／女是所有階序性二元對立的原型：男性是詞組的前者，與正面價值聯繫在一起；女性則被聯繫於負面價值。這種二元劃分的思考模式深深嵌入文化的各個層面，結構著人們的思想行為。

　　西蘇並宣稱，二元對立是一種「暴力」的關係，存在於文化中、在每一種話語裡。當詞組中的一個詞要取得意義時，必須摧毀對立的另一個；沒有一對詞組能維持完整：它們之間變成一個戰場，為取得優越性而不斷爭奪，最後，勝利者成為積極正面的一方。「在這致命的二元區分中，陰性詞語的那一方總是逃脫不了被扼殺、被抹除的結果」。而在父權制度下，勝利者永遠是男人。﹝註5﹞

　　這些所謂「父權二元思考」正是邏格斯中心主義勾結菲勒斯中心主義（Phallocentrism，或稱「陽具中心主義」）合力壓迫女人並使女人沉默的手段：肯定陽性價值、貶抑陰性價值，再將陽性價值等同於生物上男性，藉以確定男性的優勢地位，女性因而只能是由「非男性」的一切所定義。﹝註6﹞

　　綜觀中西文化中的陰陽二元思想，皆與男女性別相對應而形成父權社會的性別論述基礎，完成定義男女尊卑優劣的重要步驟。

第二節　以家庭制度確立父系統治

　　人類歷史進入農業社會之後，男子以生理條件的優勢成為主要經濟生產力，造成男女社會地位不平等，男耕女織的社會分工形成一主一輔的結構內涵，使母權制逐漸過渡到父系社會；而私有制的出現和一夫一妻的婚姻及家庭關係，又促使父權家長制更趨成熟。﹝註7﹞

　　在確立父系統治的過程中，「家庭」可說是關鍵性樞紐，將男耕女織與父子相繼聯繫為一個統治整體。家庭，不僅是社會生產單位或社會成員繁衍

﹝註4﹞　這些詞組表列於〈突圍〉一開始，「她在哪裡？」的標題下；〈突圍〉是西蘇最早的一篇探討書寫的文章，以打破二元對立思考模式、重新界定陰性想像為出發點。見唐荷，《女性主義文學理論》，頁181。

﹝註5﹞　見托莉‧莫（Toril Moi）著，王奕婷譯，《性／文本政治：女性主義文學理論》（Sexual/Textual Politics: Feminist Literary Theory）（台北：巨流，2005年9月），頁124～125；及唐荷，《女性主義文學理論》，頁181。

﹝註6﹞　西蘇提出「陰性書寫」，以顛覆二元對立的邏格斯中心主義；詳見唐荷，《女性主義文學理論》，頁183～188。

﹝註7﹞　王玉波，《歷史上的家長制》（台北：谷風，1988年6月），頁5～8。

擴大的單位，同時也是一個統治單位；家的秩序是嚴格的男性秩序，男性在家庭中實現父子相繼的同性聯盟統治，而將女性框限於家庭中的從屬身分。〔註8〕

爲確認父子關係，設立夫婦婚制爲必要的手段。

《通鑑外紀》載：「上古男女無別，太昊始設嫁娶，以儷皮爲禮，正姓氏、通媒妁，以重人倫之本，而民史不瀆。」

《白虎通・號篇》亦提及：「古時民知其母，不知其父，伏羲先聖仰觀天象俯察地理，因夫婦、正五行，始定人道，民始開悟，知有父子之親、夫婦之道、長幼之序。」

藉由嫁娶媒妁，兩性關係從混亂變爲有序，從亂婚制下所謂「禽獸之性」走向「人倫」的正道，〔註9〕看似由昏昧愚頑而文明開化，實則是以確保父子血緣關係爲目的。

爲達成「上以事宗廟，下以繼後世」（《禮記・昏義》）的婚姻目的，伴隨嫁娶而生的夫婦之序，可說是性別宰制的起點。原本生理上指稱的「男」、「女」兩性，透過婚姻制度轉化成「夫」、「婦」，成爲父權社會中被規定的性別角色。對婦人、女子的定義及規範從來都是強調女性的屈從：

婦、服也。（《論語》）

女子者，言如男子之教而表其義理者，故謂婦人。（《論語》）

男女者，何謂也？男者任也，任功業也；女者如也，從如人也。……夫婦者，何謂也？夫者扶也，扶以人道者也，婦者服也，服於家事，事人者也。（《白虎通・嫁娶》）

壹與之齊，終身不改。故夫死不嫁。男子親迎，男先於女，剛柔之義也。天先乎地，君先乎臣，其義一也。

男帥女，女從男，夫婦之義由此始也。婦人，從人者也；幼從父兄，嫁從夫，夫死從子。夫也者，天也；以知帥人者也。（《禮記・郊特牲》）

婦人，伏於人也。是故無專制之義，有三從之道，在家從父，適人從夫，夫死從子，無所敢自遂也。（《禮記・本命》）

〔註8〕 孟悅、戴錦華，《浮出歷史地表》（台北：時報，1993 年 9 月），頁 6。
〔註9〕 同上註，頁 9～10。

婦人有三從之義，無專用之道。故未嫁從父，既嫁從夫，夫死從子。

故父者，子之天也，夫者，妻之天也。(《儀禮‧喪服傳》)

這些先秦典籍的論述，在在指向女人要服從於男人的統治。

「夫婦之道」不僅與性別統治共生，甚且還是「人倫之始」。「倫」，水紋相次之倫理也，即主次、上下、尊卑、等級，規範著社會上種種角色身分的等級性內涵。這個差序之倫乃是傳統社會關係的結構原則，舉凡個人與個人、個人與家庭、家庭與家庭、階級與階級之間，甚至社會國家的組織規律等，莫不肇基於此。〔註10〕

以人倫產生先後而言：

有天地然后有萬物，有萬物然后有男女，有男女然后有夫婦，有夫婦然后有父子，有父子然後有君臣，有君臣然後有上下，有上下然後禮義有所錯。(《易‧序卦》)

君臣之道，造端於夫婦。(《中庸》)

由此觀之，父子君臣之倫實出自夫婦之序；也可以說，建構整個父系家國統治系統的根源，正是兩性之間統治關係。米利特對西方社會中性別與權力的關係也有類似的看法，她認為：「因性別而來的統治行為是我們的文化中散播最廣的意識型態，也是我們的文化中權力觀念的最主要來源。」〔註11〕性別宰制影響之深之廣，幾乎貫穿整部人類歷史。

及至漢代董仲舒倡議陰陽學說，更明確將夫婦、父子、君臣等人倫關係對應到天地陰陽五行中：

君臣父子夫婦之義，皆取諸陰陽之道。君為陽，臣為陰；父為陽，子為陰；夫為陽，妻為陰。陰道無所獨行，其始也不得專起，其終也不得分功，有所兼之義。是故臣兼功於君，子兼功於父，妻兼功於夫，陰兼功於陽，地兼功於天。(《春秋繁露‧基義》)

針對夫婦，又特別強調：

丈夫雖賤皆為陽，婦人雖貴皆為陰。(《春秋繁露‧陽尊陰卑》)

於是，「三綱」中居於「陰」位的臣、子、妻俱「不得專起」、「不得分功」。然而，只要身為男性，即可借助婚姻而得以在「夫婦」一綱中轉居為「陽」；

〔註10〕孟悅、戴錦華，《浮出歷史地表》，頁9～10。

〔註11〕見宋美璍，〈資本主義與女權意識──性別差異和權力抗爭〉，《聯合文學》4卷12期（1998年9月），頁33。

女性則終其一生都無法擺脫為「陰」的宿命，男女之間貴賤尊卑的階級鴻溝全然無可跨越。〔註 12〕夫與婦之地位有如霄壤之別，女子從出嫁開始，便註定了「以夫為天」的附屬身分。相較之下，「男」而為「夫」，成為一家之主，是男性自身的完滿；但由「女」而「婦」，卻令女性消失於他人的陰影，是自身主體的喪失。所謂「夫婦」二字，明白宣示了父系社會達成對女性歷史壓抑的第一步。〔註 13〕

家庭對女性的侷限、掌控及剝削，具體表現在性別分工之上：

家人，女正位乎內，男正位乎外，男女正，天地之大義也。（《易經・家人彖辭》）

寢門之內，婦人治其業焉。（《國語・魯語下》）

禮，始於謹夫婦，為宮室，辨外內。男子居外，女子居內，深宮固門，閽寺守之，男不入，女不出，男不言內，女不言外，內言不出，外言不入。（《禮記・內則》）

婦順者，順於舅姑，和於室人，而后當於夫，以成絲麻布帛之事，以審守委積蓋藏。是故婦順備而后內和理，內和理而后家可長久也，故聖王重之。（《禮記・昏義》）

天子之妃曰后，后，后也，言在后不敢以副言也；諸侯之妃曰夫人，夫，扶也，扶助其君也；卿之妃曰內子，在閨門之內治家也；大夫之妃曰命婦，婦，服也，服家事也，大夫受命於朝，妻受命於家也；士庶人曰妻，夫賤不足以尊稱，故齊等言也。（《釋名》）

男子「居外」、「受命於朝」，理所當然是社會的一份子，可以出外闖蕩，成就功業；女子則無論所從之夫是何種階級，都脫離不了「居內」的限制。女性「受命於家」，職責在襄助丈夫、操持家務，其日常生活狹限於家庭之內，成為政治、經濟、文化活動的局外人，導致對外在世界冷漠無知，只能將自己的命運寄託在男人身上。

不僅「男外女內」的論述片面框限了女性的職分和活動空間，家庭中的男性家長更總攬經濟大權，剝奪女性對生產資料或生產力的占有權，令女性失去謀生能力：

〔註 12〕梅家玲，〈漢晉詩歌中「思婦文本」的形成及其相關問題〉，鍾慧玲編，《女性主義與中國文學》（台北：里仁，1997 年 4 月），頁 59。

〔註 13〕孟悅、戴錦華，《浮出歷史地表》，頁 11。

子婦無私貨、無私蓄，無私器，不敢私假，不敢私與。（《禮記・內
則》）

女性的居內與從人就是她的生存處境的統稱。在心理上，女性從誰便屈服於
誰；在經濟上，女性從誰便寄食於誰（父、夫、子），她們在經濟及人格兩方
面都喪失了主體性。〔註14〕

　　西方社會同樣存在性別分工與男女經濟地位的不平等。馬克斯形容女性
是「家庭裡的無產階級」，在家庭內提供私人的服務，卻無法從中賺取分文。
〔註15〕西蒙・波娃亦指出，經濟上對男性的依附，使女性為了生存必須取悅
於男性，並將男性中心的父權制文化價值取向內化為自己的行為準則，而安
於男人指派給她們的地位。〔註16〕

　　米利特援引恩格斯在《家庭的起源：私有財產與國家》（*The Origin of the
Family: Private Property and the State*）的論述，說明父權制度並非永恆不變
的真理，而是歷史發展的產物。〔註17〕在中古時期之前，西方社會的組織架
構建立在親族制度的基礎上，隨著私有財產觀念的形成，「家」逐漸取代了
「族」，族長的權利移轉給家長，使得「一家之主」獨尊專權。〔註18〕馬克
思女性主義者認同恩格斯的理論，認為「私有制」崛起後，女性由於經濟與
社會地位低於男性而受到男性壓迫；〔註19〕原始的「雜交」關係之所以轉向
為家庭建構，乃根源於控馭財產的是男性而非女性，為使財產正確無誤的移
轉給自己的子女，男性必須將女性強制收編並加以掌控，且要求妻子嚴守婚
姻忠貞。〔註20〕

　　歷史學者查瑞茲基（Eli Zaretsky）就曾指出：「中產階級的家庭理想掩飾
了資本主義發展過程中的兩個矛盾謬誤：壓迫女性以及家庭倫常之淪為階級

〔註14〕孟悅、戴錦華，《浮出歷史地表》，頁6。
〔註15〕此為馬克斯於一八四八年的《共產黨宣言》中的論述。見陳瀅巧，《圖解文化
　　　研究》，頁112。
〔註16〕西蒙・波娃，《第二性》；見張岩冰，《女權主義文論》（濟南：山東教育出版
　　　社，1998年12月），頁48。
〔註17〕唐荷，《女性主義文學理論》，頁58～59。
〔註18〕參見宋美璍，〈資本主義與女權意識──性別差異和權力抗爭〉，頁31。
〔註19〕參見唐荷，《女性主義文學理論》，頁24。
〔註20〕羅思瑪莉・佟恩（Rosemarie Tong）著，刁筱華譯，《女性主義思潮》（*Feminist
　　　Thought: A Comprehensive Introduction*）（台北：時報文化，1996年11月），
　　　頁81～83。

關係。」〔註 21〕家事被視為女性的天職，不重要也無酬給；女性卻受父權思維制約，竭盡心力袪除私慾，為家庭奉獻一生。

第三節　以禮教法律實行嚴密監控

中國父權宗法社會可遠溯至周朝以降，家族內統於一尊，由父而子，而孫，子子孫孫，一脈相承，因而逐漸衍生重男輕女的觀念。又恐嫡妻無子，男子可以擁有無數小妾以廣子嗣。家中成員既多，為維持和睦及防範女人出軌，要求女人順從守分是成全父系秩序的必要手段。

關於「男尊女卑」、「男主女從」、「男外女內」等形上理論，在先秦時期即有諸多建構；至於女性實際從事的家事服務亦有論及：

> 女子十年不出，姆教婉婉聽從，執麻枲，治絲繭，織紝組紃，學女
> 事以供衣服，觀於祭祀，納酒漿籩豆菹，禮相助奠。（《禮記・內則》）

這便是女子自幼必須接受的家庭教育，為將來成為稱職的家庭主婦作準備。此外，出嫁之前，還要接受「成『婦』順」的密集訓練：

> 婦順者，順於舅姑，和於室人，而后當於夫，以成絲麻布帛之事。……
> 是以古者婦人先嫁三月，祖廟未毀，教於公宮，祖廟既毀，教於宗
> 室，教以婦德、婦言、婦容、婦功。教成祭之，牲用魚，芼之以蘋
> 藻，所以成婦順也。（《禮記・昏義》）

在此強調女性須得學習「婦德、婦言、婦容、婦功」，才能在夫家中扮演好為人「婦」的角色。這不僅是禮教的規定，更是父母必須耳提面命，社會必須督促責成的倫理道德。

及至西漢劉向作《列女傳》，傳述遠古至西漢諸女一百零四人，目的在取「賢妃貞婦興國顯家可法者，及孽嬖亂亡者」，「以戒天子」（《漢書・楚元王傳》），希望透過書中所載婦女言行，對天子擇后選妃有所警惕。雖然書寫對象是人，但刻畫重點卻在人之上的價值規範，具有藉人（事）以言義（理）的意圖與關懷。〔註 22〕由於《列女傳》是中國第一部以女性為記載對象的傳體史書，因此成為正史列女傳的寫作原型，並被奉為女子教育的要典；其書

〔註 21〕宋美璍，〈資本主義與女權意識——性別差異和權力抗爭〉，頁 31～32。
〔註 22〕梅家玲，〈依違於婦德與才性之間：《世說新語》〈賢媛篇〉的女性風貌〉，《古典文學與性別研究》（台北：里仁，1997 年 9 月），頁 136～37。

中展現的性別意識對傳統中國社會極具示範作用。〔註23〕

今本《列女傳》共七卷，前六篇分別為：母儀、賢明、仁智、貞順、節義、辯通，序述各女子足以為人楷模的事跡；第七篇為孽嬖，可視為女教之反面教材。各篇之前有一〈小序〉，可得窺各篇著重的女行有別：

〈母儀傳〉贊曰

> 惟若母儀，賢聖有智，行為儀表，言則中義。胎養子孫，以漸教化。
> 既成以德，致其功業。姑母察此，不可不法。

〈賢明傳〉贊曰

> 惟若賢明，廉正以方。動作有節，言成文章。咸曉事理，知世紀綱。
> 循法興居，終日無殃。妃后賢焉，名號必揚。

〈仁智傳〉贊曰

> 惟若仁智，豫識難易。原度天道，禍福所移，歸義從安，危險必避。
> 專專小心，永懼匪懈。夫人省茲，榮名必利。

〈貞順傳〉贊曰

> 惟若貞順，脩道正進。避嫌遠別，為必可信。終不更二，天下之俊。
> 勤正潔行，精專謹慎。諸姬觀之，以為法訓。

〈節義傳〉贊曰

> 惟若節義，必死無避。好尚幕節，終不背義。誠信勇敢，何有險詖。
> 義之所在，赴之不疑。姜姒法斯，以為世基。

〈辯通傳〉贊曰

> 惟若辯通，文辭可從。連類引譬，以投禍凶。推摧一切，後不復重。
> 終能一心，開意甚公。妻妾則焉，為世所誦。

〈孽嬖傳〉贊曰

> 惟若孽嬖，亦甚嫚易。淫妒熒惑，背節棄義，指是為非，終被禍敗。

《列女傳》羅列七種可效可戒的婦女類型：「母儀」──謙恭儉讓、匡夫教子；「賢明」──通達事理、明辨是非；「仁智」──具膽識才智、觀微知著；「貞順」──恪守禮教，從一而終；「節義」──捨生取義、執禮死節；「辯通」──能言善辯、從容應變；「孽嬖」──邀寵獻媚、不守禮法。劉向標

〔註23〕劉靜貞，〈劉向《列女傳》的性別意識〉，鮑家麟編，《中國婦女史論集六集》（台北：稻香，2004年2月），頁3～4。

虆「陰者陽之助也」，除〈孽嬖〉之外，只要是才行高秀，有一善値得稱頌，便可入傳，可說是對婦女社會角色的肯定。〔註24〕

然則，前六篇中的女性表現雖然都得到劉向的認可，但主要歸類標準卻是以成敗論斷：眞正能善盡輔佐之責而教子有成、幫夫有道者，才被安排在〈母儀傳〉與〈賢明傳〉；〈仁智傳〉中的女性雖有才智，可預見禍福，然其識見卻未能爲相關男性接受，只能退而求自保；〈貞順傳〉與〈節義傳〉中的女性，則是在客觀環境不容許其善盡社會職分的困境下，選擇犧牲自身幸福或甚至自殺殉節；至於〈辯通傳〉的女性明曉事理，既能協助男性完成社會性責任，又不踰越「從」的分際。由此可見，眞正爲劉向肯定的女性，乃是能以從屬身分襄助男性，且其諫諍爲男性接納而有美好結局者，〔註25〕如此價値觀仍因循傳統社會男主女從的基本模式。

〈孽嬖〉中的女性，皆背離傳統性別分類原則，或未能恪守「從」的本分，或不能從於一，或謀滿足私慾，以致造成政治動亂；〔註26〕這些未能行在父系秩序中的女性自然遭致猛烈撻伐，以作爲後世警誡。美貌與邪惡畫上了等號，亡國之君總有禍國女色作爲代罪羔羊。於是，女性的美貌必須隱藏，甚至得醜化容貌以求賢德之名。〔註27〕

如深究列女群像，表面的褒揚下實隱藏了深沉的壓制。后妃本身沒有過錯，卻須以罪己的方式促使君王醒悟；母親爲「公義」犧牲親生子女，母愛淪爲道德附庸；表明不事二夫的女子，卻從未與丈夫謀面；才女皆貌醜，美女必誤國……種種不合理的觀念充斥其中，尤有甚者，乃至鼓勵女性自盡以達成忠、孝、貞、賢等道德標準。與其說她們爲自己爭取到高尚的名譽，不如說她們附和父權思維，成就了男性利益。

《列女傳》大力歌頌欲望的壓抑和捨棄，自殺被標舉成勇敢的行爲而大加讚賞。實際上，女性尋死的種種堂皇理由都指向「男人」——爲夫爲父爲兄爲子，正鞏固了「三從」的男性統治架構。〔註28〕列女的生命姿態反映出男性對理想女性的期待；在美麗的謊言下，歷代女性堅守教條，心甘情願放

〔註24〕黃麗玲，《《女四書》研究》（南華大學文學研究所碩士論文，2003年），頁2。
〔註25〕劉靜貞，〈劉向《列女傳》的性別意識〉，鮑家麟編，《中國婦女史論集六集》，頁25、30。
〔註26〕同上註，頁25～26。
〔註27〕雲霓，〈父權政治凝視下的他者——劉向《列女傳》的女性自殘〉，（來源：雲軒中文工作站：http://www.tacocity.com.tw/yini/002.htm，2008年1月年1月）。
〔註28〕同上註。

棄自由、犧牲生命，追求躋身男性定義下的道德楷模。

《列女傳》中男女尊卑從屬的觀念，經常出自那些被歌頌的賢明女子口中，顯示她們已不自覺的認同成為父系社會的「他者」。

西蒙‧波娃在《第二性》導論中提出女人作為「他者」的論述：

> 己／他之別（Self/Other）是人類思想的一個基本類別，而從一開始，
> 男人便為自己正名為「己」，女人則為「他」。……自我在集體他者
> （collective Other，例如所謂「輿論」或社會規範）的強力凝視下，
> 將他者的意識內化成虛偽的自我——自體存在……如果他者對自我
> 構成威脅，女人即對男人構成威脅；如果男人希望保持自由，就必
> 須使女人屈居次位，臣服於男人；男人為了要成為自覺存在，便將
> 女人貶抑為只具自體存在。〔註29〕

由於女人「一向受制於男人，從無例外」，因此女人「將男人異化女人的觀點內化，認同男尊女卑」。男性制定禮法，女性奉為圭臬，主從分明；女性接受自己被定義為他者，即無異加入男人的共犯結構。〔註30〕東漢班昭的《女誡》，其作者與擬想讀者皆為女性，卻幾乎無一字不體現男性權威，〔註31〕她們都接受了女性他者的身分。

《列女傳》與《女誡》是最早也是影響最廣的專論女教之作；《女誡》尤其將「三從四德」之說發揮得淋漓盡致，大力鼓吹對女性的種種德行要求，並落實於生活實踐中。

班昭作《女誡》之動機在於「傷諸女方當適人，而不漸訓誨，不聞婦禮，懼失他門，取恥宗族」，本是用來教導班家女兒的家庭教材，因京城世家爭相傳抄，不久便風行全國。《女誡》共七篇，分別就卑弱、夫婦、敬慎、婦行、專心、曲從、和叔妹等方面規範婦女言行，其中，婦人的卑弱尤為全書立論中心：

卑弱第一
古者生女三日，臥之床下，弄之瓦塼，而齋告焉。明其卑弱，主下

〔註29〕見鄭至慧，〈存在主義女性主義——拒絕作第二性的女人〉，顧燕翎主編，《女性主義理論與流派》（台北：女書文化，1996年9月），頁84～85。
〔註30〕波娃曾譴責這樣的女性，並指出，真正的理由在於女人各自分散，從未集體認同女性的「我們」。見鄭至慧，〈存在主義女性主義——拒絕作第二性的女人〉，顧燕翎主編，《女性主義理論與流派》，頁84～85。
〔註31〕孟悅、戴錦華，《浮出歷史地表》，頁14～15。

人也。弄之瓦塼，明其習勞，主執勤也。齋告先君，明當主祭祀也。
三者蓋女人之常道，禮法之典教矣。謙讓恭敬，先人後己，有善莫
名，有惡莫辭，忍辱含垢，常若畏懼，是謂卑弱下人也。……晚寢
早作，勿憚夙夜；執務和事，不辭劇易。……

此段訓以禮法之教：引用《詩經·小雅》「乃生男子，載寢之床，載衣之裳，
載弄之璋；……乃生女子，載寢之地，載衣之裼，載弄之瓦；……」，申言女
性生來即地位低下，不能與男性相提並論，必須時時戒慎恐懼，不自誇，不
推諉，操持家務，敬謹祭祀，克盡本份。「卑弱」實為《女誡》之中心思想，
唯「弱」才能順服於人，安於「卑」之地位，繼而行為處世才能中規中矩。

夫婦第二

夫婦之道，參配陰陽，通達神明，信天地之弘義，人倫之大節也。……
夫不賢，則無以御婦，婦不賢，則無以事夫。夫不御妻，則威儀廢
缺，婦不事夫，義理墮闕。……

此段闡釋夫妻之義：父子君臣皆本於夫婦之義，夫婦之道為人倫大端；進而
陳明「夫御妻」、「婦事夫」乃是天經地義的事，再次強調男主女從，夫為妻
綱。

敬慎第三

陰陽殊性，男女異行。陽以剛為德，陰以柔為用，男以彊為貴，女
以弱為美。……故曰敬順之道，婦人之大禮也。夫敬非它，持久之
謂也。夫順非它，寬裕之謂也。持久者，知止足也。寬裕者，尚恭
下也。夫婦之好，終身不離。房室周旋，遂生媟黷。媟黷既生，語
言過矣。語言既過，縱恣必作。縱恣既作，則侮夫之心生矣。此出
於不知止足也。夫事有曲直，言有是非，直者不能不爭，曲者不能
不訟。訟爭既施，則有忿怒之事矣。此出於不尚恭下也。侮夫不節，
譴呵從之，忿怒不止，楚撻從之。……

此段誡以尊夫之道：援引陽剛陰柔之說，男子必須剛強，女子本當柔弱；「敬」
者在於尊夫，不因恩寵而驕恣，「順」者在於知卑弱，不與夫爭論是非；唯有
恭敬順從，方不至僭越女子本分，永保夫妻之義。

專心第五

《禮》：夫有再娶之義，婦無二適之文。故曰夫者天也。天固不可逃，
夫固不可離也。……然所求者，亦非謂佞媚苟親也，固莫若專心正

> 色，禮義居絜，耳無途聽，目無斜視，出無冶容，入無廢飾，無聚
> 會群輩，無看視門戶，則謂專心正色矣。……

此段教以事夫之道：丈夫可以再娶，妻子卻絕不可再嫁，事夫要從一而終，終身不渝，並約束自己的言行，非禮毋視、毋聽、毋動、毋言，舉止端莊嫻雅，方是「專心正色」。

上述〈夫婦〉、〈敬慎〉、〈專心〉三篇，都指向夫妻關係；而〈曲從〉、〈和叔妹〉則論及婦人在夫家的人際應對：

曲從第六

> ……物有以恩自離者，亦有以義自破者也。夫雖云愛，舅姑云非，
> 此所謂以義自破者也。然舅姑之心奈何？固莫尚於曲從矣。姑云不
> 爾而是，固宜從令；姑云爾而非，猶宜順命。勿得違戾是非，爭分
> 曲直。此所謂曲從矣。……

和叔妹第七

> 婦人之得意於夫主，由舅姑之愛己也；舅姑之愛己，由叔妹之譽己
> 也。由此言之，我臧否毀譽，一由叔妹，叔妹之心，復不可失也。
> 人皆莫知叔妹之不可失，而不能和之以求親，其敝也哉！……然則
> 求叔妹之心，固莫尚於謙順矣。謙則德之柄，順則婦之行。凡斯二
> 者，足以和矣。……

此二段勉以事舅姑及和叔妹之道：班昭告誡諸女，要善事舅姑，以免「以義自破」，遭到被休離的命運；為媳者，當逆來順受，不妄斷是非，不與舅姑爭辯，無違舅姑之命，乃至於曲意順從的地步。而與叔妹的相處，乃以謙順為主，謙遜則能自我約束，以柔順之心對待叔妹；善待叔妹可得舅姑、丈夫歡心，反之將導致家庭失和。

至於〈婦行〉所述「婦德、婦言、婦容、婦功」，於《禮記‧昏義》已陳明為「成婦順」的要件，但未標以「四行」之目；後鄭玄《注》：「婦德，貞順也；婦言，辭令也；婦容，婉娩也；婦功，絲麻也。」對此略有引申，並未多做發揮。《女誡‧婦行第四》除標舉「四行」之目，且就婦女職分加以明確規範：

> 女有四行，一曰婦德，二曰婦言，三曰婦容，四曰婦功。夫云婦德，
> 不必才明絕異也；婦言，不必辯口利辭也；婦容，不必顏色美麗也；
> 婦功，不必功巧過人也。清閑貞靜，守節整齊，行己有恥，動靜有

法，是謂婦德。擇辭而説，不道惡語，時然後言，不厭於人，是謂
婦言。盥浣塵穢，服飾鮮絜，沐浴以時，身不垢辱，是謂婦容。專
心紡績，不好戲笑，絜齊酒食，以奉賓客，是謂婦功。此四者，女
子之大節，而不可乏無者也。……（《後漢書》卷八四）

此篇訂定了婦女四種行為標準，不僅正面標示女性「應該」具備的言行，對
種種「不必」的表現也有清楚説明。由於班昭以「卑弱」為女子教育宗旨，
因此無論智識、口才、容貌、技藝各方面都要「避強」，自我約束，方可臻「女
以弱為美」的要求。

　　所謂「婦德」只須注重一己之德操無虧，無須逞才競智；基於「男外女
內」的禮制，女子縱使才智高絕亦無可用之地，才慧的施展反可能踰越分際，
有礙於「卑弱」的身分，於此告誡諸女才智非女子所必需。「婦言」方面不但
不鼓勵一切女性之「辯」，更要求慎選說話的時機與場合，須言辭得體，適時
而止，不爭論，更不可言及外事。「婦容」但求儀容服飾整潔合度，無須關注
容貌的裝扮。「婦功」指紡績酒食之類的婦職，不必過於講究精巧，但須態度
莊重，不可流於輕忽草率。班昭認為這四種德行是女子「大節」，缺一不可，
勉諸女常存於心，以求四德之功皆備於我。

　　班昭的婦女觀，是以能盡義務、具有三從四德的卑弱女子為理想典型。
陳東原則以為，班昭有系統的將壓抑女性的思想編纂起來，以「卑弱」作為
貫通三從四德的基本觀念，使《女誡》成為套在婦女頸子的鐵索。〔註32〕對
於女性之所以地位卑微，西蒙·波娃提出一針見血的批評，她認為，事實上
是男性為主宰的父權文化體制貶抑女性，使女性變得地位低下，而不是因為
女性地位低下而應受支配。〔註33〕男性話語合理化男尊女卑，再藉以輕視女
性，這是長久箝制女性的性別迷思。

　　傳述於《女誡》之前的陰陽學說、禮制倫常，都是男性對女性地位與職
分的規範；《女誡》卻是出於女性的自我設限。相較於《列女傳》所代表的秦
漢之際的女性道德觀，《女誡》對女性言行的範限更為嚴苛，女性才慧受到更

〔註32〕陳東原，《中國婦女生活史》（台北：河洛，1979年9月），頁46～48。
〔註33〕西蒙·波娃在《第二性》引用蕭伯納對美國黑人和白人關係的形容，批判現
　　　　實中常被顛倒的因果：「美國的白人貶黜黑人到擦皮鞋的地位，結果白人的論
　　　　調卻是：黑人什麼事都做不好，只會擦皮鞋。」她說，這種循環論法，在所
　　　　有類似的環境中都會產生；某一方將對方逼到一個低劣的境地，然後控訴他
　　　　們天生就是處在那種境地。見張岩冰，《女權主義文論》，頁49。

大的壓制與貶抑。〔註34〕

後世的女教書籍皆受班昭影響，或發揮其要旨，或補其不足，很少能超越《女誡》的範圍。〔註35〕歷代編寫女教書不勝枚舉，〔註36〕其中，《女孝經》、《女論語》〔註37〕、《內訓》〔註38〕、《女範捷錄》〔註39〕皆出自於女性，但仍受限於「順男子之教，而長其理」（《內訓·母儀章第十六》）的傳統女教內涵，仍是以男性立場為出發點，與父權價值標準一致。

女子教育素來以家庭為中心，而家庭正是傳播父權意識的堡壘重鎮：

> 家庭是大量烈女的溫床：純潔的女兒、忠誠的妻子、愛護孩子的母
> 親、孝敬的媳婦等等，她們都沒有什麼個人的東西去界定自己，除
> 了她們的貞節和她們在家庭名譽受損時甘願自我犧牲的精神。因
> 此，中國家庭絕對不是一塊私人欲望的地帶，反之，這裡正是公眾
> 道德標準執行得最為森嚴的地方，直入個人、尤其是婦女的身體表
> 述範疇。〔註40〕

〔註34〕《列女傳》取材角度廣泛，並不以單一標準衡量女性，舉凡母儀、賢明、仁智、貞順、節義、辯通，皆可入傳；《女誡》對辯通、才智則不再強調。見梅家玲，〈依違於婦德與才性之間：《世說新語》〈賢媛篇〉的女性風貌〉，《古典文學與性別研究》，頁138～39；及黃麗玲，《《女四書》研究》，南華大學文學研究所碩士論文，頁2。

〔註35〕黃嫣梨，〈班昭與《女誡》〉，收錄於《妝臺與妝臺以外——中國婦女史研究論集》（香港：牛津大學出版社，1999年），頁2～7。

〔註36〕如唐代宋若昭《女論語》、陳邈妻鄭氏《女孝經》，宋代司馬光《家範》、袁采《袁氏世範》；明清兩代尤其大量出現：明成祖仁孝文皇后徐氏《內訓》、王相之母劉氏王節婦《女範捷錄》、呂坤《閨範》、《閨戒》、趙南星《女兒經》、呂得勝《女小兒語》，清代藍鼎元《女學》、陳宏謀《教女遺規》、陸圻《新婦譜》、賀瑞麟《女兒經》、《婦女一說曉》、廖冕驤《醒閨編》、馮樹森《四言閨鑒》等。

〔註37〕《女論語》以《女誡》中提綱挈領的理論原則為基礎，詳敘女子立身處世之道。見杜學元，《中國女子教育通史》（貴陽：貴陽教育出版社，1995年），頁183。

〔註38〕《內訓》可謂集歷朝女訓條規之大成，涵蓋婦女所應遵行的一切禮教規範。但由於是為訓宮壼所作，偏重后妃事君，而非婦女普遍鑑戒，因此其影響不如《女論語》、《女誡》。見王光宜，《明代女教書研究》（台灣師範大學歷史研究所碩士論文，1999年），頁12～14。

〔註39〕《女範捷錄》保留了前人流傳的思想觀念，陳東原認為貞節的宗教化與此書很有關係。見陳東原，《中國婦女生活史》，頁281～282。

〔註40〕周蕾，《婦女與中國現代性——東西方閱讀記》（台北：麥田，1995年1月），頁116。

在女教典籍的推波助瀾下，男女剛柔尊卑主從的論述及貞、孝、和、順等倫理觀遂逐漸浸滲於個別家庭及社會文化各個層面。〔註41〕

宋代中期以後，理學家大倡節義貞烈，程頤名言「餓死事極小，失節事極大」傳誦久遠；他並主張男子可以出妻，女子不可再嫁，此種雙重道德標準影響後世甚鉅。元代律條有「命婦夫死不許改嫁」，〔註42〕是以法律干預婦女再嫁；此外，未嫁守志的事蹟因主政者旌表而益為社會重視，守節之風更加盛行，貞節觀遂走向宗教化。〔註43〕

明太祖為表明別於外族統治的正統地位，特別提倡禮教觀念，下詔大力褒獎貞節，〔註44〕且明文禁止丈夫或兒子得封之婦女再嫁。〔註45〕受朝廷旌表之節婦烈女社會地位得以提高，再婚婦女與以之為妻的男子則受到鄙視。《女範捷錄・貞烈篇》更標舉「忠臣不事兩國，烈女不更二夫」，將女子守節與對國家的忠誠相提並論，成為絕對的道德標準，不再有取捨空間。明代貞節風氣大盛，正由於朝廷立法積極褒揚，且受女訓書「教化」所致，〔註46〕使得「貞烈變成了評判婦女道德的主要標準，……好像婦女人生的目的只是以活生生的血肉之軀來呈現貞節的標準，存在的價值就是為了體現這種極端的道德規約」。〔註47〕

清代官方對貞烈之風的宣傳、表彰、獎賞並不亞於前朝，律法並嚴限女子再嫁：棄夫逃亡另嫁者處絞刑；若夫音信不通，三年內未告官司而擅改嫁

〔註41〕 不過，宋代之前，雖不時有斷髮毀容、誓不再醮的節婦出現，但一般社會風氣並未拘泥於禮法，婦女離異與改嫁並不被視為恥辱，男子亦無後世重視童貞的觀念；漢唐乃至魏晉五代，皇室后妃中有許多再嫁之婦，公主改嫁者更不勝枚舉。宋以後，再嫁才漸受非議；至明清時代，守節才成為普遍的道德規範。

〔註42〕 見《大元聖政國朝典章》卷18〈戶部四〉：「……婦人因得夫子得封郡縣之號，即與庶民妻室不同，既受朝命之後，若夫子不幸亡歿，不許本婦再醮，立為定式。……」（台北：文海，1974年4月），頁270。

〔註43〕 陳東原，《中國婦女生活史》，頁241。貞節的宗教化，是指將貞節視為崇高的信仰，願意終身信奉，甚至在必要時可以犧牲生命以成就貞節。

〔註44〕 《大明會典》卷20〈戶口二〉：「民間寡婦，三十以前夫亡守志，五十以後不改節者，旌表門閭，除免本家差役。」（台北：文海，1985年10月）頁364。

〔註45〕 《大明會典》卷6〈吏部五〉：「婦人因夫子得封者，不許再嫁，如不遵守，將所受誥勅追奪，斷罪離異。」頁131。

〔註46〕 安碧蓮，《明代婦女貞節觀念的強化與實踐》（中國文化大學史學研究所博士論文，1995年）。

〔註47〕 鄭培凱，〈晚明士大夫對婦女意識的注意〉，《九州學刊》6卷2期（1994年7月），頁31。

者，杖一百；〔註48〕反之，夫背妻逃亡卻不受處罰，且妻一逃亡夫不必告官即可再娶，顯見男女權力關係嚴重失衡。男女不平等的現象在清代尤較歷朝爲甚，又由於理學思想普及，貞節觀更發展到極致；在禮教習染與法治干涉下，守貞盡節成爲牢不可破的道德的藩籬，箝制所有女性。

律法的性別歧視還表現其他層面：「唐宋元明暨清代法律關於財產之繼承，只承認嫡庶子男分析家財，除嫁資外，女子未有明文規定」。〔註49〕清代台灣婦女亦無分析財產之資格，僅於戶絕或夫死無子時，始享有部分繼承權，即便如此，她們仍只是暫管家產，不能自由行使處分，而必須藉由他人之副署方能爲之。〔註50〕女子不僅經濟權沒有保障，生命權也附屬於父兄命運，「一家之中父兄犯罪，其女或姐妹均不免被誅累」；〔註51〕在夫妻關係方面，夫可納妾，可片面以七出的事由離棄其妻，妻卻無對等權力。〔註52〕至於夫婦間彼此之犯罪，處罰原則亦相不平等：「夫犯妻者，其處罰較夫犯一般人爲輕；而妻犯夫者，則較妻犯一般人爲重」。〔註53〕若妻毆打夫之父母，其罪也較夫之毆打父母爲重。〔註54〕除此之外，父權之大，甚至可以出賣

〔註48〕見姚雨薌原纂，胡仰山增輯《大清律例會通新纂・戶律婚姻》卷9〈出妻〉條（台北：文海，未著出版年月），頁40。

〔註49〕趙鳳喈，《中國婦女在法律上之地位》（台北：食貨出版社，1997年），頁6。

〔註50〕清律規定：「戶絕財產，果無同宗應繼之人，所有親女承受。」亦即戶內無男子，財產可由親女承分；但多半仍屬暫管性質，須爲其戶收養男子，或招婿生子，或以招出婚將所生之子擇給女家，再將家產傳子。至於喪夫寡婦雖得以繼承家產，仍需爲其夫立嗣，而傳給家產。見卓意雯，《清代台灣婦女的生活》（台北：自立晚報，1993年5月），頁174～75。

〔註51〕趙鳳喈，《中國婦女在法律上之地位》，頁16。

〔註52〕卓意雯，《清代台灣婦女的生活》，頁176。漢《大戴禮記・本命》謂「婦有『七去』：不順父母（指公婆），去；無子，去；淫，去；妒，去；有惡疾，去；多言，去；竊盜，去。」至唐律，〈疏議卷〉卷十四一戶婚：七出者，依令：「一無子，二淫泆，三不事舅姑，四口舌，五盜竊，六妒忌，七惡疾。」雖犯七出，有三不去：「謂有所娶無所歸；與共更三年之喪；先貧賤而後富貴。」

〔註53〕夫對妻有教令及懲戒權，夫懲戒妻不踰越適當範圍者不受處罰。依清律規定，夫毆妻非折傷勿論，至折傷以上，也較普通人之犯罪減輕二等；夫毆妻至死者，固當論絞，但夫是因妻之毆其祖父母、父母而擅殺者，只需服杖一百。參見趙鳳喈，《中國婦女在法律上之地位》，頁62～63。反之，妻妾之罵夫即予處罰，有毆夫者杖一百，折傷以上又較毆一般人加三等科罪；至於毆夫至篤疾者論絞，致死者當斬，有故殺者則凌遲處死。見卓意雯，《清代台灣婦女的生活》，頁176。

〔註54〕趙鳳喈，《中國婦女在法律上之地位》，頁52～53、70～71。

其妻妾子女，或以之作爲抵押品償還債務。〔註55〕

　　在禮教文化的強力約束及法律條文的明確規範下，父權體制對女性身心的監控更爲嚴密；女性因而汲汲於成爲父系秩序中的理想女性。

　　西方社會在十九世紀女權運動開展之前，多數文化論述都貶抑女性。〔註56〕創世紀中記載夏娃是由亞當的一根肋骨所造的，又被蛇引誘偷吃禁果，女性因此在智力及道德上淪爲次等。舊約全書中的妻子被視爲丈夫的所有物，丈夫可以休妻，妻子卻沒有要求離婚的權利；女性若出軌，將受到法律嚴格的制裁。希臘時代的亞里斯多德（Aristotle）認爲，家長應按照「君主統治」來管理家庭，身爲被統治者的女性須謙遜服從，「靜默是女人的榮耀」。中世紀陶瑪斯‧阿奎納（Thomas Aquinas）主張「女性是有缺陷的男人」，欠缺活力，且缺乏靈性與思考能力；在生育方面，女人只被動的提供胎兒成長的環境，男人卻在其中注入形體；女性存在的唯一理由只是生育。〔註57〕

　　十四世紀以降的法律規定嚴重剝奪女性權益：子女從父姓、家庭財產由丈夫全權處理、女性未經丈夫或法院許可所經手事務一律無效、丈夫有權約束配偶留在家中、禁止婦女閒聊聚會等。〔註58〕十二至十七世紀間，教會對於不服從世俗規範的「不正常」女性，進行「異端審判」，以女巫之名羅織罪行，演變成大規模追捕及殘酷屠戮。〔註59〕

　　十七世紀的反女性浪潮中，培根（Francis Bacon）可作爲代表，他認爲女人對男人而言是個包袱，愛情和婚姻都是男人的障礙。十八世紀的盧梭（Jean Jacques Rousseau）雖然提倡「天賦人權」，但所謂「人」卻僅限於男人，女人不過是次等的附屬人類，只爲服侍與取悅男人而生存。〔註60〕尼采也說過：

〔註55〕林麗珊，《女性主義與兩性關係》，頁22。
〔註56〕直到理性主義哲學家洛克（John Locke）強調所有男人和女人都生而平等，並主張父親之所以成爲一家之主並不是天生而然的，之後女權運動者引爲思想源流，經過長期抗爭，終於鬆開女性身上的父權枷鎖。見簡瑛瑛，《何處是女兒家——女性主義與中西比較文學文化研究》（台北：聯合文學，1998年），頁193。
〔註57〕簡瑛瑛，《何處是女兒家——女性主義與中西比較文學文化研究》，頁190～91。
〔註58〕見林麗珊，《女性主義與兩性關係》，頁77～79。
〔註59〕男權社會與教會提供女性的唯一選擇是：嫁作人婦或遁世當修女；選擇不婚、離婚、寡居不再婚並拒絕成爲修女的女子常被視爲異端，甚至有女性自組團體、另創教派、參與工農民反抗運動，更是執政者與教會聯手制裁的目標。參見林麗珊，《女性主義與兩性關係》，頁77～78、83～85。
〔註60〕簡瑛瑛，《何處是女兒家——女性主義與中西比較文學文化研究》，頁189～

當女人開始想追求學問的時候，那就表示她的性器官出現問題了。〔註61〕十九世紀的叔本華（Arthur Schopenhauer）在《論女性》（On Women）一書中指出：女人天生不如男人，無論在理性、智力、正義感、體力、美感、愛情各方面皆然，她們不只意氣用事、用情不專，而且狡詐虛偽，因此女人必須服從男人的領導。到了二十世紀，佛洛伊德（Sigmund Freud）由心理分析的角度提出女性潛意識對男性的「陽物妒羨」（penis envy），指稱「女人是被閹割的男人」。〔註62〕

在西方傳統父權制度下，女性社會地位低落，沒有受教權，經濟無法獨立；她們被要求成為「永恆的女性」（eternal feminine），做一個好妻子、好母親，順從丈夫，提供性服務和生育下一代；〔註63〕其社會文化中的性別歧視與中國社會可說如出一轍。

第四節　以文藝創作深化刻板印象

道德倫理、法律條文以強迫式的訓令規限女性，相形之下，藝術文學所呈現的性別觀念更接近日常生活。男性在繪畫、雕塑、戲劇、詩詞小說中想像、塑造、描述女性，傳達出父系封建社會對女性及對兩性關係的種種要求。

在雕塑、繪畫上，女性多展現纖柔曲線，流露嫵媚、典雅、和諧之美；在戲劇裡，女子亦多端莊賢淑、溫柔和順。這種創作上的取樣一再出現，乃從欣賞的角度逐漸深化為理想女性的永恆形象。〔註64〕

中國歷代文人對女性外觀的想像大同小異，常藉物象作比喻，如弱柳扶風、冰肌玉骨、軟玉溫香、面如芙蓉、眉如遠山、指如春蔥等等。〔註65〕當女性被物化為春蔥、芙蓉、弱柳、軟玉，便隱然意味著其可採之摘之、攀之

192。
〔註61〕林麗珊，《女性主義與兩性關係》，頁93。
〔註62〕簡瑛瑛，《何處是女兒家——女性主義與中西比較文學文化研究》，頁191～92。
〔註63〕同上註，頁192。
〔註64〕林麗珊，《女性主義與兩性關係》，頁27～28。
〔註65〕如曹植〈洛神賦〉：「其形也，翩若驚鴻，婉若遊龍，榮曜秋菊，華茂春松，彷彿兮若輕雲之蔽月，飄飄兮若流風之回雪。遠而望之，皎若太陽升朝霞；迫而察之，灼若芙蕖出涤波……」；冒辟疆在〈影梅菴憶語〉描述陳圓圓之美，「……真如孤鸞之在煙霧」；又如李白〈清平調〉盛讚楊貴妃之美如雲、如牡丹、春風、瑤臺仙女；凡此俱是文人筆下出塵絕俗、丰姿綽約的佳人。

折之、把玩之甚或擲棄之的意味。這種人體—物象的轉喻過程，不僅象徵著男性對女性的欲望，更同時摒除了女性自身的欲望；男性得以自我想像爲唯一的且通行無阻的欲望者，而女性欲望既被剝奪，自然無條件順從於男性欲望。〔註66〕清初李笠翁以爲「美女是五官四體皆爲人設的」，從膚色、眉目、手腳……等大談何謂女性美，〔註67〕不啻視女性爲玩物。被物化的女性在男性審美標準的制約下，竭力爲悅己者容。

　　而在西方藝術與大眾文化裡，女人不僅僅是一般的物，作爲文化的產物，「她」是一個藝術品──一個雕刻、泥塑或偶像，但從來不曾是一個雕塑師。〔註68〕畫作中的女子常在一群衣冠楚楚的男性中赤身裸體，或透過觀察鏡中的自己以呈現一幅偽善的道德化裸女像。〔註69〕英國藝術評論者約翰·伯格（John Berger）即指出：「男人看著女人，女人看著男人眼中的自己。」〔註70〕女體被物化、被展示，成爲一種景觀，成爲男性凝視（gaze）〔註71〕的對象。

　　除了對女性外貌的品評想像之外，敘事文學也助長了傳統禮教的影響。中國古代愛情小說總是以「進入秩序」作爲結局，如大膽違犯禮法的崔鶯鶯之輩，最後還是被安頓於「妻」的身分回歸父系秩序；至於秩序內的女性，如虞美人臨辱自刎、焦仲卿妻以死明節，則是藉由寧死不苟的選擇通向道德的極致。這顯示了女性生命的圓滿與否、幸福與否，端繫於父系秩序的認可與確認，女性的進入秩序成爲唯一的理想；但她們的追求與執著其實是父權社會早已預設的，她們不過是分門別類的甘心自動投入預製格架中，而敘事

〔註66〕參見孟悅、戴錦華，《浮出歷史地表》，頁16～17。
〔註67〕參見陳東原，〈男子眼中的女性美〉，收錄於李又寧、張玉法主編，《近代中國女權運動史料》（上冊）（台北：傳記文學出版社，1975年），頁1。
〔註68〕蘇姍·格巴（Susan Gubar）著，孔書玉譯，〈「空白之頁」與女性創造力問題〉（""The Blank Page" and the Issues of Female Creativity"），張京媛編，《當代女性主義文學批評》，頁162～63。
〔註69〕曾曬淑，〈女性主義觀點與藝術創作、藝術史、藝術評論〉（來源：教育部婦女與性別研究網站，性別與藝術網路畫廊，http://www.ntnu.edu.tw/fna/gender.art/main_2.htm，2008.01.15）；原文：〈女性主義觀點的美術史研究〉，載於《中央大學人文學報》15期（1997年6月），頁81～121。
〔註70〕Sophia Phoca著，謝小苓譯，《後女性主義》，頁76。
〔註71〕拉岡將「凝視」定義爲自我和他者的某種鏡映關係，指被他人的視野所影響。拉岡認爲，在想像的關係之下，自我如何被置放在他人的視覺領域之中，以及自我如何看待自己的立身處境，是經由他人如何看待自我的眼光折射而成，以此構成對自我的再現；也就是經由這樣再現的方式，「凝視」的關係和權力得以形成。見廖炳惠編著，《關鍵詞200》，頁120。

作品卻以虛幻的完滿結局掩蓋了背後眞實的抹煞與剝奪。〔註72〕

　　至於不甘爲「物」而遊走在秩序之外的女性，則被描述爲妖魅，乃至亡國的禍水紅顏，如夏之妹喜、商之妲己、周之褒姒；歷史的見證在告誡世人，女人若不善加管教將肇啓禍端，這種男性立場的詮釋方式在文學作品中屢屢可見。與此對比的是那些犧牲青春生命的貞節烈女或相夫教子有成的賢良女性，如《列女傳》中諸多超凡入聖的女性楷模與〈孽嬖傳〉惑亂朝政的淫邪惡女即是鮮明的例子，兩者皆是對女性形象的扭曲；而這兩種刻板印象同時出現在西方男性作家與男性畫家筆下。

　　西方文學作品中，男作家逃避承認文學上的厭女症（misogyny），〔註73〕總是將女性描寫爲兩個極端：天眞、美麗、可愛、無知、無私的「天使」，及複雜、自私、具威脅性、危險的「妖女」。〔註74〕萊絲莉·費爾德勒（Leslie Fiedler）將文學經典中兩極化的女性形象以一個對立的概念「玫瑰與百合」總括起來：從十九世紀到二十世紀，玫瑰變成婊子，百合成了拯救之母，但這兩類描繪都不是眞實的女人。〔註75〕女性雙重而不實的形象，淵源於男性欲望的複雜作用：「……她具象化從善良到邪惡的各種正反品德代表……他在她身上投射了他所慾求的、所恐懼的、所愛的與所恨的。」〔註76〕西蒙·波娃以存在主義解讀男性心態：

　　　　當男人視女人爲自體存在時，便將他對存有（Being）的欲望投射於女人，由此產生了神化女性的諸多刻板觀念，如視女人爲地神（Earth Goddess）的化身。另一方面，男人又可視女人爲難逃一死的肉身象徵，此時女人就是可怕甚至可恨的了，由此又衍生出以女人爲邪惡他者的刻板印象，如女巫、潑婦等。這兩種態度都是自欺，藉著視

〔註72〕參見孟悅、戴錦華，《浮出歷史地表》，頁23～25。
〔註73〕在《麻煩的另一半》（*The Troublesome Helpmate*）一書中，凱撒琳·羅吉斯（Katharine M. Rogers）認爲，文學厭女症的傳統可遠溯至早期基督教與古典希臘文學。見唐荷，《女性主義文學理論》，頁91。
〔註74〕唐荷，《女性主義文學理論》，頁55。
〔註75〕費爾德勒在其所著的《美國小說中的愛與死》（Love and Death in the American Novel）指出，那有著濃密黑髮、性感而倨傲的十九世紀文學中的玫瑰，到了二十世紀變成了海明威（Ernest M. Hemingway）小說中的「美國婊子」，到了諾曼·梅勒（Norman Mailer）筆下就「更婊了」；而金髮、純潔、詩人繆司的清靈百合，變成福克納（William Faulkner）、史坦貝克（John E. Steinbeck）小說中的拯救之母及大姆媽的形象。見唐荷，《女性主義文學理論》，頁55。
〔註76〕西蒙·波娃，《第二性》，見唐荷《女性主義文學理論》，頁54～55。

> 女人為他者，來逃避自己本是「無有」（nothingness）的人類共同處
> 境，這是不實的企圖超越。〔註77〕

將女性妖魔化固然極盡醜化之能事，然而，把女性理想化甚至神話化，表面
上看來是抬高女性的身分，但仍是將女性非人化，更重要的是，藉此掩飾了
女人毫無權力可言的事實，可說是以頌讚為名，卻模糊並篡寫了女性的實際
處境。伍爾芙明白指出了小說與現實的矛盾：

> ……於是出現了一種十分奇怪的複合人。在想像中她無比重要；但
> 實際上卻完全無足輕重。她佔據了一部部詩集的扉頁；卻在歷史名
> 聲上留白。在小說中她支配王者和征服者的生活；事實上，只要有
> 哪個男子的父母可以給她戴上戒指，她就得當他的奴隸。在文學中
> 有些最富靈感的字句，最深遠的思想從她口唇吐出；但在真實生活，
> 她卻幾乎目不識丁，只是丈夫的附屬品。〔註78〕

然而大多數女人就此被朦蔽，誤以為神話所反映的就是身為女人的真實意義。

男性畫家的筆下同樣呈現截然對立的兩種女性典型：象徵正面意義的聖
母、處女、女聖者、女神；象徵負面意義的夏娃、女巫、娼妓、怪物、吸血
鬼。〔註79〕特別是聖母瑪麗亞處子母親圖像，無疑是西方文化中最普遍而精
緻的母性（maternal）象徵建構；這些肖像造型一再重複，以致於「女性特質」
（femininity）幾乎完全被限制於母性之中。〔註80〕

十九世紀英國出現「色情─淪落的女人」這種固定典型的描寫，目的乃
是藉由貧窮、遺棄與幸福家庭對照，以鞏固維多利亞時代的婚姻與家庭機制。
〔註81〕由此可見，父系社會產製的文藝作品，自然是為父權意識服務。

西方文化中普遍存在的女性角色二分法則，可統攝歸類為「良女」與「妖
婦」。賢妻良母與妖女蕩婦二元身份是所謂「女性特質」的兩面，一受父系文
化頌揚，一受譴責。「良女」貞節無慾，顯示男性的「虐她」心態；這種心態

〔註77〕見鄭至慧，〈存在主義女性主義──拒絕作第二性的女人〉，顧燕翎主編，《女
性主義理論與流派》，頁88。

〔註78〕伍爾芙（Virginia Woolf），《自己的房間》（*A Room of One's Own*），見唐荷，《女
性主義文學理論》，頁56。

〔註79〕曾曬淑，〈女性主義觀點與藝術創作、藝術史、藝術評論〉，http://www.ntnu.edu.
tw/fna/gender.art/main_2.htm，2008 年 1 月 .15。

〔註80〕Sophia Phoca 著，謝小芩譯，《後女性主義》，頁 159。

〔註81〕曾曬淑，〈女性主義觀點與藝術創作、藝術史、藝術評論〉， http://www.ntnu.edu.
tw/fna/gender.art/main_2.htm，2008 年 1 月 .15。

又被美化爲騎士精神，以保護女性爲由，行心靈及身體囚禁之實。「妖婦」則以色迷人，迷惑男子身敗名裂。事實上，在基督教的創世與末世論中早已勾勒女性角色的二元定律。夏娃受蛇引誘吃了禁果，帶頭犯罪，違背「父親」的告誡，因此被罰受分娩之苦；直到耶穌之母瑪麗出現，女性的負面形象才得到平反與救贖。定罪、受罰與原宥都來自「父親」，「妖婦（夏娃）／良女（瑪麗）」的定義自然也操之於「父親」。〔註82〕

父權社會標舉「賢妻良母」爲理想女性典型，並具象化於藝文作品中，其反覆示範渲染，深化了傳統女性的刻板印象，令女性毫不懷疑的趨附於男性的審美標準及道德價值觀，其間的性別權力運作，中西皆然。

第五節　以男性話語完成父權建構

男性擁有話語權，有說話之權與闡釋之權，可以創造詞彙並賦予意義。女性被稱爲「后」、「夫人」、「內子」、「命婦」、「妻」，是根據她們從屬的夫之地位而來的；這些專用於女性的字眼作何解釋，女性無法置喙，唯有男性話語主體有權定義，女性不過是被談論、被規定的客體對象。男性不僅創造了女性相關的字詞，甚至創造了女性的價值、女性形象和行爲規範，亦即創造了有關女性的一切陳述。從闡釋乾坤陰陽到制定婚儀，從建構倫理綱常到建立刑律，從著述典籍史冊到文藝創作，這所有話語行爲體現了男性話語主體對整個語義體系的操縱，進而藉以確立並鞏固社會道德規範與父系統治秩序。

女性話語向來被歸限於「內言」，但實際上卻從未有過眞正的「內言之權」。班昭《女誡》得以傳世，「完全不在創造了什麼，而在於全面而詳細地以與男性同性的角度闡釋了他們樹立的女子模式，從而健全了男性對女性的陳述」。〔註83〕唯有站在男性立場以男性認可的觀點及符號發言，女性才有可能進入爲男性把持的話語體系。

西方世界的男性話語權可在《聖經》找到根源。在創世神話中，亞當被塑造爲一個語言命名者：「神用土所造成的野地各樣走獸和空中各樣飛鳥，都帶到那人面前看他叫什麼，那人怎樣叫各樣的活物，那就是他的名字。那人便給一切牲畜和空中飛鳥、野地走獸都起了名。」〔註84〕至於夏娃是在萬物

〔註82〕宋美璍，〈資本主義與女權意識——性別差異和權力抗爭〉，頁32。
〔註83〕孟悅、戴錦華，《浮出歷史地表》，頁14～15。
〔註84〕《聖經·創世紀》，2章19～20節。

命名之後才由亞當肋骨所創生，一樣由亞當命名。這段命名神話正當化了男性主宰語言的權威，而女性則在男性對命名權的獨占中失去話語的權力。

後結構主義理論家米歇爾‧傅柯（Michel Foucault）認爲，話語與權力是不可分的，影響、控制話語運作最根本的因素是權力，而權力又是通過話語來實現的；反過來說，話語是施展權力的工具，而且也是掌握權力的關鍵。〔註 85〕

在傅柯的著作中，話語乃是構成知識的方式。話語不僅用以思考及產生意義，更構成了他們要去掌控的那些主體的身體的「本質」、潛意識及意識活動與情感生活；無論身體、思想或情感，唯有在話語的實現中才有意義。〔註 86〕話語存在於各種書寫與口述的形式，並存在於日常生活的社會實踐中。克麗絲‧維登（Chris Weeden）認爲，話語透過不同方式塑造、控制個人，使個人與特定的主體位置認同。這是一個不斷重複的過程，人終其一生就在各種不同的話語中，特別是在主流話語中建構其主體性。而話語對個人身體和心理層面的建構，總在一個較大的權力關係網絡裡進行，這個權力關係網絡往往有法律、政治體制、教育體制等機制作爲基礎。爲了使話語有效地實現，必須激活個人的能動性。因爲只有當個人認同話語中的主體位置時，這個主體才會對話語所代表的權力關係發揮最有效的作用；反之，如果在話語所提供的主體位置與個人利益之間出現了差距，那麼針對主體位置的抵抗力量便會產生。〔註 87〕

對照於歷史中的性別處境，千百年來，中國女性被男權中心的話語羅網所覆蓋，她們受家庭教育及層層禮教律法管束，只能從男性話語的定義中找尋生命的位置；加以父權社會刻意標舉所謂女性典範大加褒揚稱頌，驅使女性以追求名譽爲人生目標，這便是「激活個人能動性」。至此，女性個人利益被扭轉爲獲得輿論肯定或官方旌表，而這正與男性利益不謀而合。

西方社會中女性，同樣被男人的想像及價值觀變相的抬舉和貶抑，又處於教育不平等的惡劣地位，因而失去理性自覺與獨立思考的自主性，她們的溫柔、慧黠及裝扮的優雅，全然繫縛於取悅男人的單一價值之上；〔註 88〕她

〔註 85〕黃華，《權力、身體與自我——福柯與女性主義文學批評》，頁 38。

〔註 86〕克麗絲‧維登（Chris Weeden）著，白曉紅譯，《女性主義實踐與後結構主義理論》（*Feminist Practice & Poststructuralist Theory*）（台北：桂冠，1994 年 8 月），頁 128。

〔註 87〕黃華，《權力、身體與自我——福柯與女性主義文學批評》，頁 44。

〔註 88〕此爲瑪麗‧渥斯通克拉夫特（Mary Wollstonecraft）在《女權辯護》（*A Vindication*

們認同「男外女內」的家庭理想與「賢妻良母」的角色職分,將取悅及成就
男人視爲個人利益的實現,這正是男性話語設下的陷阱。

　　固然個別主體也能以邊緣話語挑戰主流話語,〔註 89〕然而,當女性全盤
認同男性話語所賦予的主體位置,抵抗的力量便無由產生了。即便有少數女
子曾經悖離父權秩序,終究瞬息即逝,難以產生他途知識,無以撼動根深柢
固的男性主流話語;那些零星的女性意識,是歷代絕頂聰明的女子爲生命感
到困惑不解的細語呢喃,直到近代女權運動開展後,女性的聲音才得以匯聚
成理直氣壯的吶喊。〔註 90〕

　　傅柯說:「眞理不具有本質的自由……它的生產完全充斥著權力的關係。」
〔註 91〕透過政治、法律、道德、教育、藝術、文學、宗教等全面性的權力運
作,男性話語建構出顛撲不破的「眞理」,這個「眞理」成了傳統女性執守不
疑的堅定信仰,父權統治於焉完成。

　　父權體制在中國已有數千年歷史,已然根深柢固,台灣福佬系故事源自
閩南移民,承襲了中國傳統文化,因此故事中乃是以父權思維爲背景,呈現
牢固的父系價值觀,這是以下各章進行性別政治探討的前提。

　　值得注意的是,漢人渡台之前,台灣平埔族群原爲母系社會,多數實行
招贅婚,〔註 92〕女性才是一家之長,擁有財產及家庭的繼承權;男人則必

---

　　　　　of the Rights of Women〕一書中所提出。見廖炳惠編,《關鍵詞 200》,頁 107。
〔註 89〕按照傅柯的理論,有眞理的話語,就有挑戰眞理的話語;有主流話語,也就
　　　　　有邊緣話語。維登則指出:在個別主體的層次上對主流話語的抵抗,是產生
　　　　　他途知識形式的第一階段,而如果他途形式已經存在,這種抵抗可使個人轉
　　　　　向這些他途話語,並逐漸增加這些話語的社會權力。見維登著,白曉紅譯,《女
　　　　　性主義實踐與後結構主義理論》,頁 131。此外,維登認爲,主體固然是由話
　　　　　語所建構,但仍是「一思想著、感受著、社會的主體與能動者,在各種矛盾
　　　　　衝突的主體位置與實踐中,產生抵抗與改革的能量。」她進一步指出,權力
　　　　　本質與主體身分是從各種不同話語產生出來的,透過對它們的分析,女性主
　　　　　義可建構一他途知識的基礎:「婦女受制於這些話語的過程所產生的知識,可
　　　　　以作爲說出他途意義的基礎,這些他途意義不再邊緣化、壓制婦女,而是在
　　　　　過程中,改變男權的霸權結構。」見唐荷,《女性主義文學理論》,頁 121。
〔註 90〕林麗珊,《女性主義與兩性關係》,頁 64。
〔註 91〕傅柯,*The History of Sexuality, Volume One: An Introduction*(《性意識史》),頁
　　　　　56。見唐荷《女性主義文學理論》,頁 118。
〔註 92〕此處所謂招贅婚,是以漢人父系社會的概念而產生的說法,正確的說,應稱
　　　　　爲「從母居的婚姻」(matrilocal marriage),採母系嗣系的原則。見潘英,《台
　　　　　灣平埔族史》(台北:南天,1996 年 6 月),頁 325。

須入贅女方家，男性的地位遠不及女性；〔註 93〕所以平埔族人喜歡生女兒不愛生男孩，生女兒稱為「有賺」，生男孩遲早是別人家的，被認為是「無賺」。〔註94〕這種以女承家的母系承嗣制與漢人父系社會的男丁傳嗣可說是南轅北轍。漢人移墾初期，清廷規定移民「不許招致家眷」、「不許攜眷渡台」，造成台灣社會男女人口比例懸殊，因此出現「有唐山公，無唐山媽」的現象，漢人男子與平埔族婦女婚配者不在少數；然而，在清政府歸化政策及漢文化強勢入侵下，〔註 95〕平埔社會的傳統逐漸消融，母系制度也隨之瓦解。父權在早期台灣漢人社會居於絕對主導地位，福佬系故事也幾乎一面倒的為父權發聲。

〔註93〕 平埔族男子在輩分長了一輩以後，對部落中公共事務便有參與權，且輩分越高，地位也越崇高；不過，在家庭或親族關係中，男性地位仍低於女性。見劉還月、李易蓉，《認識平埔族群的第 N 種方法》（台北：原民文化，2001 年 5 月），頁 42～43。

〔註94〕 劉還月、李易蓉，《認識平埔族群的第 N 種方法》，頁 43。

〔註95〕 1686 年之後，清廷開始興設「社學」，令平埔族孩童學漢語，推動儒化教育；清乾隆二十三年（1758 年），清政府下令要求平埔族人薙髮結辮、著漢服，同時賜姓氏，一改過去平埔族「父子連名」的傳統。漢姓是古代華夏父系宗法社會的制度，是建立在以男性為中心的父權社會的制度；由於賜姓多以一族或一社為一姓，在儒教「同姓不婚」的規範下，社族外的婚姻勢必造成母系社會與家族結構的解體。見李筱峰，《台灣史 100 件大事》（上）（台北：玉山社，1999 年 10 月），頁 50～51。

第三章　婚姻中的性別政治

　　父權體制預設的生命藍圖是「男有分，女有歸」，婚姻是女子最後的歸宿，在婚姻關係建立的過程中，父權的介入處處可見。本章列舉與婚姻嫁娶相關的福佬系故事，條列出以下幾個脈絡進行性別解讀：在宗法機制下，婚姻的締結乃是依憑「父母之命、媒妁之言」；正因結婚對象不是由當事人自己選擇，因此多半以「姻緣天註定」的心態面對婚姻；在聯姻的形式上，除一般正式婚姻，還有養媳、招贅、蓄妾、冥婚等變例；而民間童話中另有充滿幻想色彩的異類婚戀；此外，試圖掙脫父權支配，追求婚姻自主的女子亦不乏其人。本章各節旨在發掘並勾勒這些民間故事中或隱或顯的性別政治運作痕跡，以凸顯婚姻關係中父權統治的強勢主導力量。

第一節　依憑父母媒妁

一、父母之命

　　「婚姻者，所以合二姓之好。」（《禮記・昏義》）在傳統宗法制度下，婚姻乃是兩族之事，而非兩人之事。婚姻的目的，一在收奪女子的勞動力，二在生子，三是防制男女不經禮法規範而交接；[註1] 三者皆符應宗法家族制度的需要，嫁娶男女本身的情感喜惡並不在考量之列。

〔註1〕陶希聖，《婚姻與家族》（台北：台灣商務，1968 年 6 月），頁 36～37。

　　據大清律例：「嫁娶皆由祖父母、父母主婚。祖父母、父母俱無者，從餘親主婚。」〔註2〕男女嫁娶由家長決定，乃是「在家從父」觀念的具體呈現，父命高於個人意志，如私自尋找婚配對象，將被視爲不孝。台灣流傳的民間故事自然也承襲了漢人社會的婚姻觀。

　　父母爲女兒挑選對象，看重的多半是對方的品貌學問或權勢財富；如以下幾個例子：

　　《沙鹿鎭閩南語故事集·歹查某刣翁》〔註3〕：孫秀英的父母看趙連溪有才氣，家裡又有錢，就把女兒嫁給他。

　　《台灣民間傳奇（十）·林成祖白手起家》〔註4〕：蔡新官居太子太傅，林海門爲營救蒙冤的父親登門求助，〔註5〕蔡新被他的孝心感動，又看他相貌堂堂，便將女兒嫁給他。〔註6〕

　　《沙鹿鎭閩南語故事集·善良的小弟》〔註7〕：有個北京來的官爺，因爲船翻了，沒有路費回去，好心的馬永送給他五十兩銀子。後來馬永在外地被冤枉殺了人，縣官正是當年的北京客。縣官隆重款待馬永，還把女兒嫁給他。

　　《石岡鄉閩南語故事集（二）·山伯英台》〔註8〕：英台從學堂返家後，馬俊央父親登門提親；英台的父親因馬家有錢，就定下婚約。故事的敘述者說：「以前的人根本不尊重女方的意思，只要男的要就可以了。」女子在婚事的決定上可說是完全被動。

　　不過若是貧窮人家，父母也不至要求太多；如《台灣民間故事集·三個女兒輸一株肉豆》〔註9〕，老夫妻有三個勤勞節儉的女兒，剛剛長大，媒人就

〔註2〕　見姚雨薌原纂，胡仰山增輯《大清律例會通新纂·戶律婚姻》卷9（台北：文海，未著出版年月），頁1018。
〔註3〕　見胡萬川編，《沙鹿鎭閩南語故事集》（台中縣立文化中心，1994年5月），頁64～83。
〔註4〕　見林藜，《台灣民間傳奇》（十）（台北：稻田，1995年12月），頁70～78。
〔註5〕　林海門的父親林成祖是開墾台北的先鋒，卻因樹大招風，被指參加林爽文起事。
〔註6〕　最後林成祖冤獄平反，可惜林海門在回台灣的水程上，不幸落水溺死了，蔡家新娘新婚即寡，不勝悲痛，可謂造化弄人。
〔註7〕　見胡萬川編，《沙鹿鎭閩南語故事集》（台中縣立文化中心，1994年3月），頁126～144。
〔註8〕　見胡萬川編，《石岡鄉閩南語故事集（二）》（台中縣立文化中心，1993年6月），頁26～38。
〔註9〕　見陳慶浩、王秋桂編，《台灣民間故事集》（台北：遠流，1989年6月），頁

來了，老夫妻擔心自己家裡貧窮，不敢高攀有錢人家，「只要男孩勤奮就好，有屋有地更好！」所以三個女兒分別都嫁給鄰村種田人家的孩子。

　　還有一類故事是由父親開出條件，能通過考驗的就招爲女婿；這類故事不少，條件各異：

　　《蘆竹鄉閩南語故事（二）‧吟詩招子婿》〔註10〕：有個員外，女兒長大要出嫁了，但村裡都找不到合適的對象，因爲員外本身唸過書，所以決定「吟詩招女婿」，最後在應試者當中挑中了對得最準確的一個招爲女婿。〔註11〕

　　《雲林縣閩南語故事集（一）‧嫁三個翁》〔註12〕：有個父親把女兒嫁給船員，那船員去跑船後就沒有再回來；父親再把她嫁給軍人，那軍人回部隊後也沒消息；後來父親又把她嫁給種田的，但軍人跟船員卻回來了；於是她父親決定出對子給他們三個人對，對得出來的可以娶走女兒，對不出來的就退還聘金。

　　《宜蘭縣口傳文學（上）‧十四元延壽》〔註13〕：一名教書先生原本死期將近，因爲施財行善，幫助窮人家保住母親的墓地，因此得添歲壽；員外見他大有福份，就贊助路費，讓他上京赴考，若是他能高中，就將女兒嫁給他；後來他果然得了頭名狀元，娶了員外的女兒。這故事還傳遞了一個訊息：做好事可以改運、得善報。除了延壽、得功名之外，娶富家千金或官宦之女也是福報之一；男人如果功名富貴兼備而卻無妻，將是極大的缺憾。

　　《宜蘭縣口傳文學（上）‧食橘子生角》〔註14〕：有個年輕人向員外提親，員外說，如果能做到他開出的條件，就把女兒嫁給他；年輕人因爲有太白神仙送的葫蘆，所以輕易變出「金鋪廳，銀鋪路，大豬百二隻，一隻百二斤」；員外沒想到他能全部備齊，但話既說出口，即依約嫁女兒。

　　《台中市民間文學采錄集④‧福氣若到》〔註15〕：長工阿西每天在員外

205～208。

〔註10〕見胡萬川編，《蘆竹鄉閩南語故事（二）》（桃園縣文化局，2000年12月），頁168～175。

〔註11〕《彰化縣民間文學集18〔芬園花壇秀水地區〕‧求婚作詩》（頁130～134）也有類似的作詩內容，不過出題的人是女子本身。

〔註12〕見胡萬川、陳益源編，《雲林縣閩南語故事集（一）》（雲林縣文化局，1999年12月），頁48～52。

〔註13〕見邱坤良等編，《宜蘭縣口傳文學（上）》（宜蘭縣政府，2002年5月），頁197～200。

〔註14〕見邱坤良等編，《宜蘭縣口傳文學（上）》，頁176～178。

〔註15〕見曾敦香、楊照陽等編，《台中市民間文學采錄集④》（台中市文化局，2000

家辛苦的碾米，因爲放走偷吃白米的仙鶴，得到一個寶袋；他喜歡員外那個心地善良的小女兒，就託媒人提親，員外故意開出「銀子鋪路，長布遮天」的條件，要讓阿西知難而退，但阿西有寶袋幫助，一下就變了出來，員外隨即滿臉堆笑，答應把女兒許配給他。〔註16〕

《台南縣閩南語故事集（六）・害人不害己，害了家己死》〔註17〕：楊港伯五十歲了，卻窮得不能娶老婆，連自己也養不飽，買幾兩肉都要跟老闆賒帳；陳己依照仙人的指示給楊港伯當兒子之後，找到楊家祖先留下的金銀，一夕致富。楊港伯去買豬肉準備辦酒席，賣豬肉的說，如果他有能力付清一整隻豬的錢，就把女兒嫁給他兒子。楊港伯知道賣豬肉的女兒很漂亮，好多有錢人搶著上門說親，當下拿出銀兩，並請在場的人做見證，定下這門親事。

《新社鄉閩南語故事集（一）・無我份》〔註18〕：有個老闆僱用了兩個年輕人，他們都暗戀老闆的女兒。一天，老闆端出兩碗剛煮好的滾燙的稀飯，說好先吃完的就可以當他的女婿。當中較聰明的那個自信滿滿，心急的挖了一大匙塞進嘴裡，燙得嘴巴起了水泡，便只能一點點慢慢吃。較傻的那個，心想自己比較笨，一定沒希望，就用湯匙一直翻攪稀飯，沒想到稀飯很快就變涼，他三兩口就吃完了。傻人有傻福，老闆就將女兒許配給他。故事裡的老闆自始至終都沒有問過女兒的意願，她儼然是自身婚姻大事的局外人，任由男人逕行協商較量。

《東石鄉閩南語故事集（二）・臭頭仔洪武君》〔註19〕：朱七在逃命的路上遇到一個員外，員外見他可憐，帶他回去當花僮。員外有個女兒從小到大從來不笑，令員外煩惱不已，他就貼出告示，只要能讓女兒笑，就將她嫁給那人。一天，朱七剛吃飽飯，彎腰打井水時，褲帶被肚皮撐裂開，褲子掉了下去；員外女兒正巧開門撞見，竟拍手直笑。員外心想，這緣份是上天安排，便將女兒嫁給朱七。〔註20〕

〔註16〕 後來員外起了非分之想，要阿西將寶袋送給他，但等他拿到了手，寶袋卻失去功能，再也變不出任何東西。

〔註17〕 見胡萬川編，《台南縣閩南語故事集（六）》（台南縣文化局，2004年12月），頁78～201。

〔註18〕 見胡萬川、黃晴文編，《新社鄉閩南語故事集（一）》（台中縣立文化中心，1996年6月），頁144～149。

〔註19〕 見黃哲永編，《東石鄉閩南語故事集（二）》（嘉義縣文化中心，1999年6月），頁92～109。

〔註20〕 《大安鄉閩南語故事集（二）・朱洪武合陳友諒》（頁50～87）是說，朱七逃

年12月），頁23～35。

　　《宜蘭縣口傳文學（上）・秦始皇反奸》〔註21〕：孟員外跟女兒約定，若有人看到她的身體，就將那人招為女婿；韓杞年逃兵來到孟家後花園，躲在樹上，正好看到孟姜女在樹下的水池裡洗澡；員外因此認定他和女兒有緣，便讓他和女兒成親。

　　《沙鹿鎮閩南語故事集（二）・美國的由來》〔註22〕：相爺的女兒患了腳疾，相爺許願，誰能醫好女兒就將女兒嫁給他。在《朴子市閩南語故事集・美國人是猩猩傳的》〔註23〕，員外的女兒生病了，員外同樣宣告把女兒嫁給治好她的人。《台灣民俗・猴仔娶皇女》〔註24〕：皇帝當天宣誓，任何人能醫好公主的病即招為駙馬。《朴子市閩南語故事集・阿不倒義仔》〔註25〕：番王的女兒染病多年，也出告示要將她許配給能治好她的人。〔註26〕

　　有的故事中得病的是父親，如《東勢鎮閩南語故事集（一）・狗合靈性》〔註27〕，有個老伯腳爛了，他立願將醫好他的人招為女婿。又如《宜蘭縣口傳文學（上）・番仔狗祖公之一》〔註28〕，皇帝得了腳疾，下詔能治好他的人就能娶公主。他們將嫁女兒作為醫治他們的酬賞，女兒的婚姻倒成了父親手中的籌碼了。〔註29〕

　　在上述這些故事裡，父親可以依照自己的意願為女兒作主選婿，無論要求的條件是人品、相貌、詩才、功名、權勢、財富或能治癒病痛，女兒只能被動接受父親的安排，有些故事裡女主角甚至自始至尾都沒有現身，但憑父親一句話，就此決定未來的人生。

　　另有些婚約是建立於雙方家長的交情之上：

　　　　到員外家後花園過夜，冷得發抖，員外女兒不忍心，又似乎看到有兩條龍護
　　　　著他，便丟下珍珠衣給他蓋上；員外發現了，就將女兒許配給朱七。
〔註21〕見邱坤良等編，《宜蘭縣口傳文學（上）》，頁191～195。
〔註22〕見胡萬川編，《沙鹿鎮閩南語故事集（二）》（台中縣立文化中心，1994年5
　　　　月），頁18～25。
〔註23〕見黃哲永編，《朴子市閩南語故事集》（嘉義縣文化中心，1999年6月），頁
　　　　36～39。
〔註24〕見吳瀛濤，《台灣民俗》（台北：眾文，1981年8月），頁445～447。
〔註25〕見黃哲永編，《朴子市閩南語故事集》，頁162～170。
〔註26〕故事中的阿義得到太白真人暗賜的仙丹達成使命，但他已有妻兒，婉拒番王
　　　　招親，番王就送他許多金銀珠寶。
〔註27〕見胡萬川、王正雄編，《東勢鎮閩南語故事集（一）》（台中縣立文化中心，2000
　　　　年5月），頁24～27。
〔註28〕見邱坤良等編，《宜蘭縣口傳文學（上）》，頁63～64。
〔註29〕《宜蘭縣口傳文學（上）・生番刺鳥嘴》（頁62）也是同類故事。

　　有兩個轎夫，一起工作久了，感情很好；他們各有一個小孩，剛好是一男一女，就想結為親家（《彰化縣民間文學集 5 故事篇（三）‧算毋著》〔註30〕）。即使孩子才只一兩歲，父親也有權早早訂下十數年以後的親事。

　　馬員外和高員外是結拜兄弟，他們的夫人剛好同時懷有身孕，兩人便約定，如都生男孩將來就結拜為兄弟，如都生女孩就結拜為姐妹，若是一男一女將來就結為夫妻（《台中市民間文學采錄集④‧鸚哥有發出抗議聲》〔註31〕）；指腹為婚甚至將訂婚年齡往前推到孩子出世之前了。

　　也有父親嫁女兒竟是為報仇：楊逞占了公牛穴的好風水，非常富有，卻和鄭海青家族相妒；鄭海青有學問，能寫文章，又很會打官司，他有個兒子聰明英俊又懂事，才十六歲就要到府城參加進士科考；楊逞暗忖這孩子會很有成就，恐怕他楊某人將難以在地方上立足，因此收買了孩子的姑姑，當那孩子途經姑姑家登門造訪時，就被下毒害死了。鄭海青不動聲色套問出孩子是死在姑姑家，也不拆穿，後來安排女兒嫁入楊家，要她為弟弟報仇，〔註32〕最後楊逞果然被抄家滅族（《雲林縣閩南語故事集（三）‧楊仔逞合鄭海青的故事》〔註33〕）。這一場預謀復仇的聯姻，女兒成為工具，婚姻只是手段，尊父命殺仇敵就是目的。

　　婚姻的目的也可能是為了掩飾犯罪：有兩個轎夫一起抬一個有錢人，其中一個轎夫起貪念，殺人劫財，另一個轎夫沒有加入他的行動，但也不收他給的錢，他擔心這同伴會將他的罪行說出去，就將女兒嫁給他家做媳婦（《彰化縣民間文學集 5 故事篇（三）‧天理有報》〔註34〕）；女兒同樣成了父親利用的工具。

〔註30〕見胡萬川編，《彰化縣民間文學集 5 故事篇（三）》（彰化縣立文化中心，1995年 7 月），頁 186～188。

〔註31〕見曾敦香、楊照陽等編，《台中市民間文學采錄集④》，頁 19～22。

〔註32〕兩家結親後，鄭海清去看楊逞的家宅，說他萬事皆備，只欠魚這一項，楊逞不疑有他，依親家公的建議開挖魚池，如此即把公牛穴的睪丸挖掉了。那之後楊逞意圖染指兒媳，也就是鄭海青的女兒，她先處以委蛇，再找來小姑移花接木，楊逞依暗號找來時，便在昏暗中將自己女兒誤認為媳婦，強行非禮。他媳婦回娘家告訴父親，鄭海青認為是楊逞開始衰敗的微兆，即叫人製造武器投入魚池，再投書密告楊逞造反，楊逞因此被抄家滅族。

〔註33〕見胡萬川、陳益源編，《雲林縣閩南語故事集（三）》（雲林縣文化局，2001年 1 月），頁 92～115。《雲林縣閩南語故事集（三）‧楊仔逞合鄭海三的故事》（頁 76～91）同樣描述兩家的恩怨，但情節有所不同。

〔註34〕見胡萬川編，《彰化縣民間文學集 5 故事篇（三）》，頁 38～41。

至於常見的「三女兒」的故事，雖然她們對婚姻的看法與父親不同，但最後還是由父親決定婚事：

玉枝是張員外的三女兒，她看見父親把姐姐只揀著富家嫁，不管女婿的好壞，心裡很不以為然，甚至明白對父親說：「嫁給富家也不一定就能得到幸福，何況今天的富家，明天卻未必就是富家；今日窮人，明天未必也是窮人。最要緊還是在人。」一番話說得義正辭嚴，卻嚴重冒犯了家長威權；張員外斥責她「忤逆」、「不孝」，決定把她嫁給最窮的人。當穿著破爛的李不直來到門口賣田蛙，張員外就硬把女兒匹配他；玉枝知道李不直為人正直善良，所以很願意和他結為夫妻，至此放下小姐身段，料理家務，還不斷鼓勵丈夫。後來，他們因初生的兒子「李門環」而得到大量黑金磚，成了富翁。〔註 35〕不久，張員外作壽，李不直夫妻故意仍穿著破舊的衣服前往祝壽，席間大姑爺與二姑爺因瞧不起李不直，開玩笑的寫下賣田契，把田地大打折扣賣給他；李不直這才撥開竹筐裡的田螺，取出金銀錠付款買田（《台灣民間故事‧水蛙記》〔註 36〕）。

另一個李門環的故事：員外問三個女兒要依靠誰，大女兒和二女兒都說要依靠父親，唯獨三女兒說要靠自己，員外就把賣青蛙的叫進來，把女兒推給他，儘管他一直說「我不敢娶，嫁給我會餓死人」，自顧自跑掉了，員外還是叫女兒抱著一斗米跟他走，而三女兒也很乾脆的追著跟上去。他們後來生了兒子，員外取名李門環，他們因此得到土地公看守的一甕銀子，買下了大女婿、二女婿和員外的田產（《雲林縣閩南語故事集（三）‧李門鐸的故事》〔註 37〕）。

有個員外有三個女兒，大女兒、二女兒都由父親做主，嫁給有錢人；三

〔註 35〕 李不直有一天從山洞裡撿回一塊黑磚，玉枝發現那是值錢的黑金磚，但當李不直想去多拿些時，黑磚卻不見了，有個老人告訴他，那些財寶都是屬於李門環的；後來玉枝生了一個男孩，叫李不直抱回外家去報告，但嬰孩一交到張員外手裡就大哭不止，直到張員外拍打門環哄他，他才不哭，員外就將他取名「李門環」，於是李不直便到山洞去把黑磚都搬回來。

〔註 36〕 見王詩琅，《台灣民間故事》（台北：玉山社，1999 年 2 月），頁 142～147。「李門環」的故事有許多異文，除本小節提到的〈水蛙記〉、〈李門鐸的故事〉、〈水雞記仔〉，還有《石岡鄉閩南語故事集‧李門鐸——水雞土仔的故事》（頁 64～73）、《台灣民間故事集‧李田螺一夜致富》（頁 120～131）、《南投縣福佬故事集（一）‧李門鐸的故事》（頁 144～153）、《苗栗縣閩南語故事集‧水雞土仔》（頁 114～117）、《台灣民俗‧李門環》（頁 391～393）等。

〔註 37〕 見胡萬川、陳益源編，《雲林縣閩南語故事集（三）》，頁 144～155。

女兒卻說她的婚姻「靠命運就好了」，員外很生氣，就隨便把她嫁給一個很窮的長工（《蘆竹鄉閩南語故事（一）‧三姐妹》〔註38〕）。同樣的狀況出現在《嘉義市民間文學集4閩南語故事（一）‧第三個囝婿》〔註39〕，員外把三女兒嫁給貧窮的農夫。〔註40〕

　　還有個員外答應媒人的提親，將大女兒、二女兒嫁給漁夫，之後她們生活都很辛苦，員外就想替三女兒挑一個門當戶對的對象，結果媒人都不敢再上門來，員外十分煩惱。三女兒要父親不用擔心，因爲「第三個女兒命好，嫁再窮的人家也會過得很享受；如果沒那種命，嫁給再有錢的人財產也會花光。反正嫁雞隨雞飛，嫁狗跟狗跑，嫁乞丐我情願背乞丐袋。」父親以爲她不願接受自己苦心安排，非常生氣，就把她嫁給拉琴的窮小子（《梧棲鎮閩南語故事集（一）‧海水變鹹的故事》〔註41〕）。

　　傅員外的三女兒也說，婚姻的成敗靠命運，而命運又是天註定的，不是父母所能左右；父親認爲女兒不依順父母，太過狂妄自負，因此沒給她一點嫁妝，就把她嫁給撿破爛的羅漢腳（《台灣民間傳奇（二）‧努力向前航》〔註42〕）。

　　有個富有的員外，她的三女兒非常懶惰，總是說：「人家都說第三個女兒命最好，哪需要做事呢？」父親一氣之下，就決定將她嫁給全村最窮的水雞記仔，即使水雞記仔聽了嚇得直說不要，員外還是堅持把女兒「送」給他。女兒見局勢已定，便說：「嫁雞隨雞，嫁狗隨狗，既是父親主婚，我也無話可說。」（《沙鹿鎮閩南語故事集（二）‧水雞記仔》〔註43〕）

〔註38〕後來那長工中了狀元，他穿上過去的破衣去向岳父拜壽，設計戲弄看不起他的兩個姐夫，最後穿戴狀元衣帽出場，兩個姐夫因先前的賭咒分別爲他抬轎牽馬。見胡萬川編，《蘆竹鄉閩南語故事（一）》（桃園縣立文化中心，2000年9月），頁22～43。

〔註39〕見江寶釵編，《嘉義市民間文學集4閩南語故事（一）》（嘉義市文化局，2000年12月），頁96～105。

〔註40〕故事的後段是：三個女兒偕同夫婿回去爲員外賀壽，三女兒被瞧不起受到不平等待遇，三女婿於是設計惡整兩個姐夫，讓他們在閣樓寫得一蹋糊塗以作爲報復。

〔註41〕三小姐嫁給阿彬後，阿彬拉琴治好海龍王女兒的病，龍王送他一個葫蘆，可以變出想要的東西。後來葫蘆被兩個連襟偷走，變出鹽來，但因不知道停下來的方法，人跟船跟葫蘆都沉到海裡。見胡萬川、黃晴文編，《梧棲鎮閩南語故事集（一）》（台中縣立文化中心，1996年7月），頁56～71。

〔註42〕他們夫婦後來在鬼屋意外得到財寶，拿來作爲經商的本錢，成了大富豪。見林藜，《台灣民間傳奇（二）》（台北：稻田，1995年12月），頁25～33。

〔註43〕三女兒發現，水雞記仔家裡架床的磚頭都是黑金，因此由貧而富；後來他們

　　第三個女兒「食命」這類故事中，多講述小女兒嫁窮人，卻因爲好運氣，驟然一夜致富，令丈人及其他女婿另眼相看；這類故事寄託了民眾希求擺脫貧窮的願望，藉以獲得心靈的慰藉。如以性別角度觀察，故事裡的父親原打算將女兒嫁入富戶，但三女兒卻不認同，她們認爲命是天生註定的，無須特別安排親事；女兒言詞直率，看似違逆父親的主婚權，但實際上，這些動了氣的父親們故意將女兒嫁給各式各樣的窮人，女兒還是順從的接受了，可見最後做決定的人還是父親，並未脫離「父母之命」的傳統。

　　這許多遵父命而結親的故事，顯示女人對於自己的終身大事完全處於被動；而所謂「父母之命」，指的乃是父權體制下的家長，也就是「父親」，基於夫爲妻綱的家庭關係，母親多半只是附和丈夫的意見或作爲丈夫商量的對象，並無實質的權力；前述故事當中母親的角色幾乎不曾出現，亦即夫權高於妻權之例證。

二、媒妁之言

　　所謂「買賣憑仲人，嫁娶憑媒人」，傳統社會的嫁娶通常都是由媒人促成。正由於「無媒不成婚」，因此就連蛇郎娶妻，也要差派土蜂（或蚊子）權充媒人，捧著檳榔去提親，〔註44〕這形式上的婚嫁禮俗還是不能免。

　　媒人的任務是爲適婚男女介紹對象，其角色功能相當於月老牽紅線，最後再由雙方父母作決定。媒人多半老於世故、擅於說辭，他們居中斡旋撮合，有時爲達目的不免有饒舌佞辯、欺瞞造假之嫌。因此，僅憑媒人口舌描述就做決定實過於草率；「媒人言，怕不眞，背地私查暗費心。」〔註45〕媒人之言不能盡信，爲人父母者總須多方打聽。

　　以下是幾則由媒人略施小計而相親成功的故事：

　　「媒人祖」爲撮合獨眼小姐和跛腳青年，費盡心思想出妙計，讓青年將較長的腳踏在門檻上，小姐躲在門邊只露出半張臉，兩人在相親時都非常滿

　　　　生了兒子，員外取名「靠門環」，又得到整座金山。見胡萬川編，《沙鹿鎭閩南語故事集（二）》，頁64～71。

〔註44〕見《台灣民間故事集・蛇郎》（頁243～246）、《石岡鄉閩南語故事集（二）・蛇郎君》（頁40～85）、《大甲鎭閩南語故事集（一）・蛇郎君》（頁168～181）、《大安鄉閩南語故事集（三）・蛇郎君》（頁120～131）、《東勢鎭閩南語故事集（一）・蛇郎君的故事》（頁150～162）等篇。

〔註45〕廖免驕，《醒閨編・孝父母》，收錄於張福清編注《女誡──女性的枷鎖》（北京：中央民族大學，1996年6月），頁157。

意,「媒人祖」還提醒他們:「我們『三人五目』」,「希望將來不會有『長短腳話』」。結婚那天,他們互相發現對方的缺陷,但都不再計較,高高興興的結成夫妻。這位「媒人祖」是典型的媒人婆,「只要請她做媒,不論有什麼缺點的人,她都能找到合適的對象,使雙方皆大歡喜,結成良緣」(《台灣民間故事集·三人五目》〔註46〕);足見一椿婚姻的成功與否,媒人具有舉足輕重的影響。

一富商家中有個年近三十的兒子還沒娶親,雖說人品清秀,卻是駝背;他託媒人幫他物色年輕貌美的姑娘。另有個小姐雖是個美人,卻有兔唇;她也希望嫁個英俊瀟灑的丈夫。媒人暗自盤算,兔唇嫁駝背,正是天造地設,於是爲兩人安排相親,請男的騎馬,女的拿花遮掩,順利訂下婚期。直到筵席上,雙方才互相看見彼此的眞面目,他們不甘受騙,告上了衙門;經媒人的說明及縣官恩威並施的勸解,他二人終於釋懷,結成了幸福的家庭(《台灣民間傳奇(十一)·兩殘缺相輔相成》〔註47〕)。若非障眼法運用成功,這兩人恐怕難以找到合適的對象;他們能締結良緣,倒要歸功妙施巧計的媒人了。

有個阿婆生的兩個兒子都是殘障,她很煩惱兄弟倆的婚事;媒人上門來說要爲老大向員外提親;員外的大女兒希望對方有學問就好,其他什麼都不挑;女方來看男方時,那大兒子照著事先安排,沒拿柺杖,每走一步右腳就畫一個圈,像是在寫字,後來考問四書時也能順利應答,大小姐很中意對方英俊又有學問,還會用腳寫字,就訂下婚事。二小姐也想嫁個有學問的丈夫,媒人就順勢介紹兩兄弟的老二;這二兒子走路時用腳點一點、點一點,也說是用腳寫字,女方又做詩給他對,對於他的外貌學識都很滿意;於是看了良辰吉日,兩姐妹和兩兄弟就一起結婚了(《蘆竹鄉閩南語故事(一)·姻緣天註定》〔註48〕)。

媒人在事前蓄意隱瞞或誇大,似乎是作媒說親無可避免的慣常伎倆。而相親的要訣,就在掩飾缺陷、展示優點,〔註49〕媒人就是有本事讓雙方見

〔註46〕見陳慶浩、王秋桂編,《台灣民間故事集》,頁220~222。《大甲鎮閩南語故事集(一)·三人共五目,無長短腳話》(頁122~129)、《新社鄉閩南語故事集(一)·三人共五目,以後無長短腳話》(頁92~101)、《台灣民俗·二人三目》(頁416~417)也是同樣的故事。
〔註47〕見林藜,《台灣民間傳奇(十一)》(台北:稻田,1995年12月),頁112~119。
〔註48〕見胡萬川編,《蘆竹鄉閩南語故事(一)》(桃園縣立文化中心,2000年9月),頁140~147。
〔註49〕如《台中市民間文學采錄集④·阮攏無講》(頁84~89),一婦人有三個女兒,講話都同樣咿咿唔唔,因此母親提醒她們,相親時只要面帶笑容就好,千萬

了面都能互相滿意，成功撮合。有人稱呼媒人為「媒人虎」，即指他們很會吹噓，講話不實在、沒信用（「媒人嘴，糊累累」），只要能騙到成雙成對就好。〔註50〕男女終身大事交付在這等人物手中，可說是一大冒險，幸或不幸殊難預料。

三、婚前不相識

　　據《清水鎮閩南語故事集（二）‧子婿題詩》〔註51〕口述者所說，以前的人做媒，都只有媒人上門提親，之後男方和女方家長會互相探聽對方家裡的狀況，如果覺得不錯，就訂下親事，根本沒有讓男女雙方見面的機會，所以在結婚之前，彼此誰也不認識誰。故事裡的男子到路邊的人家去避雨，認出那是他丈人家，但丈人全家卻不知道他是未來的女婿。他在丈人家中借宿一夜，得到路人「規格」的接待，臨行前留下一首耐人尋味的打油詩：「愚婿遇雨住翁家，口渴無湯粥當茶，無柄雨傘有柄枕，古怪床鋪十六腳。」〔註52〕女兒即將託付終身的人，竟至相見不相識！對女婿全然陌生，女兒的婚姻不也在道聽塗說中前途未卜？

　　〈蟾蜍子〉又較〈子婿題詩〉尤有過之：蟾蜍子長大後，員外請人說媒，幫他訂了親事。送聘金時，親戚問女方家長，怎麼把那麼漂亮的女兒嫁給蟾蜍？蟾蜍可以嫁嗎？女方家長還完全「狀況外」：「員外家怎會有蟾蜍來娶親？不可能的事情吧！」再說，親事已說成了別無他法，總歸一句是「命運」（《大安鄉閩南語故事集（一）‧蟾蜍子》〔註53〕）。這段人蟾聯姻正揭露了舊時媒妁婚姻的盲目荒謬。

　　賣豬肉的因與人打賭而訂下女兒的婚事，女兒向他抱怨，「他兒子長得是圓是扁都不知道，就這樣把我許配出去……」（《台南縣閩南語故事集（六）‧害人不害己，害了家己死》〔註54〕）；這正是待嫁女兒最大的心事。故事中的

不能說出聲音，否則，講話不清楚，露出馬腳，婚事就談不成了。
〔註50〕見《大甲鎮閩南語故事集（一）‧三人共五目，無長短腳話》（頁122～129）。
〔註51〕見胡萬川、黃晴文編，《清水鎮閩南語故事集（二）》（台中縣立文化中心，1997年6月），頁102～107。
〔註52〕無柄雨傘指斗笠，有柄枕指木杵，十六腳床指拼裝四張長椅做床。《六腳鄉閩南語故事集‧十六腳眠床》（頁98～99）也是同樣的故事，詩云：「路費開盡返回家，無錢討泔食嘴焦，有柄枕頭無柄傘，罕得眠床十六腳。」
〔註53〕見胡萬川、王正雄編，《大安鄉閩南語故事集（一）》（台中縣立文化中心，1998年6月），頁116～129。
〔註54〕見胡萬川編，《台南縣閩南語故事集（六）》，頁78～201。

陳己英俊有錢又善良親切,當然是不可多得的好對象;但如果對方又窮又醜又不學無術,婚事既定,做女兒的也無力改變事實,只能自嘆福薄命舛了。

即使到了日治時期,依然「婚姻都是由父母做主,直到結婚當天才看得到對方」。如《東石鄉閩南語故事集(二)・新陳三五娘》〔註55〕,故事裡的女子在婚前從不見外人,十九歲時,許配給留日返鄉的朴子人;這男子擔心娶到醜老婆,就假裝賣布的到未婚妻家裡,女子的家人要她下樓挑花色做嫁衣,她卻說請嫂嫂幫忙看就行了;男子又假扮成製皮鞋的,請她下來合腳掌,她卻用白紙描出腳形叫人拿下去。一直到結婚那天,新郎掀起她頭紗,忍不住抱怨:「妳這麼美,為什麼怕我看到妳?」封建社會中的傳統女性就是這麼大門不出、二門不邁,凡事由別人作主;而男子急著見到未婚妻,竟是「怕娶的太太輸別人」,這又是大男人主義作祟;至於準女婿兩次出現都沒被女家認出,則是前述〈子婿題詩〉又一版本。

有個新娘,丈夫跟她講話時總是微微的笑,都不說話,丈夫以為她是啞巴,就不敢跟她圓房;過了四個月,冬至到了,新娘仍沒開口說一句話,公婆就騙她說要出門,吩咐她煮湯圓去拜公媽,然後一家子全躲在樓頂,想看媳婦會不會說話;結果拜拜祭祖的時候,媳婦講得真好,〔註56〕公婆很高興,她丈夫更是開心得摔下樓來(《宜蘭縣口傳文學(上)・啞口新娘》〔註57〕)。丈夫一家竟不能確定新娘是不是啞巴,顯見婚姻關係的建立背後仍有許多未知數。

正由於男女婚前不曾相見,即使見過亦不知彼此的才性,因此新婚當天,夫妻不免要互相打量一番:

一對夫妻新婚,新娘按著蚊帳,要新郎先做一首詩,做得好才放行;新郎隨即吟出「手掀新蚊帳,聞到一陣好芳香,手拿珍珠筆,寫你一幅好文章。」新娘這才掀開蚊帳讓新郎進來,並慶幸自己的丈夫是飽學之士(《彰化縣民間文學集 4 故事篇(二)・喜洞房》〔註58〕)。新娘在新婚之夜藉機檢視丈夫的才情,這位新郎倌出口成章,顯然滿腹經綸,新婚妻子原本的忐忑不安遂轉

〔註55〕 見黃哲永編,《東石鄉閩南語故事集(二)》,頁50~54。
〔註56〕 這媳婦唸的是:「冬至是冬天,家家戶戶得挲圓。有的三栲栳,無的兩簸箕。尪婿家官無在厝,神明公媽來食圓。」
〔註57〕 見邱坤良等編,《宜蘭縣口傳文學(上)》,頁231~232。
〔註58〕 見胡萬川編,《彰化縣民間文學集 4 故事篇(二)》(彰化縣立文化中心,1995年 1 月),頁164~169。

為滿心歡喜，「慶幸」二字正道盡心情的轉折。

　　即使婢女出身，只能選擇幫人放牛的這類男人為對象，也不希望自己嫁給一個傻蛋，便也在新婚之夜唸詩考驗新郎；因兩人都沒念什麼書，詩作得淺白粗俗，但新郎能對得上，新娘便十分欣喜了（《蘆竹鄉閩南語故事（二）‧洞房詩對》〔註59〕）。

　　這種先作詩再做夫妻的情節，也有夫妻角色互易的異文：有個新郎因為新娘不會對詩句，就不進房去睡；直到新娘回娘家作客，她母親才知道女兒嫁過去一個月都沒見到丈夫的面，就教女兒怎麼對詩；三日後，新娘回到夫家，對上了丈夫的詩，兩人才圓房（《宜蘭縣口傳文學（上）‧新娘新郎對詩句》〔註60〕）。這新娘如果一直對不出詩句，想必無法得到丈夫的喜愛。

　　上述故事裡，男女雙方皆因父母之命或媒妁之言而締結姻緣，他們在婚前互不相識，看似都承擔了未知的風險；然而，丈夫以為妻子是啞巴就不跟她圓房，新娘不會作詩新郎就拂袖而去，當丈夫對妻子不滿意可以對她不相搭理，將來甚至可以休妻或另尋新歡；反之，新娘嫁得如意郎君固然暗自慶幸，若新郎不是心目中理想的對象，依然必須從一而終，這是婚姻關係中明顯的性別權力失衡。

四、婚姻論財

　　由於台灣移墾初期男女比率嚴重失調，女口稀少而益顯珍貴，〔註61〕再加上經濟成長迅速，民風競尚奢華，導致婚姻論財的現象更加嚴重，嫁女議婚時特別講求男方貧富及聘金多寡。重視錢財的結果是：「富紳大賈，可以侍妾數人，而寒素之夫，則致終身鰥守」；〔註62〕貧寒人家拿不出聘金則無法娶親，「故有年四旬餘而未授室者」。〔註63〕

〔註59〕見胡萬川編，《蘆竹鄉閩南語故事（二）》，頁182～187。

〔註60〕新郎說：「手掀蚊罩籬，鼻著一陣牡丹味。」新娘對：「丈夫近前來，牡丹我就是。」見邱坤良等編，《宜蘭縣口傳文學（上）》，頁229～230。

〔註61〕乾隆五十五年（1790年）准許搬眷之後，台灣的女性人口才逐漸增加，但仍無法完全解決一般男子婚娶困難的情況；直至日治時期，兩性人口比例仍未平衡，據1896年日人初步人口調查顯示，台灣人口性別比率仍為：一百個女性對一百一十九個男性。見陳紹馨，《台灣的人口與社會變遷》（台北：聯經，1992年3月），頁169。

〔註62〕台灣慣習研究會，〈雜錄〉，《台灣慣習記事》6卷2號（1950年2月），頁153（中譯本，台中：台灣省文獻委員會，1984年）。

〔註63〕陳文達，《台灣縣志》卷一〈輿地志風俗〉，台灣文獻叢刊第一○三種（台北：

因貧窮而無法娶妻的情節在民間故事中十分常見，如以下幾則對話：

《台灣民間文學集・林半仙》〔註64〕：半仙要給賣豆腐花的做媒，他說他「三餐尚且保不住，哪有能力可娶妻？」

《彰化縣民間文學集4故事篇（二）・乞食配狀元》〔註65〕：借宿的女子問阿龍的母親怎麼還沒幫兒子娶妻，她說：「我們種田的人，自己都養活不了了，怎麼有錢娶媳婦？」

《沙鹿鎮閩南語故事集（二）・風水仙》〔註66〕：柳小姐將阿棟誤認為相約私奔的情人，既不能回頭，就決定嫁給他；阿棟大吃一驚，說：「我如今還不知道三餐在哪裡，拿什麼來娶妳當老婆？」

《沙鹿鎮閩南語故事集（二）・水雞記仔》〔註67〕，水雞記仔一聽到員外要把女兒嫁給他，嚇得不得了，說：「我自己都養不活了，哪有辦法娶妻？」

《石岡鄉閩南語故事集・巧合》〔註68〕，北港餅店的老闆十分苛刻，一員工打算辭職，因為他說自己「是想討老婆的人，沒有加薪就無法生活」。

還有則小故事：有個男人想娶妻，在廁所寫「人生活到二十五，沒有老婆很辛苦」；他爸爸看了，就寫「家裡貧窮沒辦法，再多二十五」；他又寫「甘羅七歲做宰相，五十算是沒有用」；他爸爸又添上一句「彭祖活到八百二，五十算來仍是孩童」（《雲林縣閩南語故事（一）・五十算起猶孩兒》〔註69〕）。父子倆你來我往固然頗具趣味，但笑話背後實承載著單身漢的悲哀，說穿了，沒錢就是不能娶妻。

婚姻論財的風氣也表現在以嫁女兒換取金錢的故事情節：

有個父親愛賭博，分別向三個人借錢，又都承諾若輸了，就把女兒嫁給他，結果錢全輸光了，卻一個女兒許了三個女婿；還好女兒想到出對子考驗三人的方法，總算化解僵局（《宜蘭縣口傳文學（上）・一個查某囝卜嫁三個囝婿》〔註70〕）。故事裡的父親為了賭錢，竟一再以女兒「質押」借貸，女兒

台灣銀行經濟研究室，1961年），頁54。

〔註64〕見李獻璋編，《台灣民間文學集》（台北：龍文，1989年2月），頁55～67。

〔註65〕見胡萬川編，《彰化縣民間文學集4故事篇（二）》，頁68～99。

〔註66〕見胡萬川編，《沙鹿鎮閩南語故事集（二）》，頁104～135。

〔註67〕見胡萬川編，《沙鹿鎮閩南語故事集（二）》，頁64～71。

〔註68〕見胡萬川編，《石岡鄉閩南語故事集》（台中縣立文化中心，1993年3月），頁54～63。

〔註69〕見胡萬川、陳益源編，《雲林縣閩南語故事（一）》，頁26～27。

〔註70〕見邱坤良等編，《宜蘭縣口傳文學（上）》，頁220～222。

成了賭局中的籌碼，賭輸就得拱手送人。

有對窮苦的夫妻年紀大了，想替女兒找個女婿，以便「多收點聘金，好來維持生活，贍養老後」（《台灣民間故事‧無某無猴》〔註71〕）。異文中的窮苦夫婦，更分別將女兒許給三名青年，以收取聘金餬口（《台灣民間傳奇（十一）‧負義人報應不爽》〔註72〕）。不論是嫁女收取聘金，抑或騙婚詐財，總不脫以婚嫁取財的目的。

還有安排媳婦再嫁的故事：姓洪的年輕人突然染病過世，他的母親因為家道窮，此後生活無著，又負著一大堆債，正不知如何是好，姓吳的富戶趁機託媒人送上五百兩銀的聘禮，打算娶新寡的媳婦做姨太太，於是婆婆替媳婦答應婚事，收了聘金去還債，並極力勸解媳婦改嫁（《台灣民間故事‧曾切的故事》〔註73〕）；這是藉婚姻達成金錢交易又一例。

在婚姻論財的現象背後，另有一層「交換」的深層意涵。李維史陀（Levi-strauss）在《親屬關係的基本結構》指出，婚姻是人類交往的一種方式，任何社會秩序皆以親屬關係的系統為基礎，亂倫的禁忌使家族與家族之間交換女兒和姐妹，由此形成社會聯繫。在這種外婚制的系統中，女人可說是社會供給中的財貨，成為男人間互相交換的禮物；女人在交換過程中的價值與意義概由男人決定。〔註74〕他的「交換」理論認為，「構成婚姻基礎的相互契約，不是建立在男人與女人之間，而是在男人與男人之間，以女人為媒介。女人僅提供交換的場所」。〔註75〕

賽姬薇恪（Eve Kosofsky Sedgwick）在《男人之間》（"Between Men"）一書中，衍伸李氏的論述指出，在父系社會中，女性被物化，成為傳遞父系權力之媒介（例如家族的延續要靠女性為中介才能完成）。女人既是促使男人擁有權勢的媒介，那麼男女關係其實只是一種表面現象，其象徵意義在於男性

〔註71〕見王詩琅，《台灣民間故事》，頁130～133。
〔註72〕後來三人同時上門，不得不以比賽特長的方式來決定勝負：女兒雖屬意三人中的讀書人，卻因父母騙了人家的聘金而沒有選擇的餘地，她必須遵照約定，嫁給贏得比賽那個跑江湖的人。見林藜，《台灣民間傳奇（十一）》，頁103～111。
〔註73〕見王詩琅，《台灣民間故事》，頁30～39。
〔註74〕江寶釵，〈台灣民間文化中呈現的性別意識〉，《台灣歷史文化研討會‧性別與文化論文研討論文集》（台灣省文獻委員會，2000年12月），頁6～7。
〔註75〕茱麗葉‧米切爾（Juliet Mitchell）著，張京媛譯，〈婦權制‧親屬關係與作為交換的婦女〉，張京媛編，《當代女性主義文學批評》，頁430～435。

間的互動。因此,所謂男女兩性關係的深層結構,乃是一種男/女/男的三角關係,任何一種兩性關係的終極目標都在於鞏固男性之間的同性社交慾望與男性情誼,更是使其擁有合理化之社會身分的手段。〔註76〕

這種男/女/男的關係,在講究門當戶對的婚姻中最能展現出來。例如:

一個有七萬財產的員外,將女兒嫁給擁有十三萬財產的員外(《桃園市閩南語故事(一)·十三萬的》〔註77〕)。

楊瑞璉與鄭成功兄妹爲小同鄉,他本是官宦人家,和鄭家門當戶對,因此才能跟鄭成功之妹成親(《台灣民間故事集·楊姑爺馳馬得地》〔註78〕)。

又如前述〈水蛙記〉〔註79〕的員外父親,認爲將女兒嫁到富家才是門當戶對、理所當然。

《台灣民間故事集·三個女兒輸一株肉豆》〔註80〕,老爸爸不想冒險攀附高門,便將女兒嫁到農家。

家長對於子女婚姻對象的考量,表面上看來似乎是爲兒女未來幸福著想,但其實也在建構自己(男)與親家/女婿(男)的關係,權貴者益加鞏固其權貴,平民家庭至少維持其身分地位不致下墜,中介雙方的女人只是工具性的媒介。至於那些貧窮無法成家的的男子,正是因爲不能爲結親的另一方提供任何助益,因此沒有建立關係的可能。

第二節　姻緣天註定

一、命運安排

婚姻既是被父母安排的,夫妻間的情感要待婚後才開始培養,若不相投合、情愛淡薄,便只能以倫理道義維繫婚姻。由於離婚權在男方,若丈夫對妻子不滿意,可以選擇休妻或娶妾,反之,妻子卻必須在社會要求下從一而

〔註76〕參見張淑麗,〈逆讀明末清初才子佳人小說:從《玉嬌梨》談起〉,鍾慧玲編,《女性主義與中國文學》(台北:里仁,1997年4月),頁408~409。

〔註77〕見胡萬川編,《桃園市閩南語故事(一)》(桃園縣文化局,2002年11月),頁102~115。

〔註78〕見陳慶浩、王秋桂編,《台灣民間故事集》,頁47~53。同一故事亦見於《台灣民間傳奇(九)》(頁129~136)。

〔註79〕見王詩琅,《台灣民間故事》,頁142~147。

〔註80〕見陳慶浩、王秋桂編,《台灣民間故事集》,頁205~208。

終。如果丈夫並非理想的對象，妻子如何度過漫長人生？爲安頓生命、撫慰心靈，唯有以「姻緣天註定」的認命態度接受上天的安排。許多俗諺也反映了這種觀念：

> 花無錯開，因緣無錯對。
>
> 姻緣五百年前註定。
>
> 歹歹尪，食餉空。
>
> 無冤無家，不成夫妻。〔註81〕
>
> 翁仔某是相欠債。〔註82〕
>
> 無恩無讎，不成夫妻。〔註83〕

女教書籍也以因果宿緣之說教育女子夫妻相處之道：

> ……爲女子，離父母，終身全靠夫做主。無有夫，將誰託，好似風箏斷了索。……你生來，嫁誰家，前生注定無有差。夫或貧，夫或賤，敬謹心腸死莫變。夫或愚，夫或醜，總要白頭長相守。……況夫婦，列五倫，夫妻本是天配成。愚與醜，莫憎嫌，人倫常在忍中全。〔註84〕

既然夫妻是前世註定、上天所配，那麼無論丈夫貧賤愚醜，都是逃脫不了的宿命，必須坦然面對，且敬謹順服，畢竟嫁了丈夫終身才得依靠；而此一婚姻觀表現在行爲上，則無非「忍」字一訣，不斷忍耐才能夫妻和諧。

許多民間故事都呈現了姻緣天定的宿命思想：

一名女子與丈夫離婚後，就倒騎著驢，立誓嫁給第一個碰到的人，由驢子帶她到任何地方，果然就遇到一個福相的人，後來兩人結成夫妻，又因黑金磚致富（《彰化縣民間文學集4故事篇（二）·乞食配狀元》〔註85〕）。這是把未來交託給命運，相信姻緣是上天註定好的，不必特意尋求，緣分會自然出現。

另一個倒騎驢的女子出現在《台南縣閩南語故事集（五）·食命》〔註86〕，

〔註81〕見金關丈夫原編，林川夫重編，〈俚諺中的台灣男女〉，《民俗台灣》第六輯（台北：武陵，1990年12月），頁163～176；原刊本爲日文版，編於1943～1945。

〔註82〕見李赫，《台灣諺語的智慧》第2冊（台北：稻田，1995年），頁15～17。

〔註83〕見吳瀛濤，《台灣諺語·俚諺》（台北：眾文，1992年），頁11。

〔註84〕廖免驕，《醒閨編·敬丈夫》，收錄於張福清編注《女誡──女性的枷鎖》，頁166～171。

〔註85〕見胡萬川編，《彰化縣民間文學集4故事篇（二）》，頁68～99。

〔註86〕見胡萬川編，《台南縣閩南語故事集（五）》（台南縣文化局，2002年4月），

員外的三女兒說她要靠自己的命運過活，員外氣她不願接受父母的庇護，就
將她綁在驢子上，說要任她自生自滅；員外讓女兒臉朝外，驢頭朝裡，原是
要讓驢子自動走進來，好教女兒知道她還是得依靠父親，但驢子卻掉頭一直
跑，跑到了一座山上才停下來；看管這座山的工人叫憨金龍，因為大雨不斷，
小姐不得不和他孤男寡女同住一屋，她心想，事已如此，便和他結為夫妻。
驢子加上大雨，使他們湊成了一對，這應該算是老天爺做的媒了。小姐要煮
飯時發現灶是黑金砌成的，他們便因溪邊大量黑金而富有起來。後來憨金龍
挑著金銀去向岳父祝壽，還買下一條巷子的房舍。

這兩個故事中的女主角以倒騎驢的方式和命定的丈夫相逢，可說姻緣天
成；而本章前節中關於「三女兒食命」的故事，也多有類似的意涵：這些富
家女惹惱了父親，父親負氣做主許親，她們才會下嫁給窮小子，但後來果真
因意外之財由貧轉富，可見無論好命歹命、有福無福、貧窮富貴，都是命中
註定的，該得的終會得著，不該得的無法強求，婚姻之事也是如此。

陳員外的千金拋繡球招親時，「太陽偏」正在行乞的路上，繡球剛好給他
撿到了，他要退還繡球，小姐卻不肯，她說拋到誰就要跟著誰，就是拋到乞
丐也願意跟他走；員外很不高興，沒給女兒任何嫁妝，這千金小姐就這麼跟
太陽偏走了。繡球其實也是一個未知數，但女人往往執著於「姻緣天註定」
的觀念，認為繡球就是月老的紅線，接到繡球的男人就是她命定的丈夫（《彰
化縣民間文學集9故事篇（五）·枝無葉與太陽偏》〔註87〕）。

李同是出名的大地主，他的妹妹到媽祖廟上香是地方上的盛事，有許多
婢女、奴僕隨行保護。陳家五兄弟當中的陳志城跟人打賭，要在李同妹妹身
上貼字條；他走在隊伍前面吆喝開人讓開，等李同妹妹下轎時假裝吐了一口
檳榔汁，又趨前去幫她擦裙子，趁機將字條貼在裙子內面，贏了賭注。李同
的妹妹回家後發現裙子上貼了「李同妹、志城妻」的紙條，李同就派手下要
來陳家找人；志城的大嫂趕緊給他一點盤纏，叫他趕快逃走。陳志城一路往
南行，數年間竟在賭場贏了大筆錢財，幾乎到欲罷不能的地步；〔註88〕後來

頁146～159。

〔註87〕見胡萬川編，《彰化縣民間文學集9故事篇（五）》（彰化縣立文化中心，1996
年6月），頁222～231。

〔註88〕陳志城最初以兩個黑黑圓圓的紅柿蒂頭權充銅錢跟人押注，竟一贏再贏，數
年間累積了大量財富；但贏太多賭友不讓他走，最後用「撚寶」的方式賭，
銅錢居然站起來了，這才結束賭局，回到家鄉苑裡，還買田獻給媽祖。見胡

他風光回到故鄉，又請媒人向李同提親，這時李同也就同意了（《苗栗縣閩南語故事集（二）・李同嫁小妹》〔註89〕）。當初字條上「李同妹、志城妻」果真應驗，這姻緣確是早已註定的了。而李同之所以同意婚事，是因為陳志城變得有錢有勢，兩家財力相當，可堪結親；如此看來，與其說李同將妹妹嫁給陳志城其人，毋寧說是許婚予權勢財富，這又是男／女／男三角關係的建構。

泉州張泡父母雙亡，孤身漂泊，他遇到一名相士，說他「有財無庫」，否則將來富貴不可限量；因見他生得非凡，命底又好，便決定把自己那「有庫無財」的女兒嫁給他。後來張泡果然因忠厚認真及一番奇遇而在艋舺經商致富（《台灣民間文學集・張得寶的致富奇談》〔註90〕）。張泡與相士萍水相逢，因八字命底相合，就這麼結成親家，也算是命運安排了。

許阿泉人稱「跛腳孝子」，大海盜蔡牽上岸後，不僅不為難他，還送他食物財帛；又料他無力娶妻，特地為他送上一名年輕美麗的女子，強迫他們成親。那女子是鄰村王大舍的獨生女，原先哭鬧不止，阿泉安慰她天亮後就送她回家，待她得知眼前的男人就是有名的孝子，心想他雖窮，卻心地善良，而且兩人已同房一宿，雖說沒什麼，卻是跳到黃河也洗不清，因此相信這就是緣分，決定做許家的媳婦。等海盜撤退後，阿泉將蔡牽相贈的金銀報官「起贓」，又託人請王大舍來接回被擄的女兒。當地知縣對阿泉的義舉十分讚賞，因此充當媒人，主動替他向王家說親；王大舍女兒失而復得，阿泉又是人窮志不窮，且縣太爺又親自前來做媒，在那個年代是天大的面子，便滿口應允，擇日將女兒嫁到許家，嫁妝自是十分豐盛（《台灣民間傳奇（九）・許阿泉因禍得福》〔註91〕）。海盜竟當起大媒，原本沒有交集的兩名男女，就這麼鬼使神差的配成一對佳偶美眷了。

有三個舉人進京趕考，姓韓的聲稱他與白相爺的女兒指腹為婚，另外兩人便隨著他到白家莊認親、借宿；但白小姐並未和人議親，白相爺因此有意刁難，出對子考他們：「白水如泉日日昌」，舉人對不上，就離開了。他們跟

萬川編，《苗栗縣閩南語故事集（二）》，頁82～95。

〔註89〕在異文《苗栗縣閩南語故事集・黃金穴》（頁24～52），陳五志的老三是躲在神桌下，把「你是我的太太」的字條綁在李同妹妹裙上；後來往南逃，因賭致富，回鄉後有人來作媒，對象就是李同的妹妹。據說他有如此福氣，是因為母親葬在「萬金穴」的緣故。

〔註90〕見李獻璋編，《台灣民間文學集》，頁136～141。

〔註91〕見林藜，《台灣民間傳奇（九）》（台北：稻田，1995年12月），頁196～203。

樵夫問路，樵夫竟也出對子：「此木是柴山山出」，正好可以拿相爺的句子來對；於是三人又回白家莊，姓韓的這次就對上了，然而相爺因他之前胡亂攀親，不讓他留宿，只招待另兩個舉人；小姐知道了，就安排他在書房過夜，天亮後又給他出了題目：「鳳啄金盆似敲鐘」，他答不出來，就匆匆趕路，追上同伴。途中遇到皇上出來打獵，見他們三個舉人躲在橋下，又出對子讓他們對：「馬過竹橋如打鼓」，姓韓的就把白小姐的對子拿來作答，皇上龍心大悅，封他做狀元。他於是以狀元身分返回白家莊，用皇上的句子去對小姐的題目，再當面跟相爺提親，此時相爺便不再反對了（《彰化縣民間文學集9故事篇（五）·狀元的故事》〔註92〕）。這姓韓的舉人一開始謊稱與小姐有婚約，也許那正是他心中的夢想，但他似乎沒有真才實學，卻因一連串機緣巧合而無往不利，終於美夢成真。他從一個平庸的舉人成為狀元，又娶了相爺千金，一夕之間，官位、嬌妻、財富皆備，這些都是一般人心所嚮往又無法企及的，這樣的故事反映出民眾普遍的願望，讓人們在虛構的情節中得到滿足。

異文《雲林縣閩南語故事集（五）·雞啄面盆聲如鐘》〔註93〕中，員外千金在花園初見秀才銅山時，即見到他頭上有魁星庇佑，將來必能出仕，如此又加添宿命色彩；果然小姐的詩句讓他中了狀元，而皇上的詩句又為他的姻緣牽線，天數一一應驗。

《鳳山市閩南語故事集·狀元學生》〔註94〕也有類似情節：相國的千金看中一個讀書人，給他出題：「鞋頭繡菊，朝朝凍露蕊不開」，但他對不出來；應試時，相國出的題目是「扇面畫梅，日日搖風枝不動」，剛好對上了；這讀書人不僅考上狀元，也抱得美人歸。

民間故事裡的狀元幾乎都是以得功名後娶妻做為故事結局，且妻子還多半是官家小姐或員外千金，如若少了結親的情節，似乎就不夠圓滿。以下一則笑話說明了狀元夫人在狀元故事裡的重要性：一個苦旦飾演狀元夫人，要去尋找夫婿，後台的人因為時間已晚，要她演快一點，她卻誤以為叫她「跳

〔註92〕 見胡萬川編，《彰化縣民間文學集9故事篇（五）》，頁46～64。《宜蘭縣口傳文學（上）·三個童生》（頁214～216）故事雷同，詩句是「雞啄面盆嘴敲鐘」、「馬過柴橋腳踢鼓」。

〔註93〕 見陳益源、潘是輝編，《雲林縣閩南語故事集（五）》（雲林縣文化局，2003年5月），頁120～145。

〔註94〕 見胡萬川、王長華編，《鳳山市閩南語故事集》（高雄縣立文化中心，1999年5月），頁176～184。

江」，就唱著要投江去了；戲話講「戲若做無路，就愛用仙渡」，這時，後台即時出了一個「十三仙外」的「濫爛（邋遢）仙」去救狀元夫人，告訴她夫婿已高中狀元，切不可尋死，要等著狀元公來團圓（《宜蘭縣口傳文學（上）‧濫爛仙》〔註95〕）。不管劇情再怎麼發展，狀元夫人最終都要達成與狀元成婚的任務，是不能自盡身亡的。

　　有個人很努力工作，可是四十多歲了還賺不到什麼錢娶老婆，就決定去問神明；路上他向一位老公公和一位阿伯借宿，又由蛇載他渡河，他們都分別請他幫忙問問題；等見了神明，他先問完別人託問的三件事，神明就睡著了。於是他回到河邊，告訴蛇「含珠不吐不升天」，蛇便吐出寶珠升天；他到阿伯家，阿伯那個從未開口說話的女兒見到狗對他吠叫，就罵了一句「死狗」，原來是「見到丈夫就開口」，阿伯便將女兒嫁給他；那人又告訴老公公，桃李不結果子是因為樹下埋金，金剋木，老公公就把金子都送給他；後來他又把寶珠進獻給皇帝，因此被冊封為「進寶狀元」（《南投縣福佬故事集（一）‧問神明的故事》〔註96〕）。故事的主角因為好心解答別人的疑難，也同時解決了自己的問題，使自己獲得了財富、妻子與名位；他與妻子的緣分亦是命中註定。

　　高知府是一方富豪，他只有一個千金，不僅熟讀詩書，而且明豔動人，許多公子登門求親，但才貌雙全的郎君難尋。顏俊託能言善道的尤辰替他作媒，尤辰憑三寸不爛之舌將顏俊說得極盡完美；但高知府知道「自古媒人的嘴巴，死的也可以說成活的」，便要求顏俊前來相親。顏俊其實相貌醜陋，學問也淺薄，便請表弟錢潔代他出馬；錢潔眉清目秀，讀書能過目成誦，因父母早逝，不得已才寄居在表哥家；既仰人鼻息，只好勉強同意冒名相親。高知府很滿意假顏俊的談吐與學識，當下決定了婚事；但成親當天，姑爺必須親自迎娶，顏俊只好再拜託錢潔頂替。正當新娘要上花轎時，忽然下起滂沱大雨，暴風雨足足吹颳了三天，假新郎因此有機會和高家小姐相處而互生情感，不過兩人雖然同房，卻未同床。當新娘一行迎回顏家，顏俊一見錢潔揮

〔註95〕見邱坤良等編，《宜蘭縣口傳文學（上）》，頁218～219。
〔註96〕見胡萬川編，《南投縣福佬故事集（一）》（南投縣文化局，2003年5月），頁178～190。《台南縣閩南語故事集（六）‧九代散》（頁12～77）、《台灣民間傳奇（五）‧助人即自助》（頁140～146）同樣也是「問佛祖」的故事類型；〈九代散〉的結局是：烏龜吐出夜靈寶珠送給九代散陳義，土地公也將廟旁的黃金白銀送給他，李員外將他招為女婿；陳義進獻寶珠，以進寶狀元身分迎娶員外女兒。

拳就打，怪他沒有冒雨趕回來而占盡便宜；恰好知縣下鄉巡視，把打得難分難解的兩人帶到縣衙訊問，才知顏俊和尤辰設計騙婚，又知道錢潔是個正人君子，於是就替他做一個現成的媒人，徵得高知府同意，讓他和高小姐正式成婚（《台灣民間傳奇（八）·好錢潔弄假成真》〔註97〕）。郎才女貌原該配成雙，風雨及縣官的適時出現都是上天有意撮合。

再看一個縣官為媒的故事：有一屠戶趁窮秀才到省城參加考舉之便與秀才娘私通；秀才歸來當夜，屠戶原想置他於死地，卻陰錯陽差殺了情婦，縣官審得實情後，將屠夫正法；屠夫的妻子也是個美人，縣官於是做媒將她與秀才撮合成一對，屠夫的財產也全部做為陪嫁，這對同病相憐的夫妻倒也恩愛而富足的過了一輩子（《台灣民間傳奇（九）·巧田螺感恩圖報》〔註98〕）。縣官巧扮月老，他們二人的結合也可歸為命定的緣分。

以上故事都傳達出姻緣乃是上天所配的宿命觀，既不能逃脫，也無法強求，緣分終究會把註定成為夫妻的男女牽繫在一起；這對於在婚姻關係中不能再有其他選擇的女人而言，意義更為重大。宿命觀為女人帶來安頓生命的力量，她們接受命運的安排，認定自己所嫁的丈夫就是唯一的選擇，對丈夫不離不棄。這類故事是典型的男性話語，也是性別政治運作的一環。

二、前世宿緣

在姻緣天定的故事中，有些更明白鋪陳前世今生的糾葛：

阿成從小和母親一起睡，長大娶妻以後，母親就抱怨媳婦是狐狸精，兒子只愛老婆不愛老母，令阿成左右為難；觀音大士就來為她解說因果：原來母親在前世是阿成的妻子，而阿成此時的妻子則是他前世的情人，因為上輩子兩人沒結果，這輩子要來續前緣，也因此母親才會嫉妒媳婦；經由觀音大士安排調解，才使婆媳和好（《宜蘭縣口傳文學（上）·今世母親前世妻》〔註99〕）。故事透露的訊息是：今生姻緣來自前世因果，因果業報循環不絕，無可迴避。

有對夫妻很恩愛，先生卻每次一看到太太就要打她，不打心裡就不痛快；太太雖然被打卻不怨恨，也沒受什麼傷。公婆於是請來法師，法師看好時日，

〔註97〕見林藜，《台灣民間傳奇（八）》（台北：稻田，1995年12月），頁35～45。
〔註98〕見林藜，《台灣民間傳奇（九）》，頁166～176。
〔註99〕見邱坤良等編，《宜蘭縣口傳文學（上）》，頁183～184。

要婆婆把所有東西收起來，只剩一把掃帚；兒子回來就抓起掃把往太太身上打，打了兩三下就不打了，此後也不再打太太。原來他前世是一頭牛，他太太是放牛的小孩，小孩常拿著小木棒隨著樂曲打拍子敲牛角，因此這輩子妻子就該還他這筆債；因為掃帚裡有上百支籐條，所以他太太欠的債就提早還完了（《彰化縣民間文學集 4 故事篇（二）‧牛和飼牛囝仔》〔註100〕）。

　　《宜蘭縣口傳文學（上）‧前世因，後世果》〔註101〕故事中的太太前世也是看牛囝子，常邊唸「無字歌」邊敲牛的背脊，這輩子牛轉世成她丈夫，每日不時打她，打到她受不了，要跳水自盡，這時觀音佛祖化身和尚，為婦人解說前世因果，她才打消自殺的念頭；她把柴棍、竹節都收起來，那天丈夫回家，只看到掃帚，就拿起來打太太，打三下等於三百下，冤仇就了結了，他抱著太太說，其實他動手打她自己也很不忍心，此後便夫妻和樂了。〔註102〕

　　這麼看來，男女結成夫妻都是來了前世債的；上輩子欠債的，這輩子就得當女人，因為老公打老婆才是正道，老婆打老公可就大大侵犯男性尊嚴。太太被打既可解釋為還債，那麼普天下男人打老婆豈不都可以理直氣壯了！

　　有個孤兒十一、二歲就到地主家當長工，做了十年粗活；照慣例，地主若不給他工資，就要幫他娶一房媳婦；但地主不捨得花錢，就和妻子串通設下美人計，誣賴他對老闆娘不規矩，還拿鋤頭柄打他，村裡的人也對他指指點點，他想不開就要上吊自殺；一個和尚剛好經過，開示他十年苦工是上輩子欠的，遲早都要還，還要他躲在樹上，親眼目睹扒手偷走員外的包袱，而殺豬的被誤會是賊又憤而殺死員外的過程，和尚再對他解釋那三人前輩子的財務糾葛，以致有這輩子欠債還錢、殺人償命的因果報應。後來年輕人在一個寡婦家借宿三天，兩人有了肌膚之親；和尚又為他解說前世因：那女子上輩子被不良少年調戲，就是他出面解圍，女孩因此欠他一筆桃花債。和尚又指點他前往某村，自然有落腳之處；他依和尚所指的方向走去，遇到一個女人正吃力的挖田土，就上前幫忙；他倆一個未娶，一個守寡，都希望有伴，不久就結婚生子；應和尚所言，年輕人便在此生根定居下來（《彰化縣民間文學集 7 故事篇（四）‧前世冤後世報》〔註103〕）。

〔註100〕見胡萬川編，《彰化縣民間文學集 4 故事篇（二）》，頁 100～105。
〔註101〕見邱坤良等編，《宜蘭縣口傳文學（上）》，頁 201～203。
〔註102〕《彰化縣民間文學集 5 故事篇（三）‧千細一拍》（頁 14～21）也是同類型故事。
〔註103〕見胡萬川編，《彰化縣民間文學集 7 故事篇（四）》（彰化縣立文化中心，1995年 7 月），頁 18～64。

　　這故事內容一如篇名，此生所有際遇都是前世種的因，因此，這年輕人被設計誣陷不用抱怨，那露水姻緣也不會久長，最後總會與今世的妻子安定下來。故事裡的三個女人和年輕人的恩怨遇合冥冥中早有定數，他們不過是依著既定的劇本一一搬演。

　　如此說來，做不做得成夫妻自有前世因果宿緣牽引，那麼，聽憑父母媒妁的安排又何妨？夫妻婚前沒見過面又有什麼關係？不論娶到怎樣的老婆、嫁到怎樣的老公，都是自己上輩子招來的結果，應該欣然接受、安份認命。民間故事蘊含的果報宿命觀深植人們心中，這對於在夫妻關係中居於弱勢的女人而言，特別具有安撫情緒的功能，可說是父權機制藉以穩定傳統婚姻的手段之一。

第三節　變例婚姻

一、養　媳

　　養媳又稱童養媳、小媳婦、苗媳，俗稱媳婦仔，指撫養異姓幼女，待其成年後再與兒子擇日婚配。養媳自小進入陌生的夫家，通常不超過十二、三歲，甚至尚在襁褓之中，但「無論成婚與否，一經過門，名份已定」，〔註104〕養媳被視同出嫁女，具有與成婚婦相等的地位，如冠養家姓、服制與妻相同等。對養家而言，養媳可節省聘金與甚多婚禮費用，又可增添家務幫手，且增進婆媳和諧；對生家而言，可免除養育女兒的經濟壓力及備辦嫁妝的花費，並提早為女兒取得夫家家族成員的身分，童養媳如在未婚前夭逝，其神主牌仍可安置夫家廳堂。〔註105〕

　　養媳的成因很多，如女孩體弱多病，就說是「媳婦仔命」，必須送給人做童養媳才好帶養；也有因為女兒八字與家運相剋，為避免惡運而交由別人撫養；還有不少是因為家貧無力養育或賣女兒換取金錢。稚齡女子在父母的安排下前往夫家履行婚姻關係，卻不能保證未來能獲得適當婚配，幸運的可在養家完婚，婆媳相安如母女，但也可能遭到變賣或淪為娼妓。〔註106〕養媳的

〔註104〕臨時台灣舊慣調查會，《第一部調查第二回報告書》第二卷下（神戶：臨時台灣舊慣調查會，1907年），頁161。

〔註105〕卓意雯，《清代台灣婦女的生活》（台北：自立晚報，1993年5月），頁38～48。

〔註106〕清代中後期以降，台灣養媳之風逐漸變質，單純的婚姻與承繼的收養，演變

際遇各不相同，但命運同樣都交付在別人手上，反映出女性社會地位低落及身不由己的無奈。

有一對鄉下夫妻生了一個兒子，還「分」了一個小女孩來養，打算將來兩人都長大以後就送作堆，這樣比較省錢（《蘆竹鄉閩南語故事（一）·照鏡》〔註107〕）；這就是養媳的一般狀況。

關於養媳的故事，多是受虐的負面情節：

有個女孩從小送給人做養媳，一直受虐待，她母親很心疼，省吃儉用了幾年，才存夠錢打算替女兒贖身，可是她在買龍眼的時候，皮包卻忘了拿走，她回來找的時候，龍眼叔仔卻說沒看到，自己私藏了；這女人很傷心，就投河自盡，還是一屍二命；她女兒知道了，也上吊自殺（《宜蘭縣口傳文學（上）·女鬼報冤》〔註108〕）。

姓郭的祖先有五個兒子，又分了一個姓林的女孩作養媳，五兄弟中有一個很瞧不起那女孩，常欺負她；有一次他故意把魚鉤向女孩甩去，竟甩中了她的眼睛，她受驚嚇拔出魚鉤，連眼球也扯了出來，不久就死了（《宜蘭縣口傳文學（上）·郭林不作親》〔註109〕）。

秀桃本姓陳，是窮苦佃農家的女兒，三歲就賣給王家做養女；她不僅要燒飯、洗衣，還得到田裡幹活，挑起全家生活的擔子；養父遊手好閒、嗜賭如命，養母則錙銖必較，又常打罵秀桃出氣。秀桃稟性善良，總是逆來順受；長到十六、七歲，煙花戶的老鴇見她美貌出眾，願出高價收買，貪財的養父母自然滿口答應。秀桃想逃回親生爹娘家求救，養父母和老鴇、幫閒卻隨後追來；秀桃跳上一艘迎親的船隻，新郎新娘原有意救她，但家長怕惹禍上身，堅決反對；眼看一幫人搭了小艇來勢洶洶，秀桃身陷絕境，便縱身躍入河中。

為女口買賣的藉口；養父母為金錢利益，令媳婦仔操持賤業，甚或轉賣與人為婢、為妾或為妓，此與台人「無子也可養媳」的慣例有關；這種牟利性質的收養，歷經日治時期至戰後仍相當嚴重。見曾秋美，《台灣媳婦仔的生活世界》（台北：玉山社，1998年6月），頁36～37、160～161。

〔註107〕那兒子進城買了鏡子，老婆以為丈夫討小老婆，他媽媽說那小老婆太老了，但他爸爸只看到一個老公公。見胡萬川編，《蘆竹鄉閩南語故事（一）》，頁154～159。

〔註108〕後來女鬼來報仇，龍眼叔仔驚嚇而死，他的孩子也接連病死。見邱坤良等編，《宜蘭縣口傳文學（上）》，頁146～147。

〔註109〕女孩的生家知道後，就要求將女兒埋在郭家的大廳；姓郭的不甘心，就焚香賭咒說，從此姓郭的不跟姓林的結親，否則孩子生一個就死一個。見邱坤良等編，《宜蘭縣口傳文學（上）》，頁170。

那新娘子目睹慘劇,後來竟病倒了,法師指點須誠心祭祀才能保平安,於是夫婦倆就開始供奉陳姑娘亡靈,又建了陳姑娘廟。陳姑娘廟不僅保護受養父母虐待的苦命養女,對治療沈疴也有效驗,因此信眾不少(《台灣民間傳奇(四)‧哀哀養女魂》〔註110〕)。故事裡的秀桃名爲養女實爲奴婢幫傭,長大後還要被賣入妓院,她無力抗拒,只能投水結束坎坷的一生;這故事就是一則養女的悲歌。

阿秀是一戶農家的養女,只知道從小就被賣過來,連自己生身父母都不曉得;自五、六歲起,家中一切雜務都由她料理,她在家只有吃苦、做工和挨罵的份。她有一個瘸了腿的異姓哥哥,不時發脾氣或發號施令,偏心的養母從不責備獨子,凡事總怪到阿秀頭上。阿秀外出割草時常在湖邊顧影自憐,一天,巧遇同樣家貧命苦的小張,兩人見面次數漸多,互生好感。養母打算將阿秀和兒子送作堆,令阿秀十分驚訝,她對哥哥向來是兄妹之情,如今兄長竟變成丈夫,她難以接受。如果她和小張相偕離開,不但毀了兩個家,可能結果仍是死路一條;她思前想後,覺得自己無力抗爭,與其委屈的活著,不如早點死了算了,於是跳湖自殺;小張聞訊趕來,也投湖殉情。那晚,湖水沸騰終而乾涸,僅湖底有小片積水,不時湧現泥漿,發出「咕嚕咕嚕」的不平之鳴,且有一股「沖天冤氣」往上冒,觸火即燃,此後這湖便被喚作「養女湖」(《台灣民間傳奇(五)‧悽悽養女湖》〔註111〕)。多數養女都未被養家善待,她們心中累積了難以數算的傷痛和哀怨,故事裡的水塘不分晝夜噴發出硫磺和濃稠熱泥漿,象徵養女對人世間種種不平的悲憤吶喊;而故事得以流傳,也代表了人們對苦命養女的同情。

另一則異文中,阿秀的養父母有一個女兒,但沒有兒子;養父母誣賴阿秀和姓張的青年有曖昧,並決定要把阿秀賣入娼家,阿秀因此投湖,張姓青年也殉情於湖中。阿秀生前常因天雨,柴薪潮溼,以致延誤燒水燒飯的時間而被家人痛打,湖神感念這對純情男女的悲苦,就將湖水變成滾水,表示以後不再使可憐的養女因燒不開滾水而受責打了(《台灣民俗‧滾水湖》〔註112〕)。

這些故事著重在養媳負擔的沉重家務和受養母打罵虐待的傷痛,可見台灣社會的媳婦仔多半就是這麼命運坎坷,日日咬牙苦撐。其中,〈悽悽養女湖〉

〔註110〕見林藜,《台灣民間傳奇(四)》(台北:稻田,1995年12月),頁163～169。
〔註111〕見林藜,《台灣民間傳奇(五)》(台北:稻田,1995年12月),頁17～23。
〔註112〕見吳瀛濤,《台灣民俗》,頁363。

的阿秀長大後將和養母的兒子送作堆，她卻對兄妹之情要轉換為夫妻之愛感到迷惘，這也是童養媳普遍要面臨的心理調適。

養媳家中有兒子，稱為「有對頭」，屬正式的童養媳婚；不過，沒有兒子的家庭也可以娶養，仍稱女孩為養媳，此即「無對頭」，這養媳可以被視為女兒出嫁，或是招贅丈夫，或可能終生不婚，甚至被養家逼迫為娼；〔註113〕如〈哀哀養女魂〉的秀桃和〈滾水湖〉的阿秀，皆因不願淪落煙花而投水自盡。

關於養媳的故事中，林春娘的事蹟是較為特殊的一則：

林春娘家中貧苦，自小賣給余家當童養媳，未婚夫是獨子，寡母原指望兒子養老送終，他卻在十八歲那年出海打魚遇難；春娘那時只有十三歲，雖然和丈夫並未正式成婚，但她認為夫妻名分已定，要在余家守寡。春娘盡心侍奉婆婆，又領養子為余家傳後，繼子死後又與寡媳撫育幼孫（《台灣民間傳奇（六）・林春娘慈悲如佛》〔註114〕）。她曲折傳奇的一生，實肇始於童養媳的身分，既送養於夫家即如同出嫁，在傳統貞節觀的薰陶下，雖然未婚夫亡，她仍是余家媳婦，因此克盡媳婦的責任，如此童養媳當無愧於夫家祖宗。

童養媳婚可為養家節省聘金與婚禮開銷，使養家中的兒子長大後可以順利婚娶，因此養媳可說是為父權服務的婚俗。再者，出養與收養之間往往有金錢收授，如同貨物買賣；而養媳受虐更是司空見慣，甚至可能被轉賣牟利，凡此皆是父權體制對女性的歧視與壓迫。

二、招　贅

如家庭中僅生女而無子，可藉由女子招贅為生家立嗣傳後。男女雙方於婚前議定子嗣分配的方式，部份或全部歸入女家。一般招婿婚的聘金不多，甚至分文不取，全由女方出資添貼，贅婿在婚後居於妻家，貢獻勞力。不過，招婿婚姻仍是由男子娶妻，贅婿並未改姓，仍屬其生家宗嗣，而女子亦不因留家招夫而具有生家宗祧資格，贅婚夫妻身後將受祀於承父姓之子嗣。贅婿如同嫁娶婚的男子具有夫權和扶養的義務，女子亦須服從夫婿和夫家尊長，只是妻的地位不若正式嫁娶婚的媳婦那麼卑微。〔註115〕

一般人對招婿婚姻多存卑視的態度，俗諺：「有一碗通食，唔肯予人招」，

〔註113〕卓意雯，《清代台灣婦女的生活》，頁39～40

〔註114〕見林藜，《台灣民間傳奇（六）》（台北：稻田，1995年12月），頁160～169。

〔註115〕卓意雯，《清代台灣婦女的生活》，頁30～35。

男子多因貧苦無力娶妻，才會「予別人厝吊大燈」，入贅在世俗觀念中可說是自取其辱，有損男人尊嚴。〔註116〕至於贅婚女子同樣社會地位低下，尤其贅婿亡故而仍留在生家守寡者，更受人輕視。〔註117〕

以下是幾則與招贅相關的民間故事：

陳員外得知朱家得到一個會出皇帝的好風水，就派人去朱家提親，條件是要朱家的兒子讓他的女兒招贅，而且第一個出生的兒子要姓陳；這個沒有姓朱而改姓陳的孩子就是陳友諒（《台中市民間文學采錄集④‧羊母有鬚和土豆下結子—洪武傳奇》〔註118〕）。陳友諒是因爲外公沒有生兒子，他才讓陳家「收豬母稅」。

不過，招贅有時並不是爲了生子傳嗣：姓陳的一個祖先曾入贅到一個有錢的員外家，這員外有一個小兒子，只因人丁單薄，所以爲女兒招贅丈夫，打算讓女婿進來幫忙做事，但並不眞心對待他；後來員外的獨子逐漸長大，員外想把財產通通歸給兒子，不想分給辛苦爲他工作的女婿（《桃園市閩南語故事（一）‧姓陳的天下第一家》〔註119〕）。這故事中，招贅的目的只是爲家庭增加勞動力，贅婿在女家並不受尊重。

與上述故事相較，「雙廖」傳說中的贅婿較爲丈人看重：從前有個姓張的，爲避戰亂逃到某地，受到姓廖的幫忙與賞識，就入贅廖家，和他的獨生女結婚；由於他們的孩子都要姓廖，令他十分矛盾，一方面想報答岳父的恩情，另一方面又不想忘本，因此臨終前交代他的兒子說，活著的時候要姓廖，報答母恩，但死了以後要回歸張姓本宗；他們這一族就叫做「雙廖」（《彰化縣民間文學集 22〔溪湖溪州竹塘二林大城二水地區〕‧活廖死張》〔註120〕）。

〔註116〕江寶釵，〈台灣民間文化中呈現的性別意識〉，《台灣歷史文化研討會‧性別與文化論文研討論文集》，頁9。

〔註117〕卓意雯，《清代台灣婦女的生活》，頁34。

〔註118〕見曾敦香、楊照陽等編，《台中市民間文學采錄集④》，頁128～135。部分異文中，陳員外是將婢女許配給陳友諒的父親（朱七），再將陳友諒過繼給陳家，參見《東石鄉閩南語故事集（二）‧臭頭仔洪武君》（頁 92～109）、《大安鄉閩南語故事集（二）‧朱洪武合陳友諒》（頁50～87）。

〔註119〕女兒女婿育有三子一女，他們因地理師的指點得到一塊福地，又因教子有方，經一番因緣際會，他們陳家受封爲「天下第一家」。後來陳家因房子蓋得像皇宮，遭抄家之罪，三兄弟分別逃亡，小女兒則剃掉頭髮，將房子改成佛堂，以避滅族之禍；這段情節與《朴子市閩南語故事集‧小姑陳的由來》類似（參見本論文第五章第二節（三）無子），但並未要求兄長過繼子嗣，三兄弟也仍然都姓陳。見胡萬川編，《桃園市閩南語故事（一）》，頁54～67。

〔註120〕見陳益源編，《彰化縣民間文學集22〔溪湖溪州竹塘二林大城二水地區〕》（彰化

男子入贅常是迫於時局環境，但子從母姓又有數典忘祖之虞，因此以「活廖死張」求其兩全。

也有男子是為財入贅：才女蔡碧吟未嫁夫死，守節寡居，因此蹉跎青春；四十二歲那年，由父親安排招贅門生羅秀惠。這本是文壇佳話，但羅秀惠生活糜爛，豔事頻傳，並非值得託付的人，再者，他原是看上老師留給師妹的家產，後來蔡家的財產就被他揮霍殆盡。蔡碧吟本可以父親的遺產安享餘裕，但嫁給不事生產的羅舉人，生活反倒每下愈況，晚年兩人便以賣字為業（《台灣民間傳奇（四）‧才女蔡碧吟》〔註121〕）。蔡碧吟的父親原希望招來贅婿與女兒相伴，以免她孤老以終，但他挑錯了人，女兒不僅夫妻和樂不可得，還幾乎朝不保夕。贅婿人品攸關女兒幸福，此與一般婚姻無異。

另有贅婿處心積慮謀奪丈人的財產，連女兒也與丈夫沆瀣一氣：

有個員外，妻子很早就過世了，留下一個女兒，他希望下半輩子可以依靠女兒，就把財產都給她，幫她招贅夫婿，不久女兒女婿為他生下一個孫子；一天，孫子的祖父來他家，這個女兒煮好飯要她兒子去叫阿公吃飯，家裡的外公以為是在叫他，孩子卻說，「我沒有叫你這個外公吃飯，我是在叫我的阿公」，員外很痛心，向女兒投訴，她竟說「你老猴還能爬上樹嗎？」令員外更加傷心。員外有個佃農會看相，教他跟女兒說還有很多財產沒過繼給她，把田契給騙了回來，佃農還把女兒嫁給員外，後來生了兒子，考上狀元（《苗栗縣閩南語故事集（三）‧老猴趖上樹》〔註122〕）。由此可見，即便是招婿入贅，贅婚女子仍然是夫家的一員，因此把公公看得比父親還重要，而這樣的態度也傳遞給下一代，父親倒成了自己家中的外人了；所以俗語說：「要看兒子的屁股，不要看女兒的臉。」女兒到底是別人的，自己養個兒子才可靠。

再看異文《台灣民間傳奇（三）‧一字判有無》〔註123〕：許員外髮妻早喪，只生下一個女兒，因此他招贅了一個勤奮精明的年輕人，又因男家老父無人奉養，便一起入住許家。婚後女兒生下兩個男孫，照規定，長孫姓許，次孫隨父姓，但許員外對兩個孫兒一樣疼愛。一天，員外和親家翁正好一起回來，兩名孫兒竟熱情的纏著爺爺，把外公視同路人；他十分氣惱，心想，

縣文化局，2004年11月），頁48～53。
〔註121〕見林藜，《台灣民間傳奇（四）》，頁17～24。
〔註122〕見胡萬川編，《苗栗縣閩南語故事集（三）》（苗栗縣文化局，2002年12月），頁136～145。
〔註123〕見林藜，《台灣民間傳奇（三）》（台北：稻田，1995年12月），頁47～54。

一定是不孝的女兒女婿告訴孩子，外祖父不是眞的祖父。員外於是再娶，兩年後便得了個兒子，取名「許一」，別號「非」。孩子七歲時，員外害了重病，立下遺囑「許一非我子也家財盡與女婿外人不得爭占」，交給女兒女婿，又另寫了紙條交代給妻子。員外死後，女婿立即侵占所有財產，還把員外繼室母子趕出正屋；那繼室不得不上衙門告狀，但女婿夫婦反指年輕的後母紅杏出牆，所生孩子非許家骨肉，並呈上岳父遺囑；繼室也拿出紙條，上面是加了句讀和印章的遺囑：「許一非，我子也，家財盡與。女婿外人，不得爭占。」縣長據此將財產判給員外親生兒子，而員外女婿女兒爲謀奪財產誣告後母不貞，各打三十大板。可見，即便是入贅，女婿仍是外人，連帶的女兒成了外人的妻，也不再算是娘家的人了。事實上，故事中的女兒女婿如果能孝順父親岳父，也教孩子尊敬外公，原本可以一家融洽，卻因女兒女婿不孝，又貪圖家產，才衍生種種衝突，如此一來，招贅婿反而令員外更加寂寞了。

父權社會重視煙嗣傳繼，招贅可爲僅生女而無男丁的家庭解套，藉女兒所生的兒子入於女家，達到傳宗接代的目的，即俗稱的「抽豬母稅」——女人被比喻成「豬母」，被當作生養孩子的工具，這是明顯的性別歧視。此外，贅婿雖居於女家，其地位並不因此而低於其妻，妻仍須謹守「從夫」之道；上述兩個故事中，招贅的女兒心向丈夫，把公公看得比父親還重要，顯示父權家庭機制並不因招贅而有所動搖。

三、蓄　妾

妾的身分與妻大不相同，正妻是一家的主婦，妾須受妻的約束；妻掌理家中一切內務，妾非經同意不得處置。〔註124〕妻對夫之父母服三年之喪，妾則服期年之喪；〔註125〕外出時妾不得服裙，也不能走在前面；妻一般住在左側房間，若爲二進式建築，則妻居於前進房舍；〔註126〕凡此皆顯見妾之地位遜於正妻。若妾生有男嗣，母以子貴，方能在家中占一席地位；不過，其所生子嗣爲庶出，正室具有管教的權利，即所謂「細姨生子大某的」。庶子與嫡子在家庭中的待遇亦有高下之分，尤其在財產的繼承上，依台灣民間習俗，

〔註124〕台灣慣習研究會，〈問答〉，《台灣慣習記事》（中譯本）3卷12號（台中：台灣省文獻會，1984年），頁1120。

〔註125〕臨時台灣舊慣調查會，《第一部調查第二回報告書》第二卷下（神户：臨時台灣舊慣調查會，1907年），頁177。

〔註126〕台灣慣習研究會，〈問答〉，《台灣慣習記事》3卷12號，頁1120。

庶子分配到的家產僅有嫡子的一半。〔註127〕

　　由於妻妾權利地位的差異，每每引發家庭糾紛。俗諺：「家卜齊，置雙犁；家卜破，置雙妻」、「起厝無嫌閒一冬，娶某無閒一工，娶細姨無閒一世人」，告誡男子妻妾相爭則家無寧日，一夫一妻才是正軌。

　　男子娶妾最冠冕堂皇的理由是為生子繼嗣：

　　邱妄舍的叔父年老無子，想納小妾，但妻子始終不同意，邱妄舍就幫叔父設法；他每日手執竹竿，屋前屋後的量著，直到叔母不耐煩了，他才傲慢的說，「這些東西橫直是我的，我要量他，誰有權力干涉我嗎？」果然叔母就同意丈夫納妾（《台灣民間文學集‧邱妄舍》〔註128〕）。邱罔舍還指示叔叔刁難嬸嬸，故意裝作不娶小老婆了，急得妻子反過來求他，還承諾會照顧娶進來的姨太太（《彰化縣民間文學集19〔員林大村埔心地區〕‧邱罔舍的故事》〔註129〕）。為了傳宗接代，為了家產不致落在「外人」手上，權衡之下，無法生育子嗣的妻子只能容許丈夫娶妾。

　　美娟是標誌靈巧的姑娘，她被爹娘許配給王老闆當姨太太，是因為王家大婦一直沒有生養過，打算把她娶回去生育孩子；但王老闆又老又醜，美娟並不滿意這門親事，只是爹娘愛錢如命，早已收下人家的聘金，她也無計可施（《台灣民間傳奇（三）‧日久見人心》〔註130〕）。這便是用錢買妾作為生子的工具。

　　女教書籍傳達的待妾之道，大可做為娶妾的說帖：

　　……夫無子，勸納小，育女生男要趁早。豈不聞，聖賢話，不孝有三無後大。若夫死，無有後，家財反被別人受。絕了嗣，由你造，況且你又將誰靠。你只是，為私情，祖宗煙祀忍彫零。這件事，最要緊，婦人何不自猛醒。……〔註131〕

　　……若夫婦年近四十，或生女而不生男，或曾生而不育，或竟全不

────────────

〔註127〕江寶釵，〈台灣民間文化中呈現的性別意識〉，《台灣歷史文化研討會‧性別與文化論文研討論 文集》，頁6～7。
〔註128〕見李獻璋編，《台灣民間文學集》，頁142～167。
〔註129〕見胡萬川、康原、陳益源編，《彰化縣民間文學集19〔員林大村埔心地區〕》（彰化縣文化局，2003年5月），頁78～104。兩篇故事中主角的名字分別是「邱妄舍」與「邱罔舍」，雖有一字之差，但說的是同一個故事。
〔註130〕見林藜，《台灣民間傳奇（三）》，頁190～204。
〔註131〕廖兔驕，《醒閨編‧敬丈夫》，收錄於張福清編注《女誡──女性的枷鎖》，頁170。

　　一生者，宜急置妾爲嗣續之計。爲之婦者，正宜和衷寬待，以冀期

　　早爲生育，俾吾夫得免無後之嘆，而己亦不失爲嫡母之尊。……俾

　　祖父之血食，自我而斬，豈非不孝之至，而爲天地間一大罪人乎？

　　〔註 132〕

年近四十而無子，妻就要趕緊主動爲丈夫娶妾生子，以免成爲令夫家絕後的
罪人。一扣上繁衍子嗣的名目，男人便可理直氣壯的蓄妾了。只是，書上又
說：

　　……至有子而仍娶妾，賢者所不免焉。爲之妻者，若果溫惠寬和，

　　得以相安無事，……〔註 133〕

既然連「賢者」都可能有子嗣了還娶妾，一般人娶妾的情形就更爲普遍了；
可見蓄妾不需要什麼理由，夫權至上，只要丈夫想娶進門，妻子就必須心胸
寬大的接納，並且溫和相待，不可起嫉妒之心，以維持家庭和諧。這是十足
大男人心態的論調，妻子未必有此「雅量」。

　　苑裡陳姓祖先原居中國，家境小康，祖媽連生了五個男孩，原是幸福的
家庭，但祖公竟又娶了偏房，祖媽因此心生怨恨，就偷偷攢了一些錢，帶著
五個孩子坐船到台灣來了（《苗栗縣閩南語故事集・黃金穴》〔註 134〕）。妻子
多年辛苦持家，又生了五個兒子，可說是克盡婦道，丈夫卻不知足，還要娶
姨太太進門；元配不甘心與姨太太分享丈夫，竟寧可帶著孩子飄洋過海到陌
生的土地另建家園。故事裡的男人因納妾失去五個兒子，付出了高昂的代價，
這大概是他始料未及的發展；而對女人來說，與其跟另一個女人同住一屋簷
下，不如毅然抽身，畢竟自己拉拔長大的孩子要比花心的丈夫可靠得多。

　　阿罩霧林家林有里因平匪以功授提督，卻因「娶匪爲妾」險些失了前程：
林提督閒玩時，看上美貌的許姓閨女，隨即派人向女家說親。原來那閨女竟
是戴萬生的小姨子，正懼怕有株連的危險，特地設下美人計色誘林有里，藉
作家族庇護。與林家夙有私怨的知縣凌定國得悉此事，擬向省城彈劾林有里
通匪，逼得林有里不得不奉上大筆茶敬，並低聲下氣賠了許多不是，方才免
去滅族之災（《台灣民間文學集・壽至公堂》〔註 135〕）。故事透露的訊息是：

〔註 132〕清・史典，《願體集》，收錄於張福清編注《女誡──女性的枷鎖》，頁 124。
〔註 133〕同上註。
〔註 134〕見胡萬川編，《苗栗縣閩南語故事集》（苗栗縣立文化中心，1998 年 6 月），
　　　　　頁 24～52。
〔註 135〕見李獻璋編，《台灣民間文學集》，頁 229～254。

美色總伴隨禍害而來，不可不慎；男子娶妾雖盡享齊人之福，卻也可能惹禍上身。

至於嫁作人妾者多是下層階級的女子，雖也有由外聘娶或由家中婢女升任，但多半是買賣關係而來。台灣俗諺：「娶某來顧家」，「食菜食油鹽，娶妾取容顏」，娶妻與納妾目的不同，因此「娶妻娶德，娶妾娶色」。納妾以外貌姿色為重，其身價乃以年齡、美醜為標準，愈是年輕貌美身價愈高；〔註136〕她們一如商品被議定價格，揭示了女性被物化被交易的命運。

以下幾個富人娶妾的故事都與金錢直接相關：

阿九舍是個富翁，娶了十二個妻子；進財為治病向阿九舍借了三十兩，但仍回天乏術，他的妻子和女兒幫人洗衣服，還不起高利貸本息九十兩，阿九舍就強娶進財的女兒。後來，阿九舍半身不遂，沒有人理會他；他死後被奴僕丟到亂葬崗，財產和老婆都被瓜分了（《朴子市閩南語故事集・葫蘆墩阿九舍》〔註137〕）。故事的主旨原在譴責放高利貸的人，最後必不得善終；而故事裡的十三個妻妾，不過是財富的表徵，是富人用來炫耀吹噓的工具；阿九舍死後，眾妻妾又被奴僕瓜分，這豈非她們另一個惡夢的開始？

一個地方上有錢的頭家，家中已經有十三個妻妾，卻還不知足，他見孝子的太太是個絕世美人，願意用第十三個太太交換，並奉上大筆金銀作為陪嫁（《台灣民間故事集・海龍王的女兒》〔註138〕）。只要有錢，妻妾成群不難；妾既是買來的，自然可任意處置，拿來交換也不足為奇。

有個快八十歲的相爺，在農村看上了一個才十八歲的女孩，想娶來當小老婆；她母親貪圖富貴，收了千斤布匹千兩黃金，就讓相爺把女兒娶走了（《苗栗縣閩南語故事集・相爺娶細姨》〔註139〕）。如此婚姻形同買賣，葬送了年輕女子的青春與幸福。

「公背婆的故事」描述的對象是老夫少妻：敘述者說，以前貧窮人家的女兒常會嫁給有錢人做妻妾，有錢人買老婆或二房都喜歡買年紀很小的；出門遊玩時，老公怕年輕的老婆跑太快他追不上，就一直背著她；雖說是老公背老婆，其實是老公公背著小姐，背起來又可愛又漂亮。後面剛好有一對夫妻，妻子看了也想給老公背，老公卻嫌她又老又臃腫，笑她像隻老母豬；妻

〔註136〕卓意雯，《清代台灣婦女的生活》，頁49～50。
〔註137〕見黃哲永編，《朴子市閩南語故事集》，頁156～161。
〔註138〕見陳慶浩、王秋桂編，《台灣民間故事集》，頁247～254。
〔註139〕見胡萬川編，《苗栗縣閩南語故事集》，頁64～71。

子強忍眼淚，提議回去後互相洗澡，培養感情（《雲林縣閩南語故事集（二）‧放伴洗身軀（公負婆的故事）》〔註140〕）。年輕貌美才能得到丈夫青睞，女人將隨時日年老色衰而失寵。

　　由上述幾個故事可窺見，年輕與美色方足以取悅男人。帝王集天下權勢財富於一身，寵愛美人也是理所當然：神仙送給秦始皇兩朵花，要他把已開的給母親插，未開的給妻子戴，但秦始皇覺得已開的比較美，就自作主張將花掉換過來；結果，妻子的花謝了，人也老醜起來，母親卻像含苞的的花越開越美，於是秦始皇就想要娶母親，他母親說那是逆天行事，除非造長城，造到看不見日影，她才嫁給他（《宜蘭縣口傳文學（上）‧秦始皇反奸》〔註141〕）。帝王之尊貴無人能及，天下佳麗無一不可納爲己有，即使是自己的母親也不例外。

　　公羊傳曰：「諸侯一娶九女，天子一娶十二女。」漢人社會男子娶妾由來已久，而妻妾成群還是許多男人渴望的夢想：有個大善人即將投胎轉世，閻羅王特別讓他提出再世爲人的條件，他說要：「父居高官子登科，良田千頃靠山河，嬌妻美妾三五個，壽比彭祖還要長，永遠只有二十多。」他既要長壽又要常保年輕，這應屬非分之想；但前三個要求，閻王則認爲是人之常情，並不過份（《外埔鄉閩南語故事集‧閻羅王含大善人》〔註142〕）。由此觀之，除了當官、有錢、兒子成器，還得有三妻四妾相陪，才算是男人心目中極致圓滿的人生。

　　雖然舊社會裡男性蓄妾可以得到社會律法的保障及文化俗成的支撐，不過，也有反對的聲音出現：王香禪原名王罔市，因家境窮困，幼年即被一婦人收養，成爲辛酸累累的養女；十六歲時因貌美兼有歌舞之才，便充任藝旦，開始唱曲陪酒的生涯，又因聰明好學，被介紹到書塾學詩，自此才藝大進，頗得文士墨客的欣賞與捧場。那時年輕倜儻的連雅堂也前去聽戲，與香禪結識，且不時以詩文稱讚她；香禪對連雅堂十分傾心，但連雅堂早已娶妻，雖則當時的社會風氣，男子蓄妾不足爲奇，香禪也有甘居側室之意，然而連雅堂思想民主開明，並時時撰文鼓吹男女平等，極力伸張女權，反對娶妾，因

〔註140〕見胡萬川、陳益源編，《雲林縣閩南語故事集（二）》（雲林縣文化局，2001年1月），頁170～177。
〔註141〕見邱坤良等編，《宜蘭縣口傳文學（上）》，頁191～195。
〔註142〕見胡萬川、王正雄編，《外埔鄉閩南語故事集》（台中縣立文化中心，1998年6月），頁132～138。

此兩人並無結合的可能，惘惘情愫遂昇華爲朋友及師生之情（《台灣民間傳奇（六）‧王香禪失意情場》〔註143〕）。

　　妾的身份總是受人鄙夷：有個大官的朋友登門拜訪，但大官不在家，他的姨太太出來招待客人；她聽先生說他這位朋友很有學問，就以筷子爲題，請他做一首詩；他說：「你有如此好身材，手握腰間腿便開，若知此中滋味好，還得伸出舌頭來。」（《彰化縣民間文學集9故事篇（五）‧以箸作詩》〔註144〕）詩中頗有輕薄、諷刺之意。

　　妾，可說是男權膨脹的產物，她們如商品一般被買賣，成爲生育子嗣的工具，或滿足男性私慾的玩物；她們的名分地位又不如正妻，社會眼光也多輕鄙以待。所謂「寧嫁散（san³，指貧窮）尪，毋作偏房」、「寧爲屋上鳥，毋作房裡妾」，即勸女子莫爲人妾。

四、冥　婚

　　在父系制度下，家族嗣系概由男子繼承，女子被排除於生家宗祧之外。所謂「厝內無祀姑婆」，族譜只記載男性子孫及其配偶，女子唯有透過婚姻，才能被賦予夫家成員的資格。男子若早夭，尚可藉由過房（族子過繼）或螟蛉（異姓養子）的方式承繼香火，但未婚夭折的女子卻因無法依附夫宗而無所歸屬。〔註145〕漢人一般認爲，死後若無人奉祀，將淪爲孤魂野鬼四處漂泊，無法再轉世投胎；〔註146〕早夭的女子只能被供奉在姑娘廟，藉由念經超渡亡魂。然而，循冥婚一途，也可令未婚女子在死後獲得子孫祭拜，以保障來世。冥婚的禮俗，通常是由女家託媒人物色對象，男方同意後，與女子的神主牌舉行成婚的儀式，象徵此女出嫁，則其牌位即可入祀夫家。〔註147〕

　　以下是幾則關於冥婚的故事：

　　有一對夫妻，女兒春菊在五、六歲時病死了。多年後，春菊託夢對兩老

〔註143〕香禪二十多歲時嫁給舉人羅秀惠，但不久即感情不睦，羅秀惠甚且明目張膽移情別戀，香禪因此提出離婚，並遁入空門；後來又還俗再嫁，依然不得家庭之樂。見林藜，《台灣民間傳奇（六）》，頁95～102。

〔註144〕見胡萬川編，《彰化縣民間文學集9故事篇（五）》，頁80～81。

〔註145〕卓意雯，《清代台灣婦女的生活》，頁10、46。

〔註146〕阮昌銳，〈台灣冥婚與過房之原始意義及其社會功能〉，《中央研究院民族學研究所集刊》33期（1972年），頁15～38。

〔註147〕莊金德，〈清代台灣的婚姻禮俗〉，《台灣文獻》14卷3期（1963年9月），頁61。

說，她已經十八歲了，嫁了人才能有安定的歸宿，可是她在的那個地方都找不到喜歡的人，因此拜託爸媽幫忙，如果幾天內找不到，她就得被迫和不喜歡的人結合。父母心疼女兒，就準備了一個紅包，放了春菊的生辰八字和很多錢，若遠遠看見年輕人走近，就將紅包放到路中間。終於有個年輕人好奇撿起來，想放回去已經來不及了，兩老說他和女兒有緣，硬是要她做女婿，但年輕人不肯答應。後來，春菊每晚現身糾纏，年輕人變得面無血色、手腳酸軟，也查不出病因；他母親打聽得知原來是女鬼纏身，只好請媒人向女方提親；迎娶過門之後，在祖先牌位上給她一個名分，年輕人的病就好了，丈人還出錢幫女婿創業，加上春菊暗中保佑，因此事業一帆風順。後來年輕人得到元配春菊的同意，再娶了姨太太，生下的兒子還過繼給春菊，春菊就可以投胎轉世了（《新社鄉閩南語故事集（一）·查某子託夢嫁翁》〔註148〕）。這是典型冥婚的故事，早夭的女子仍要藉由婚姻一途才能取得名分。

有個多嘴的年輕人，說話總是不經大腦，好壞不分。一天，他一時好奇湊近圍觀人群，看到車禍身亡的女子倒在地上，就說：「這女子看起來長得很漂亮，又還沒嫁人，就這樣死去實在可惜」。結果，那女子的鬼魂一到夜晚就來找他，若是不肯娶她，就要鬧得他家雞犬不寧。過了三、四夜，這年輕人變得瘋瘋癲癲，還喃喃自語，口吐白沫，母親採草藥、求符水都不見好轉，請來道士作法，才知道年輕人在車禍現場的一番話得到死者的愛意，非娶她不可。母親爲了孩子的生命和家庭安寧，不得已只好託人到女家提親，隨即宴請賓客，迎娶那女子牌位；此後，吃飯時要多備一副碗筷，並招呼她吃飯；侍奉滿一年，再幫她的牌位合爐，歸到祖先牌位裡。自從娶入門後，年輕人便恢復正常，個性也大爲轉變，不再亂說話了（《新社鄉閩南語故事集（一）·娶鬼做某》〔註149〕）。

有個男人到金瓜石挖金子，一天中午，他在樹下吃便當，突然開始傻笑、亂說話，被送回家後，問神、吃藥也沒有用，瘦到只剩一副骨頭，還會打人、撞門。最後家人去拜請玄天上帝，原來女鬼的香火吊在樹上，那男子玩弄她的香火就等於是玩弄她，所以女鬼不肯善罷甘休。乩童與陰魂談判，但她不願意接受道歉賠罪，非要嫁給他不可；最後乩童威脅要用銅針黑狗血灑她，讓她永不超生，女鬼認識到玄天上帝的法力之後，就同意談合；男方爲女鬼

〔註148〕見胡萬川、黃晴文編，《新社鄉閩南語故事集（一）》，頁52～63。
〔註149〕見胡萬川、黃晴文編，《新社鄉閩南語故事集（一）》，頁70～80。

燒祭一番，男子又吃了藥草才好起來（《彰化縣民間文學集 20〔北斗田尾社頭地區〕‧查某鬼糾糾纏》〔註 150〕）。若沒有法力高強的神明介入折衝，遇上女鬼的男子多半會以冥婚收場；故事的講述者也說：「當初如果那個男的肯娶女鬼的牌位，他可能就會沒事，可是因為男的家裡很窮，所以沒辦法娶她」；這表示一般人還是可以接受冥婚的方式。

然而，世間人平白無故怎可能娶死人為妻？都是因為女鬼糾纏不休，男子臥床不起，家人才不得不同意結親。女子在死後，可運用靈異力量恫嚇世人，因此得以依其意志擇定對象下嫁，由此對照一般女性卑微怯懦的形象，更凸顯世間女子對婚事的無能為力。

第四節　異類婚戀

一、人與仙

人與仙在仙凡身份位階上是仙高於人，不過一旦人仙結合，仙女將以「妻」的角色而在夫妻性別位階上低於人夫，並開始擔任家中主婦的工作。

《羅阿蜂、陳阿勉故事專輯‧董永的故事》〔註 151〕中，玉皇大帝見董永是個孝子，不應該一直當人奴才，就要他的第七個女兒下凡，到董永工作的員外家當婢女，不久員外就讓董永和七仙女成婚。當七仙女完成為董永生下子嗣的任務，也就是了卻塵緣之時；她依玉帝囑咐回天庭產子，董永考上狀元後才將孩子送回凡間。董永能得仙女為妻，是因為他的孝心感動玉帝，七仙女下凡乃是受命於玉帝父親，這與人間遵奉父母之命的婚姻並無二致。

《台灣民俗‧天書》〔註 152〕：古時候有個善人，天公曾派女兒下嫁給他，生了兒子名叫董碩，他們夫妻過了七年快樂的日子，但仙女下凡的年限期滿，就被召回天上去了。〔註 153〕

〔註 150〕見胡萬川、康原、陳益源編，《彰化縣民間文學集 20〔北斗田尾社頭地區〕》（彰化縣文化局，2003 年 5 月），頁 120～129。

〔註 151〕見林聰明、胡萬川編，《羅阿蜂、陳阿勉故事專輯》（宜蘭縣立文化中心，1998年 6 月），頁 96～107。

〔註 152〕見吳瀛濤，《台灣民俗》，頁 378～379。

〔註 153〕董碩依書塾老師的指點，七夕在河邊找到母親，母子玩得很愉快，臨別時，母親給他一串鞭炮，要他放在老師的書上，炮火就燒掉了說天理的六十部書，此後人類即無從知道天上之事。

　　《台灣民俗·白鶴仙女》〔註154〕：陳孝德賣身葬母，白天做工，晚上讀書；有個女子常請他幫忙賣布，賣得的錢又分送給他，他存下來，還清債務，辭去苦工，娶了那女子爲妻；妻子每天織布，他就開了家小店賣布，不久生下了一個孩子。妻子卻對他說，「我原是天上的白鶴仙女，因爲你的孝心感動天，所以我才下凡與你做伴侶；你現在生活舒服了，也有了孩子，我想我該回去天界了。」說完就飛上天去。

　　《台灣民間故事集·董漢燒天書》〔註155〕另有一說：天上的仙姑因觸犯天條，被王母娘娘貶到凡間，嫁給董永。仙姑生下董漢沒多久，就因罪滿得赦，重返天庭。她與董永的仙凡婚姻並非出於自願，乃是對她的懲罰，這顯示，即使是神仙，仍要服膺仙界的權力體制，而王母娘娘就是玉皇大帝（終極父權）的代理人。

　　上述故事中，仙女與凡人男子結爲夫妻，多是因爲男子行善盡孝，不過仙女下凡皆有其年限，無論白鶴仙子或七仙女，總是在生下孩子之後離去，可見爲丈夫留下子嗣是她們的主要任務，同時也作爲仙凡婚戀的見證。

　　龍王的女兒變成鯉魚到河裡玩，被孝子捉上了岸，帶回家裝在水缸。他瞎眼的母親準備殺來煮的時候，眼睛被鯉魚的尾巴打到，竟雙眼復明了。後來鯉魚更搖身一變，成了一位美麗的姑娘，自稱是孝子的媳婦，自此孝順婆婆、體貼丈夫。頭家聽說孝子的妻子是個溫柔賢慧的美女，想娶她作第十四房姨太太。龍王女兒妙施巧計，讓孝子娶到了頭家最年輕的姨太太，還得到許多陪嫁的金銀財寶；貪心好色的頭家和他的大片田地都被大水淹沒，龍王女兒也回到海裡和龍王團聚（《台灣民間故事集·海龍王的女兒》〔註156〕）。

　　龍女之所以委身凡人，也是因孝子孝心感人；她不僅治癒其母眼疾，且以智巧懲治惡徒，並在臨去前安排丈夫娶得孝順體貼的新夫人，又助夫取得財富，改善家庭環境，使男主角獲致生活的圓滿。她以神仙的身分降尊紆貴，謹守人妻的傳統角色規範，其「妻」的自我定位已高於「仙」的優越，她並未因「仙」的身分凌駕於凡人丈夫之上，反而以「仙」的能力達成「妻」的職責，盡其所能襄助丈夫。所謂「丈夫雖賤皆爲陽，婦人雖貴皆爲陰」（《春秋繁露·陽尊陰卑》），一旦走入婚姻，無論妻子是何種身分，在夫妻關係中

〔註154〕見吳瀛濤，《台灣民俗》，頁 449～451。
〔註155〕見陳慶浩、王秋桂編，《台灣民間故事集》，頁 152～153。
〔註156〕同上註，頁 247～254。

都應該以夫爲尊；這又是父權對女性的馴化。

二、人與精怪

　　精怪成爲人妻後，與仙妻一樣操持家務，爲夫生子，如《台灣民俗‧蜆女》〔註157〕：有個窮農夫沒有錢娶妻，卻一連幾天回家時發現飯煮好了，衣服也洗了；他就假裝出門去耕作，躲在屋後窺視，看到他家那隻祖傳下來的老蜆從水缸爬出來，變成一個美女；他趕快將蜆殼藏起來，要求那美女做他的妻子，美女不得已答應了，後來爲他生了幾個孩子。一天，農夫不愼對孩子說出母親是蜆變的，在蜆女的追問下，丈夫把蜆殼拿出來給她看，她趁丈夫不注意時奪了回去，又變回一隻蜆，走入水缸去了。

　　故事中的丈夫只是尋常農夫，並沒有人仙婚姻中常見的孝子形象，但卻能與美麗的蜆女結爲夫妻，讓蜆女爲他洗衣煮飯、生養孩子；這樣特殊的機緣投映出貧窮男子娶妻成家生子的深層慾望。

　　再看人蛇婚戀的故事：白蛇與青蛇修練千百年，得以化爲人形；白素娘爲報答許漢文放生之恩，想以身相許；她先變出風雨，再借傘給許漢文，趁他來還傘時，由小青出面作媒。婚後白素娘開了漢藥店，又教漢文開藥單，還去村莊的水井下毒，爲漢文招來病患。漢文的姐姐發覺白素娘有異狀，故意拿酒給她喝，漢文看到白蛇的原形一時嚇昏了，醒來後心中驚疑難過，就到佛寺燒香，法海和尙說他有佛緣，要他出家；白素娘爲了帶回漢文而和法海鬥法，發大水企圖淹沒雷風塔，法海便將白素娘收進塔中。後來白素娘生了孩子，他長大後也出家做和尙，最後將母親救出雷風塔，白素娘才又回到人間（《台中市民間文學采錄集④‧雨傘緣》〔註158〕）。

　　白素娘身爲異類，有別於仙妻的高貴，「蛇」的形象標識出低賤的身分特徵，一旦此一身分特徵被發現，便遭致丈夫的疑慮與背叛。〔註159〕白蛇並無

〔註157〕見吳瀛濤，《台灣民俗》，頁 452～453。

〔註158〕一般流傳的白蛇故事中，白蛇名爲白素貞，端午飲雄黃酒現出原形嚇死許仙，遂赴崑崙盜回仙草將他救活；後來法海和尙留住許仙，白娘子爲討回丈夫水漫金山寺，終於在產子後被法海鎮於雷峰塔下；她和許仙的兒子夢蛟長大後中了狀元，拜塔救出母親。這則採集的故事與此有些出入，但在台灣民間故事文本中未見其他異文，因此仍依故事原意呈現。見曾敦香、楊照陽等編，《台中市民間文學采錄集④》，頁 181～188。

〔註159〕參見龔浩群，〈從蛇妖到蛇仙〉，劉守華主編，《中國民間故事類型研究》（武漢：華中師範大學出版社，2006 年 12 月），頁 382。

禍害丈夫的企圖，只因人妖殊途即被視為當然的加害者；這「人」與「精怪」的位階實則可對應到封建時代「男」與「女」的性別階級——不僅「精怪」非我族類；女人一樣非我（男人）族類，她們不過是男人的附屬品，因此隨時可以莫須有的罪名被休棄。白素娘為捍衛尊嚴與自由，選擇以直接抗爭的方式與法海正面對決，她主動追求愛情與婚姻的身影，正是女性覺醒的最佳詮釋。

「蛇郎」故事一樣是人蛇聯姻，然而蛇郎並不因其「蛇」的形象減損其「夫」的地位：蛇郎君四處遊走，來到一個花園，剛好看到花園主人的三個女兒，他喜歡上老三，就上門提親；一直到成親的時候，新娘還不知道蛇郎君是蛇，等到完婚的第二天，她看到蛇郎君纏在竹竿上，才發現自己其實嫁的是蛇精；「可是嫁都嫁了」，「嫁人之後得從夫，所以她也就認了。」日後他們夫妻的感情還是很好（《台南縣閩南語故事集（五）‧（歸仁鄉）蛇郎君》〔註160〕）。妻原應從屬於夫，蛇夫亦夫，妻仍要敬謹曲從。

白蛇與蛇郎都是化成人形的蛇精，與凡人聯姻的際遇卻大相逕庭，蛇妻受夫質疑，蛇夫卻為妻尊崇，足見夫權的絕對統御姿態。

三、人與獸

「獸」的位階不僅遠不及「仙」，甚至也較「精怪」為低，且「仙」與「精怪」都明艷照人，「獸」卻形貌醜陋，因此「獸」與男子的結合在夫妻地位關係上差距更為懸殊。

周成以捕魚為生，一次在船上生了重病，被同伴丟棄在山上；有一個人妖猩猩醫好了周成，又跟他做夫妻、生兒子。一天，來了一艘船，周成就帶兒子上船，還打死了人妖（《朴子市閩南語故事集‧周成過台灣》〔註161〕）。

故事裡的人妖是猩猩樣貌，與其他異類婚戀的女主角實不可同日而語，周成應是迫於形勢才不得不與她成為夫妻，甚至臨行時擔心她追上船，還將她打死，絲毫不顧念她是兒子的母親，救命之恩也拋諸腦後，一心只想擺脫這可怕的異類；如果這人妖猩猩也能幻化為美女，結局或許就有所不同了。

另有人類女子與獸結合的故事：

〔註160〕見胡萬川編，《台南縣閩南語故事集（五）》，頁18～30。

〔註161〕這是周成故事的另一版本，與負心另娶的周成故事無關。故事最後周成的兒子中了狀元，替母親做功德，才知道自己是人妖猩猩所生。見黃哲永編，《朴子市閩南語故事集》，頁152～155。

相爺的女兒一出生就患腳疼的毛病，怎樣都醫不好，相爺許願，誰能醫好女兒就將女兒嫁給他。家裡養的猴子跑到山中摘草藥，在嘴裡嚼爛，敷在相爺千金腿上，竟真的痊癒了。相爺不得已，只好跟女兒說「命運如此」，就把女兒嫁給牠，又下令造船，準備了柴米食物，讓他們上船，放到東洋大海（《沙鹿鎮閩南語故事集（二）·美國的由來》〔註162〕）。

在《朴子市閩南語故事集·美國人是猩猩傳的》〔註163〕中，生病的是一個員外的女兒，她給猩猩治好了，同樣因員外的宣誓而下嫁，被送上船出海。

這兩個故事都說船來到未開墾的美國，女孩和猴子（猩猩）成了美國人的祖先。先民認為美國人長得像猩猩，那是源自古來以天朝自居的高傲，還說美國人是漢家女孩的後代，這又是漢民族阿Q心態的轉化。

在《台灣民俗·猴仔娶皇女》〔註164〕，公主病重，皇帝昭示，任何人能醫好公主的病即招為駙馬。猴子從深山帶來藥草，皇帝情急亂投醫，煎湯給公主服用，公主竟醒轉過來；皇帝不願失信，下令將女兒嫁給猴子，但又不忍心看他們一同生活，就建了大木桶船，裝上食糧、衣物、家具、農具、麥種等，交代女兒在船漂流到的地方開始新生活，生子傳孫。〔註165〕

有些故事情節類似，患病的卻是父親：有個老伯腳爛了，一直沒好，他就立願，誰能醫好他的腳，就把女兒嫁給他。有隻狗每天來舔他的腳，腳上的傷口就癒合了；後來老伯在船上裝滿米糧，任由女兒和那條狗在海上漂流（《東勢鎮閩南語故事集（一）·狗合靈性》〔註166〕）。

〔註162〕故事的後半段是：猴子和相爺千金來到未開墾的美國，生了一個兒子，外貌和人一樣，但眼珠顏色較濁。兒子十八歲時，在田裡砸死猴子；媽媽告訴他，夢見天神要送一位仙女來給他做老婆；隔天出現的仙女，其實是化了妝的母親，但他認不得。後來兩人結合，生的孩子就是我們今天所看到的美國人。見胡萬川編，《沙鹿鎮閩南語故事集（二）·美國的由來》，頁18～25。

〔註163〕見黃哲永編，《朴子市閩南語故事集》，頁36～39。

〔註164〕見吳瀛濤，《台灣民俗》，頁445～447。

〔註165〕後來船來到一處人跡未至的平原，他們生下了一個男孩，男孩七八歲時打死了猴子，他長大後，媽媽謊稱必須離開，又說已替他找到新娘，男孩便照媽媽的指示將樹下的女人（其實是媽媽喬裝的）帶回家成親，兩人生了一個女孩。女孩長大後，母親把過去發生的種種告訴他們，並囑咐他們早日成婚傳宗接代，然後自己偷偷自殺了。這故事並未說明他們是哪一族的祖先。

〔註166〕這故事裡，人狗結合的後代仍是狗，所以並不在說明某個人種的祖先是狗，而只是說明狗有靈性、人性，是因為和人結合。見胡萬川、王正雄編，《東勢鎮閩南語故事集（一）》，頁24～27。

在《宜蘭縣口傳文學（上）‧番仔狗祖公之一》〔註167〕，得腳疾的是皇帝，狗舔好他的腳後，他命人將狗壓在銅鐘下，等百日後變成人再迎娶公主，可是第九十九天有人去掀開銅鐘，裡面的狗成了狗頭人身，皇帝只好造大船把女兒和狗女婿送到荒島。〔註168〕

這些女子下嫁走獸的原因，都是因父親許婚酬賞，不得不信守承諾，她們是「從父」規範下的犧牲者；在婚後，她們也從不曾因丈夫的形貌而有離棄或殺害他的念頭，甚至在兒子誤殺丈夫時還會傷心哭泣，〔註169〕可見「出嫁從夫」是女人永世不可動搖的信念；與前述周成殺妻故事兩相對照，更凸顯夫妻尊卑地位的懸殊差距。

四、人與鬼

關於人鬼姻緣的故事僅蒐集一則：〔註170〕

唐員外的大女兒病故後，父母在她的棺木裡裝了許多金銀寶石的首飾陪葬，引來盜墓的偷兒洗劫珠寶，死屍也被拖出棺外。一個好賭的年輕人路過，見新墳被挖開，覺得可憐，就抱起屍體放入棺內掩埋起來。不久這青年為了向姑媽借錢，謊稱要娶老婆；可是一借到錢卻又拿去賭，沒多久全輸光了。這時，姑媽要來看新娘子，他的朋友建議糊一個紙女人應付；沒想到這紙紮的新娘竟跟姑媽對答起來，還下廚做菜款待姑媽。這紙新娘和真的人完全一樣，年輕人就這麼和他做夫妻。後來紙新娘說要回娘家，帶著年輕人來到唐員外大宅；晚上紙新娘和媽媽一起睡，因為媽媽很害怕，紙新娘又變成了紙人。幸虧唐家二女兒面貌身材和姐姐很相像，在得到她的同意後，唐員外夫妻就叫她代替姐姐跟女婿回家。那天晚上紙老婆託夢給年輕人，說明她原是唐員外的大女兒，因感念他收屍的恩義而來和他做夫妻，現在由妹妹來代替她，也算是一種緣分，希望他不要再賭錢，換個心志，建立家業。那青年本

〔註167〕 見邱坤良等編，《宜蘭縣口傳文學（上）》，頁63～64。

〔註168〕 後來公主和狗丈夫生下一個兒子，公主一直不敢告訴孩子他的父親是誰；一天，男孩見到狗頭人身的怪物，以為是熊，就將他打死。男孩長大後，公主在臉上刺青瞞過了他，兩人結合，成為泰雅族的祖先。

〔註169〕 《台灣民俗‧猴仔娶皇女》中，因猴子常在外面耕作，很晚才回來；他跟公主生下的男孩有一晚在外面時，突然覺得附近有一隻動物，由於護身的本能，就用木棍將猴子打死了。

〔註170〕 《台灣民間傳奇（五）‧鬼妻變真妻》（頁197～205）、《台灣民間傳奇（七）‧賭徒戒賭得嬌妻》（頁165～176）都與〈紙姑娘〉情節雷同。

是個善良的人，此後果然判若兩人，完全離開賭博，努力工作，和太太過著幸福快樂的生活（《台灣民間故事‧紙姑娘》〔註171〕）。

故事裡的女鬼以妻的身分前來報恩，最後終因人鬼殊途，不得不離開丈夫；但她和龍女一樣為丈夫安排了常人女子為妻室，並勸他戒賭，間接改善了家庭環境。可見女性不論是仙是鬼，都以助夫成家立業為職志。

人鬼姻緣的故事在六朝志怪曾大量出現，據梅家玲考察指出：從心裡分析和女性主義的性別論述觀點看來，人鬼姻緣透露了「男性對父權特權的深層欲望」，女鬼來相就，為男人帶來的，不僅絕大多數是飛來豔福，更是諸多「不勞而獲」的富貴榮華；而故事中男主角多為寒素士子的身分，可說投映了男性（尤其是不得志的男性）嚮往顯貴，以及藉女性（鬼）以自我肯定、自我滿足，進而緣此攀附高門的潛意識。〔註172〕

以此論述檢視〈海龍王的女兒〉〔註173〕和〈紙姑娘〉：龍女下嫁凡人，乃因孝子孝心感人，她特來助其成家、贈與財富；至於唐家大小姐將靈魂依附於紙人與那年輕人結成夫妻，則全然是為報恩而來。由此觀之，這兩個台灣民間故事與六朝志怪中的人鬼姻緣屬性並不相同，最明顯的是「不勞而獲」的成分大為降低，而以孝心善念為訴求。不過，故事中的男主角確實因為異類女子（仙／鬼）的介入而獲致生活的圓滿，這是凡人在現實生活中無法享有的機緣，在善惡果報的包裝下，仍隱然流露男性透過虛構情境想像人財兩得的深層慾望。

第五節　追求婚姻自主

一、嫁我所選

傳統女性一生被封閉於家庭之內，婚姻大事攸關女子一生幸福，但卻全憑父母媒妁決定，女子無權置喙。雖然絕大多數女子接受並認同這樣的婚姻模式，但終清一代仍不乏女子逃婚另嫁，〔註174〕以行動對不合理的婚俗表達

〔註171〕見王詩琅，《台灣民間故事》，頁134～137。
〔註172〕參見梅家玲，〈六朝志怪人鬼姻緣故事中的兩性關係〉，《古典文學與性別研究》（台北：里仁，1997年9月），頁120。
〔註173〕見陳慶浩、王秋桂編，《台灣民間故事集》，頁247～254。
〔註174〕唐羽，〈清代台灣移民生活史之研究（中）——從禁渡與白契文字所作四項慣

抗議。

　　由於父權價值體系容納不了女性抗拒的聲音，女人若不願成爲被任意擺置的棋子，就必須一反垂首斂眉的柔弱姿態，拿出決心和勇氣與父系威權相抗衡，甚至不惜與原生家庭脫離關係，才有可能爭取到婚姻自主的機會。

　　以下故事都是女子自己做主決定結婚對象：

　　《台灣民間故事集・選婿》〔註175〕：員外的女兒到了適婚年齡，員外中意的是有權有勢的大官之子王貴，員外夫人則看上富家子弟蔡財，小姐本人卻屬意貧困但好學上進的趙義。三個青年的家長都正式託人上門說親，後來竟鬧上了縣府衙門；知縣採用夫人的計策，讓小姐裝病倒地掙扎而後宣告不治，三名準女婿只有趙義無論小姐死活都要討她爲妻，以此試探出誰是真心誰是假意，因而成全一雙璧人。故事中的小姐早已意有所屬，藉由知縣裁決，終於得嫁如意郎君。〔註176〕

　　《台南縣閩南語故事集（五）・（歸仁鄉）蛇郎君》〔註177〕：員外的第三個女兒在花園裡看到一個經過的年輕人，兩人一見便彼此有意，年輕人就請人來提親；這年輕人就是蛇郎君，員外不願意將女兒嫁給蛇精，但三女兒卻非嫁不可，還威脅要自殺，員外沒辦法，只好同意這門親事。〔註178〕父親愛女心切，捨不得女兒尋死尋活，才勉強接受女兒的選擇，但這是少數父親對女兒妥協的例子，一旦父親不顧女兒生死，做女兒的只能徒呼奈何。這故事中的女兒到底取得了父親的認可，因此未造成父女關係的決裂。

　　《石岡鄉閩南語故事集・李門鍏——水雞土仔的故事》〔註179〕：富翁爲第三個女兒物色了一戶有錢人家，但她不肯接受父親的安排，而且自己已有屬意的人選——隔壁村的水雞土既忠厚老實，又勤奮工作，她心生愛慕，絲毫不在意他的貧窮，願意委身下嫁。雖然父親反對，但她已下定決心，就不顧一切嫁給他了；父親很生氣，和他們斷絕往來。〔註180〕故事裡的三小姐較

　　　習之探討〉，《台灣文獻》39卷1期（1988年3月），頁133～34。

〔註175〕見陳慶浩、王秋桂編，《台灣民間故事集》，頁223～225。

〔註176〕《台灣民間傳奇（三）・愛情的真諦》（頁34～41）與此故事雷同。

〔註177〕見胡萬川編，《台南縣閩南語故事集（五）》，頁18～30。

〔註178〕後來，員外發現三女兒家上廁所是用金子擦屁股，二女兒就去三妹家偷偷拿了一大袋金子，回到家金子竟變成一條條的蛇；大姐也到三妹家，但只拿了三支給三個兒子，不像老二那麼貪心，因此金子沒有變成蛇。這故事並沒有妹妹被害死又連續變型的情節。

〔註179〕見胡萬川編，《石岡鄉閩南語故事集》，頁64～73。

〔註180〕後來水雞土仔因兒子取名「李門環」而得到命定的黃金，買下妻子兩位姐姐

其他自認「食命」而頂撞父親的三女兒更爲決絕，她並沒有讓父親爲她指定對象，堅持嫁給了自己心儀的人。〔註181〕

《彰化縣民間文學集 4 故事篇（二）‧九代窮》〔註182〕：麵店伙計「九代窮」爲改換風水，依地理師的指示到員外家摘白菜，卻遇上了西北雨，就在白小姐繡房樓梯下躲雨；小姐要婢女拿她大哥的衣服給他換，他換裝後竟變成一個風度翩翩的英俊少年，小姐一見鍾情，主動示愛，當下做成了夫妻。這女主角無視於禮教的作風，可說是相當前衛大膽了。之後小姐大了肚子，父親氣極敗壞要她自盡，她在母親和大嫂幫忙下逃出家門。後來她和九代窮得寶致富，兩個兒子長大後又都考上狀元；這一連串幸運都用來呼應地理師改換風水的結果，也因此，白小姐的行徑便可以被合理化爲命運的安排。而員外是父權秩序的化身，是傳統禮教的捍衛者，與女兒的離經叛道可說是針鋒相對；但當女兒一家回來相認時，員外見女婿、外孫有成，自然十分歡喜，與女兒盡釋前嫌；這時誰也不會怪他當初的絕情，畢竟父親是一家之主，權威不容質疑，況且又是大團圓的結局，毋須計較誰有不是；於是，父權對女性的迫害便輕易的被隱藏消解了。

《石岡鄉閩南語故事集‧王寶釧的故事》〔註183〕：薛平貴四處流浪乞討，一天睡在王家花園，他上方竟出現一條青龍，三小姐王寶釧看到這異象，知道他不是普通人，便在拋繡球招親時將繡球丟到他的背袋中。父親收回繡球，不願女兒嫁給乞丐，王寶釧卻不惜與父親決裂，執意嫁雞隨雞，到簡陋的瓦窰過著乞丐婆的生活。後來薛平貴果然當了兩國的國王，王寶釧當年可說是慧眼識英雄，只不過這遲來的風光得要付出十八年的青春。

《台灣民間傳奇（一）‧男兒當自強》〔註184〕：一位家道富有的員外，要爲獨生女挑一個才貌雙全又有錢的乘龍快婿，但一直找不到合適的人選，便決定拋繡球招親。施琅因飯量大，也來吃一頓不用錢的飯菜；小姐見他體格魁梧，相貌堂堂，雖然衣著破舊，將來必非池中物，便將繡球拋給他。員外因施琅衣衫襤褸想要悔婚，女兒卻相信他將來會出人頭地，便趁夜和奶媽離家；途中她們想借茅舍休息，竟正好就來到施琅的家，既是上天巧安排，

的土地。

〔註181〕其他「三女兒」的故事，參見本章第一節。

〔註182〕見胡萬川編，《彰化縣民間文學集 4 故事篇（二）》，頁 24～67。

〔註183〕見胡萬川編，《石岡鄉閩南語故事集》，頁 88～104。

〔註184〕見林藜，《台灣民間傳奇（一）》（台北：稻田，1995 年 12 月），頁 16～29。

兩人就結爲夫婦；員外得知後非常生氣，從此與女兒恩斷情絕，不准她踏進家門。小姐發現施家床腳墊是值錢的生銀，但施琅再要到山上撿，土地公卻說那些生銀屬於施門靠所有；後來他們生下一個男孩，老丈人取名施門靠，施琅便得著大片白銀礦，由貧而富，於是員外重新接納女兒，承認女婿和外孫。

　　故事裡的員外常欺貧重富，因女婿窮困而看不起他，甚至與女兒女婿斷絕往來，這可由男／女／男的交換關係上去解釋：以員外的身分地位，自然希望透過女兒爲媒介和門當戶對的人家建立關係，藉此與財富權勢取得聯繫；從功利的角度看，女兒嫁出去就是夫家的人，她對父親所能做出的最大貢獻即是在聯姻中扮演的中介角色；如果女兒嫁給窮女婿，那一干窮親戚對員外並沒有任何實質助益，如此一來，女婿無用，女兒也跟著失去價值。除非窮女婿變得富有，或取得功名，男／女／男的利益系統又取得平衡，發揮了作用，員外才會真正接納女兒和女婿。

　　《台灣民間故事集·乞丐命》〔註185〕：美麗的富家小姐原本和情人約好私奔，可是那晚情人卻沒來，而她先前從窗口拋下的包裹又被個不相識的男人（太陽偏）當枕頭睡了。「她知道是被情人所騙了，可是現在又沒有辦法回到繡樓去，萬一天亮，這事被父親知道，他不知要怎麼發怒責罵她。」在這樣進退兩難的處境下，時間又不容她躊躇不決，她不得已只好搖醒太陽偏，把情形告訴他，要他帶自己走。這富家小姐之前決定私奔，已是絕然與家庭決裂，然而卻遭到情人的背叛，此時她已沒有退路，寧可接受命運的安排，和這個註定有緣的陌生人一起走向未來，再一次與專制父權劃清界線。在之後的旅途中，兩人結成了夫妻，後來又意外的得到財寶，成爲大富戶。〔註186〕

〔註185〕見陳慶浩、王秋桂編，《台灣民間故事集》，頁281～285。
〔註186〕他們借宿於一間鬼屋，半夜出現的紅鬼和青鬼，竟是爲他們守護金銀財寶的銀鬼，太陽偏就這麼不費吹灰之力的得到天上掉下來的財富。另，《沙鹿鎮閩南語故事集（二）·風水仙》（頁104～135）情節與此類似，故事中的柳小姐愛上戲班的小生，男主角阿棟則是受風水師指點才巧遇柳小姐，後來他們同樣得到妖怪守護的金銀。在《梧棲鎮閩南語故事集（一）·黃文黃武的故事》（頁142～167），九代窮李五得到風水師黃文兄弟的幫助而得以和打算私奔的員外千金相逢，後來得到土地公爲他們看守的大瓦屋。此外尚有多篇情節類似的故事：《大安鄉閩南語故事集（三）·只恨枝無葉莫怨太陽偏》（頁86～93）、《彰化縣民間文學集2故事篇（一）·自恨枝無葉莫怨太陽偏》（頁70～105）、《彰化縣民間文學集4故事篇（二）·九代窮》（頁24～67）、《彰化縣民間文學集9故事篇（五）·枝無葉與太陽偏》（頁222～231）、《南投縣福

故事中的女主角兩度對自己的婚嫁對象作出抉擇，展現出一名女子堅持走向
婚姻自主的自覺與勇氣。

「太陽偏」和「李門鏟」一類的故事，男主角多是單身的窮小子，因上
天註定的福分，終能娶得嬌妻，並躋身富貴，故事的主要意涵在呈現傳統的
宿命觀。而富家千金和窮小子結成夫妻之後，便在故事中退居為配角，甚至
完全在故事中消聲匿跡；一則是因為男主角必須在成家（或有子嗣）後，才
能取得命定的財富，她們在完成任務後即可功成身退；再則，她們既為人妻，
終究還是得回歸父權家庭秩序，在「夫為妻綱」的倫理原則下，隱身丈夫背
後，操持家務，家中對外活動概由丈夫處理。

《嘉義市民間文學集 5 閩南語故事（二）・薛丁山的故事》﹝註 187﹞：薛
丁山學成下山，奉令征討番國。會使仙索的林仙童看上他，後來，能空拳打
猛虎的山賊陳金定也看上他，薛丁山先後兩次被捉，都由程咬金當媒人訂婚
解圍。接著，樊梨花多次施法困住薛丁山，他又只好許婚。樊梨花的番王父
親不肯投降唐朝，她便弒父殺兄，又殺了未婚夫楊范，助夫平番。這三個女
人主動出擊的姿態，實有違傳統女性溫柔卑微形象，尤其樊梨花竟為了喜歡
一個男人，殺了父兄和未婚夫，以漢人觀點而言，堪稱大逆不道。不過，唐
營正當用兵之際，女主角們又個個本領高強，且又是山賊、番邦公主，以漢
文化觀之，可以當作是化外之民，不受禮教約束；此外，樊梨花的師父梨山
老母還曾告訴她，她和薛丁山有夫妻情緣，而番國註定會失敗，要她投靠唐
王，以此預言合理化故事情節。事實上，這個故事正體現了大中國思想，四
境蠻夷異族原應歸順天朝，而樊梨花等逼婚既成，屬漢家媳婦，自然要守夫
婦之道，襄助夫君，平亂衛國；這些行徑大膽的女子，最後還是回歸漢族父
系秩序之中。

《台灣民間故事集・林投姐》﹝註 188﹞：林投姐原是十七、八歲的天真少
女，與對面衙門新來的少年兵士彼此中意；但她的大姐卻極力反對，認為做
兵的十之八九都是硬心腸，而且生活漂泊不定，不是好歸宿；林投姐因此和

佬故事集（一）・九代慶的故事》（頁 86～103）、《台南縣閩南語故事集（五）・
自恨枝無葉，莫怨太陽偏》（頁 100～107）、《蘆竹鄉閩南語故事（二）・二個
乞食的故事》（頁 64～79）、《雲林縣閩南語故事集（四）・自恨枝無葉，莫怨
太陽偏》（頁 63～83）、《台灣民俗・兩個乞丐》（頁 397～400）。
﹝註 187﹞見江寶釵編，《嘉義市民間文學集 5 閩南語故事（二）》（嘉義市文化局，2000
年 12 月），頁 30～35。
﹝註 188﹞見陳慶浩、王秋桂編，《台灣民間故事集》，頁 142～151。

大姐鬧翻，不久就跟情人離家出走。「在當時不開化的社會，她和人私奔這件事情，轟動了整個村。但是她卻不顧一切，只求和心上人廝守」，甚至「從此跟她外家人不相往來」。爲追求愛情，林投姐付出的代價不輕，可惜並沒有換來長遠的幸福，她的丈夫不幸被她大姐言中，竟拋棄她悄悄帶著兒子搭船回唐山去了。這個無情無義的丈夫是自己選的，私奔也是自己的決定，林投姐因爲愛錯了人，最後「丈夫不要自己了，兒子沒了，也沒有面目見親人」，舊社會的女人到了這種地步，世間再無容身之處，只能走上絕路。〔註189〕林投姐的悲劇可說是男人的薄倖與封閉的父系傳統價值觀所造成的。

《台灣民間傳奇（一）‧人間連理枝》〔註190〕：木柵指南宮請了大批工人修築山路，一個年輕工人和送飯盒的店家女兒日久生情，後來女子有了身孕，父母聽說對方只是臨時小工，堅決反對親事，還責罵她敗壞家風，將她趕出家門；她因悲憤羞愧，上吊而死，那年輕人到她墳上祭拜，也以利刃殉情。後來兩人墳上長出小樹，樹越長越高，竟相抱在一起，人們取名爲「連理枝」。這對情人受舊禮教壓迫而不能結合，他們對愛情的執著化爲繁茂的連理枝，永不離棄。

《石岡鄉閩南語故事集（二）‧山伯英台》〔註191〕：英台與山伯有同窗之誼，兩人情投意合，英台的父親卻將她許配馬家；山伯聽說英台訂了親，即一病不起。馬俊的花轎前來迎娶，英台在途中下轎哭墳，墓門竟然開了，英台投身墓中，馬俊只拉到一截衣角，墓門就關了，衣角卻化爲兩隻蝴蝶，飛往天庭。無法嫁我所愛，又想忠於自身的情感，只能以生命作見證；有情人死後化蝶，是對父權社會深沉的抗議與無言的嘲諷。

桃花女的故事較爲特殊，她同意和周公成婚是爲了鬥法：周公算出一年輕人劫數難逃，桃花女卻想出辦法保住他的性命，周公得知後，就故意看一個三煞時、三煞日要娶她，意圖置她於死地；桃花女不甘示弱，她在轎前放竹掃帚，轎後放米篩，中央放陀螺，避開白虎、喪神、八卦貓，一一順利破煞，安然嫁過門去（《宜蘭縣口傳文學（上）‧周公鬥桃花女》〔註192〕）。桃花

〔註189〕林投姐的故事亦見於《台灣民間文學集‧林投姐》（頁 193～204）、《台灣民間傳奇（四）‧怨女林投姐》（頁 191～200）、《台灣民俗‧林投姐》（頁 365）。

〔註190〕見林藜，《台灣民間傳奇（一）》，頁 209～214。

〔註191〕見胡萬川編，《石岡鄉閩南語故事集（二）》，頁 26～38。

〔註192〕見邱坤良等編，《宜蘭縣口傳文學（上）》，頁 180～181。桃花女鬥周公的故事在許多地區都有流傳，鬥法的細節各有異同，參見《彰化縣民間文學集 4

女對這門婚事的反應是：「你就卜娶，我無嫁也未使得。」她並沒有拒絕婚事，因爲她清楚周公的盤算，此番不嫁，周公仍會使出其他招數，不如兵來將擋，正面交鋒；她一反女性角色慣常的悲情與軟弱，以智慧與勇氣迎接挑戰。然而，桃花女能與周公分庭抗禮，乃是因爲她精通陰陽五行卜卦推算，尋常女子又哪能有這般功力呢？桃花女的智勇與現實男權社會中女性的弱勢與無奈，恰成鮮明對比。

前述這些自己決定婚嫁對象的女子，迥異於遵從父母之命的傳統女性，她們與父權的衝突程度不同，結局也各異：〈蛇郎君〉裡的三女兒最後取得父親的認可；〈選婿〉中的小姐則因知縣的裁決而得以如願，知縣父母官的身分仍是父權的表徵；這兩則故事的女主角都在「體制」內達成抗爭的目的。〈水雞土仔的故事〉、〈九代窮〉、〈王寶釧的故事〉、〈男兒當自強〉、〈乞丐命〉這幾個故事裡的富家千金，都爲了「嫁我所選」而離家，與父權家庭斷絕往來；然而，她們仍因「從夫」而安於「妻」的角色，其實是進入新家庭中的父權體制；再者，她們與丈夫或因意外之財由貧轉富，或經因緣際會而身分翻轉，最後都重新得到父親的接納，回歸一度撕裂的父系秩序；這當中，大團圓的結局模糊了父權對女子的無情迫害。〈薛丁山的故事〉中，樊梨花弒父殺兄、平定「番國」，具有「從夫」及「歸順天朝」雙重意義，更十足體現漢民族父系統治機制中的君臣之道與夫妻之義。至於〈林投姐〉、〈人間連理枝〉、〈山伯英台〉都以悲劇收場，在禮教的壓迫下，女人對愛情的追求往往必須付出生命做爲代價。故事傳達的訊息在警誡女子不可逾越禮法，而所謂禮法正是父權的代言人。

二、拒 婚

女兒膽敢在婚事上違背父命，將可能受到父親嚴懲：印度妙藏王的兩個女兒妙音和妙元都招了駙馬，他一直逼三女兒妙善也要招親，但妙善不肯，執意出家修行；妙藏王便派人放火燒掉白鵲寺，不僅令裡頭的五百名尼姑葬身火海，也想把自己的女兒一起燒死（《雲林縣閩南語故事集（四）・妙善觀

故事篇（二）・周公鬥桃花女》（頁 2～5）、《彰化縣民間文學集 5 故事篇（三）・周公鬥法桃花女》（頁 94～125）、《台中市「台灣民間文學」采錄集・周公鬥法桃花女》（頁 117～128）、《台中市民間文學采錄集④・周公大戰桃花女》（頁 162～167）等文，當中有許多嫁娶禮俗的說明。

音的傳說》〔註193〕）。英台投墓殉命，才得不進馬家門（《石岡鄉閩南語故事集（二）·山伯英台》〔註194〕）；黃寶姑不願依父命另聘他人，故而以死全節（《台灣民間傳奇（九）·黃寶姑從一而終》〔註195〕）。所謂「在家從父」，女兒不容許挑戰父親權威。

女性角色似乎唯有以神仙形象出現時，才有機會擺脫俗世的婚姻束縛：

相傳太陽是一位其貌不揚的男神，他非常喜歡美麗的月亮女神，玉皇大帝也想撮合他們，可是月亮覺得太陽很醜，對他總是不理不睬。太陽去向玉皇大帝告狀，玉帝就把月亮找來痛罵一頓。月亮被逼得沒辦法，只好說，她晚上盡量跑，太陽白天盡量追，假使太陽能追上她，她就心甘情願做他的妻子。太陽自負的認爲：「女人的腳步會有多快？一個晚上能跑多遠？我就不相信我追不到。」就答應了。直到今天，這場無止盡的追逐仍在繼續搬演中（《台灣民間故事集·太陽和月亮》〔註196〕）。故事的情節設計固然是附會古時候人們對天象的觀察，但確實透露出「不可小看女人」和「女人希望選擇自己喜歡的對象」的訊息。然而即使在天庭仙班，仍如人間一般父權掛帥，玉皇大帝以至高無上男性神祇之尊主宰一切；月亮只能以「整個晚上拼命不停的跑」來逃避玉帝的權威和太陽的糾纏。

再看媽祖與大道公的故事：林默娘得道昇天，成爲救護海難的女神；吳本以醫道濟世，後乘鶴飛昇，稱保生大帝，又稱大道公。〔註197〕媽祖與大道公均是閩南人，他們常駕雲在中國南海岸與台灣上空巡視，如果遇到颱風翻船或瘟疫流行，便下來救人。兩人常在巡行中相遇，大道公竟對美麗的媽祖

〔註193〕見胡萬川、陳益源編，《雲林縣閩南語故事集（四）》（雲林縣文化局，2001年12月），頁36～49。寺廟被燒時，妙善公主正在柴房讀經，躲過一劫；五百名尼姑去地府向閻王喊冤，閻王給她們一人一根針去刺妙藏王，妙藏王全身浮腫，無法下床早朝；妙善公主變出眼睛和手臂的肉，製成藥去除妙藏王的陰毒，又化身千手千眼觀音渡化父親；後來妙藏王放棄王位，和妙善同在靈山修行。

〔註194〕見胡萬川編，《石岡鄉閩南語故事集（二）》，頁26～38。

〔註195〕見林藜，《台灣民間傳奇（九）》，頁177～184。

〔註196〕見陳慶浩、王秋桂編，《台灣民間故事集》，頁3～4。異文有：《朴子市閩南語故事集·癡情的日頭》（頁90～91）、《台灣民俗·日神和月神》（頁372～373）。

〔註197〕林默娘得到玄通道士傳授秘笈，又自井中探得神仙銅符一雙，自此能通靈變化，常常入海救人；二十八歲那年白日飛昇，成爲救護海難的女神，先民渡台莫不祈求媽祖婆的護佑。吳本醫道高明，相傳能使白骨復活、滅瘟疫、醫虎喉、點龍目，五十八歲時乘鶴昇天，稱保生大帝。

一見鍾情。一天，大道公向媽祖求婚，媽祖不僅拒絕，還嚴厲斥責大道公，力勸他不可亂動凡心。大道公非常生氣，但又怕媽祖把這件事上奏玉皇大帝，便不敢隨便發作。三月二十三媽祖生日，大道公便施法降下西北雨，把媽祖淋得狼狽不堪。到了三月十五大道公生日，媽祖也施法刮起大風，吹走大道公頭上的烏紗帽。據說兩人至今尚未和好，因此，每逢媽祖生日必定下雨，而大道公生日必定刮大風（《台灣民間故事集・媽祖婆與大道公》〔註198〕）。故事裡真正決定兩位神明婚事的關鍵人物，其實是未曾現身的玉皇大帝——大道公怕媽祖上奏，顯然是玉帝不會贊同。有別於上一個傳說中玉皇大帝想撮合太陽和月亮，這則故事裡的玉帝應該是主張神仙不應動凡心想婚姻，也因此，媽祖才得以依自己的意願拒絕大道公。由此看來，即使場景搬到了仙界，依然是父權家長主導婚事。

　　《台灣民間文學集・媽祖的廢親》〔註199〕則對媽祖和大道公的恩怨有不同的描述：媽祖的花轎原已上路了，途中她目睹母羊生小羊時陣痛的過程而感到害怕，想到自己將來難免也要生產，而生產看來既痛苦又危險，她便及時打退堂鼓，不嫁了。那頭的大道公等不到花轎，得知婚約取消，即令張羅二將為先鋒，殺奔而來，媽祖也命千里眼順風耳領兵迎敵，這時天帝傳旨罷兵息戰，兩人才各自收兵。此後，他對她心懷憎恨，又恐怕她打扮得漂亮誘惑諸神，遂由憎恨而起嫉妒，因此每當她生辰遶境時，便暗下大雨洗淨她的粉臉，並以陪遶的名義跟在行伍後陣，監視她的行動，此即所謂「大道公的押後」。她也每當他生辰遶境時，以應酬他的陪遶做口實陪他遶境，也傚仿著監視他，並暗起大風，吹掉他的頭巾。〔註200〕通篇故事倒像人間兒女的情態，隔阻兩位神仙美事的竟是女人生產的痛苦。由此可見，在早期醫學不發達的年代裡，生產確是女人一道生死關卡；但父系社會裡，婚姻素以傳繼煙嗣為目的，女人無可避免要為生子而搏命；唯有在神仙故事裡，才可能出現因逃避生產而退婚的情節。

　　又相傳半屏山是男性山神，大崗山則是個女性佛祖，半屏山非常愛慕大崗山，想娶她為妻；大崗山為了擺脫半屏山的糾纏，就跟他約定鬥法，如果

〔註198〕見陳慶浩、王秋桂編，《台灣民間故事集》，頁161～172。《台灣民間傳奇（六）・大道公悲天憫人》（頁80～94）故事雷同。
〔註199〕見李獻璋編，《台灣民間文學集》，頁124～128。
〔註200〕《宜蘭縣口傳文學（上）・媽祖和大道公鬥法》（頁102～103）也是類似的故事。

他贏了，大崗山就無條件做他老婆，如果輸了，就得跳海自殺。大崗山佛祖找來齊天大聖挖了兩三畚箕的土堆成三個小丘，也就是小崗山；光是小崗山就比半屏山還要高，半屏山於是得依約跳海，〔註201〕即使後來保住性命，想必對大崗山再不敢造次（《台南縣閩南語故事集（一）·半爿山合大崗山》〔註202〕）。雙方鬥法純粹以法力道行論輸贏，這與凡間涇渭分明的性別階級大不相同。

　　這些故事中的男神女神俱已超脫凡俗，眾仙平起平坐，不因性別而有地位高下之分；不過，一旦出現情感糾葛，玉帝的態度仍左右了後續發展：〈太陽和月亮〉中的玉帝有意撮合太陽和月亮，但月亮不喜歡太陽，又不能違背玉帝，只好每晚拼命奔跑。〈媽祖婆與大道公〉裡的玉帝則傾向神仙不應動凡心，媽祖才能理直氣壯拒絕大道公的求婚。在〈媽祖的廢親〉中，天帝雖下令息兵，但對兩方的恩怨情仇未加干涉，媽祖的退婚行動才沒遇上阻礙。至於〈半爿山合大崗山〉，玉帝並未出現在故事中，既無上位者的權威介入，雙方交鋒各憑本事，大崗山方得以擺脫半屏山的糾纏。此外，在《新社鄉閩南語故事集（二）·雷公伯仔閃爁婆》〔註203〕中，玉帝降旨將遭誤殛的女子封為閃電娘娘，與雷公結為夫妻；而前節人仙婚戀故事裡，無論是玉帝命七仙女下凡與董永成婚，或是觸犯天條的仙姑被王母娘娘貶到凡間嫁給董永，也都透露天界仙班的父權色彩。這些幻想故事，其實是以人的價值觀定位神仙，因此神仙故事自然也複製了真實世界的父權統治機制。

〔註201〕半屏山往海裡一直崩落，崩掉了一半，這時來了一隻龜和一條蛇化成蛇山和龜山，將半屏山頂著，阻止他自殺，半屏山就留下一半，沒有繼續崩塌。

〔註202〕見胡萬川編，《台南縣閩南語故事集（一）》（台南縣文化局，2001年4月），頁24～33。

〔註203〕見胡萬川、黃晴文總編輯，《新社鄉閩南語故事集（二）》（台中縣立文化中心，1997年6月），頁62～71。

第四章　夫妻間的性別政治

　　男女透過締結婚姻成為夫妻，在「出嫁從夫」的父權信條規範下，夫妻地位尊卑分明。本章列舉與夫妻互動相關的福佬系故事，歸納出以下幾個探討面向展開性別解讀：封建社會中的夫妻關係素來建立於「夫為妻綱」的原則上，妻既從屬於夫，無論夫為何等人或夫如何相待，都要全盤接受；妻若賢，則可為夫排憂解難，助夫成功，若不賢，將弄巧成拙，甚至壞事敗家；凡女子必須從一而終，守貞盡節，必要時捨棄生命亦在所不惜；女子若有婚外私情，則為千夫所指，世所不容；倘若良人遠遊不歸，亦須忍耐等待，不存貳心；此外，如姐妹妻妾為奪夫相爭，或女子被負心漢拋棄，則含冤受屈的一方往往藉由超自然的力量實現公義。本章將就這幾個面向，在各節中分別闡釋故事裡的性別意涵，以呈顯夫與妻之間完全傾斜的權力關係。

第一節　夫為妻綱

一、妻從屬於夫

　　夫婦之義在於「男帥女，女從男」，[註1] 女性不得與男性爭權；所謂「三綱」即「君為臣綱，父為子綱，夫為妻綱」，夫婦關係被定調為如同君臣、父子，上下主從地位不可逾越。又，「凡婦人無爵，從其夫之爵位」（《禮記·雜記上》），妻因其夫的官位高低而得封贈，循此衍生「妻以夫為貴」的觀念。

〔註1〕　《禮記·郊特牲》：「……男帥女，女從男，夫婦之義由此始也。婦人，從人者也。幼從父兄，嫁從夫，夫死從子。……」

　　妻的社會地位亦從其夫而定：琅仙原是受後母虐待的貧家女，經一番曲折際遇，她在廟會中亭亭玉立的身影令張公子一見傾心，因此嫁入豪富之家，身分一夕翻轉（《台灣民間傳奇（四）‧金鯉作良媒》〔註 2〕）；至於富家千金下嫁窮小子，則由富轉貧，身分陡降，如前章中「食命」的三小姐因惹惱了父親而嫁給窮人，在得到意外之財以前，都不過是窮漢之妻，居低下社會階層；王寶釧甚至成了乞丐婆，與過去大小姐的身分天差地遠（《石岡鄉閩南語故事集‧王寶釧的故事》〔註 3〕）。可見，透過婚姻，將造成個人社會地位的消長，而女子尤然。

　　過去嫁娶時，新郎會拿自己的衣服疊在新娘的衣服上，說：「我衫疊你衫，我喊頭就抬（眈，tann）。」看到新娘的鞋就唸：「我鞋疊你鞋，我喊頭累累。」這些順口溜無非都是要妻子以後順從丈夫（《宜蘭縣口傳文學（上）‧娶新娘做巧妙》〔註 4〕）。

　　女性既是附屬身分，非獨立個體，因此在歷史上向來面貌模糊，少有自己名姓的傑出人物；民間故事裡亦然，女性角色以某氏或某某妻、女、母的稱謂出現者，俯拾皆是：〔註 5〕

　　張定福成為灶君，是因前妻顧念舊情在灶壁上安了靈位奉祀他，但妻卻不曾留名（灶君的來歷）；土地公是張福德，土地婆則稱「張夫人」（〈土地公和土地婆〉）；阿水伯的太太就直接稱呼「阿水娘」（〈阿水伯坐吃山空〉）；陳維英的太太為「周氏」（〈太古巢〉）；棺中產子的顏家媳婦稱作「胡氏」（〈鬼王〉）；王得祿嫂嫂因養育得祿成器，受封為一品夫人，依然只是「王夫人許氏」（〈物歸原主〉）；曾切到張鵬的大宅「借銀子」，和他交手的是「張鵬的太太」（〈曾切的故事〉）；黃三桂的妻子獻計考驗林爽文，仍只能稱為「三桂官的太太」（〈黃三桂一日平海山〉）；即使國姓爺鄭成功的妹妹被描述為「女中

〔註 2〕　見林藜，《台灣民間傳奇（四）》（台北：稻田，1995 年 12 月），頁 113～126。

〔註 3〕　見胡萬川編，《石岡鄉閩南語故事集》（台中縣立文化中心，1993 年 3 月），頁88～104。

〔註 4〕　見邱坤良等編，《宜蘭縣口傳文學（上）》（宜蘭縣政府，2002 年 5 月），頁 242。

〔註 5〕　以下所引人物之故事出處，〈太古巢〉（頁 40～47）、〈物歸原主〉（頁 84～87）、〈曾切的故事〉（頁 30～39）、〈黃三桂一日平海山〉（頁 60～67）出自王詩琅編，《台灣民間故事》（台北：玉山社，1999 年 2 月）；〈灶君的來歷〉（頁 155～157）、〈土地公和土地婆〉（頁 158～160）、〈阿水伯坐吃山空〉（頁 209～215）、〈鬼王〉（頁 268～269）、〈楊姑爺馳馬得地〉（頁 47～53）出自陳慶浩、王秋桂編，《台灣民間故事集》（台北：遠流，1989 年 6 月）。

豪傑」、「英風凜凜」、「有乃兄之風」，但因爲身爲女子，只能藉兄長威名被稱爲「鄭家姑太」或「鄭延平女娣（原註：女娣，即妹）」，而姑爺姓楊名瑞璉，卻理所當然可以在民間故事中留名（〈楊姑爺馳馬得地〉）。

以下兩則故事清楚呈現夫妻間的尊卑從屬關係：

久病的丈夫脾氣很壞，太太伺候稍不周到就大發雷霆；在替死鬼的作弄下，他幾次對太太破口大罵：「……妳如果不願服侍我，去死好啦！去吊頸（脰，tian）好啦！」他太太一氣之下，就要拿繩子上吊，還好鴉片鬼救了她（《台灣民間故事集・鬼打屁》〔註6〕）。在封建舊社會中，太太服侍丈夫是天經地義的事，丈夫病了，更要守候在側伺奉湯藥茶水。故事裡的太太對丈夫的咒罵和頤指氣使，「不敢埋怨什麼，只怨自己命苦罷了」，這是典型的認命的女人，丈夫再無理打罵，她也不曾有離開的念頭。反觀丈夫，對太太的照顧全無感謝之意，一發起脾氣就要太太去死；女人忍耐到了極點，既沒有退路，也只能求死了。

王仁和陳己是從小一起長大的好朋友，陳己很孝順，在母親死後就到山裡種薑和芋頭；王仁家裡比較有錢，但娶妻後仍沉迷賭博，連除夕夜也賭到輸光才回家；陳己帶了食物給大嫂煮年夜飯，勸王仁跟他一起入山開墾：「男子漢應當要有志氣，不能讓老婆掉眼淚，雖然不能很富有，至少要讓別人看得起。」王仁的老婆也說：「我和你結爲夫妻是要指望你的」，「我跟著你這輩子該怎麼過日子？」（《台南縣閩南語故事集（六）・害人不害己，害了家己死》〔註7〕）。妻子的一輩子得指望丈夫，經濟和人格都難獨立，所以女人不需要有志氣，即使有志氣也無用武之地，甚至可能因牝雞司晨反被視爲異端；女人只能被動的因丈夫的作爲而流淚或不流淚罷了。

對娘家而言，嫁出門的女兒如「潑出去的水」，未來的生活與娘家幾乎毫無牽連，以下故事即爲一例：

朱元璋和他的元配夫人一起刻苦成家，後來朱元璋當上皇帝，這夫人就

〔註6〕見陳慶浩、王秋桂編，《台灣民間故事集》，頁270～273。
〔註7〕後來陳、王兩人開墾有成，王仁卻想獨吞賺來的錢，趁阿己熟睡時將他推落古井；阿己以爲是自己不愼翻身落井的，他大難不死，依八仙指示給楊港伯當兒子，得到楊家祖先留下的大量金銀，又抽乾楊港窟的水，抓到金仙鯉魚，取得寶珠獻給皇帝，受封進寶狀元。最後王仁照著阿己的方式，假裝睡覺翻身滾到井裡，想藉此聽到八仙談論致富的方法，結果卻死在井底。見胡萬川編，《台南縣閩南語故事集（六）》（台南縣文化局，2004年12月），頁78～201。

成了皇后；她娘家的生活十分困苦，但她卻不敢告訴皇上，想家的時候只是不停念著：「雨來叮噹鼓，風來畫龍虎，我父我母睡天幕。」〔註8〕一天，皇上聽到了這些話，便即刻安排她回娘家，改善家人的生活（《苗栗縣閩南語故事集（二）·朱元璋的某》〔註9〕）。傳統觀念中，女人一出嫁，此後生活便與父母兄弟切割；即使關心娘家，也不可未經丈夫同意私下餽贈。如故事中的皇后，即使地位尊貴，關於接濟娘家一事對丈夫仍難以啓齒，一般人家大抵也是如此。

這些故事都傳達了妻從屬於夫的價值觀，夫是妻一生的依靠，妻只是夫的附屬品，沒有自己獨立的人格。

二、夫唱婦隨

台灣俗諺：「查某人，油麻菜籽命。」女人命如賤菜，嫁到哪裡，就在哪裡開始認命的過活；不管嫁到怎樣的丈夫，都要死心塌地的跟他一輩子。

以下是幾則夫唱婦隨的故事：

一名女子的未婚夫在應考途中遺失了路費，她父親知道他沒去考試，就不准他們結婚，但兩人早有婚約，女子認定未婚夫是她命中註定的丈夫，因此不得不離家出走，跟隨他到處流浪行乞（《台灣民間傳奇（一）·橫財來復去》〔註10〕）。

有個員外的二女兒和三女兒都嫁給有錢人，大女兒因爲小時候難帶養，就過繼給別人，後來嫁的丈夫很窮，員外很瞧不起這個女婿；員外作壽那天，大家都圍坐在大廳吃飯，大女婿卻只能在臨時搭建的廚房幫忙切菜打雜。大女兒見父親如此對待丈夫，就揹起孩子牽了丈夫轉身要走，臨走前用刀在門檻斬出一個缺口說，等這門檻自己補滿後，她才會回來（《南投縣福佬故事集（一）·大子婿的故事》〔註11〕）。爲妻者不能坐視丈夫被看輕，因此毅然斬

〔註8〕 意思是說，房子很破爛，風一吹就咻咻叫，雨一來就漏進屋裡，滴得盆子叮噹響，父母露天而居，無法遮風避雨。

〔註9〕 見胡萬川編，《苗栗縣閩南語故事集（二）》（苗栗縣文化局，2001年12月），頁58～73。

〔註10〕 故事裡的男子所遺失的銀子，是被陳老闆的妻子撿到而據爲己有，當時她還年輕，尚未與陳老闆結婚；陳老闆得知妻子當年貪財犯錯，就加十倍奉還以表歉意；後來女乞的丈夫考中了舉人。見林藜，《台灣民間傳奇（一）》，頁174～180。

〔註11〕 見胡萬川編，《南投縣福佬故事集（一）》（南投縣文化局，2003年5月），頁

斷父女關係，維護自己和丈夫的尊嚴，也抗議父親無情。

　　傻女婿為岳父祝壽，妻子準備了壽聯、壽麵、鴨子，他卻在路上放鴨子去喝水、用壽麵編網子捉魚、拿壽聯圍遮被風吹得窸窣作響的小竹林，把所有的禮物全都丟光了。在筵席上，他的妻子怕丈夫不懂禮數，會被人恥笑，就把線拴在他腳上，線抽一下他才可以吃一下菜。沒想到線被花狗纏住了，傻女婿就不停挾菜，塞得滿嘴，甚至用衣袋和帽子裝菜，滿桌的客人都大笑起來。他的太太又急又氣，慚愧得想去跳河自殺。可是到了河邊，看到一個和她丈夫差不多年紀的男人，拿竹子做的飯淘籮去撈掉進河裡的針。她覺得那人比她丈夫更笨，她的丈夫還算「比上不足，比下有餘」，所以就不自殺，又跑回去，「安心過著他們圓滿的家庭生活」（《台灣民間故事集・傻女婿》〔註12〕）。故事裡的妻子分明是個聰明能幹的女人，「她雖然嘆著她的壞運氣，可是還好好地幫助她那愚笨的丈夫做事」。所謂「巧女總是配拙夫」，這些女子唯一能做的就是守著家庭、協助拙夫，還要自我安慰過的是圓滿幸福的生活。

　　有個年輕人不通世事，大家都叫他「傻的」。媒人幫他做成了親事，結婚當天，爸爸提醒他不可以對客人無禮。筵席散後，他以為留在他房裡的是客人，遲遲不敢進去，後來上了床，也小心翼翼的和「客人」睡相反方向；他妻子為了想順從丈夫，就換成跟他同一個方向；傻的怕冒犯「客人」，又睡到另一頭；折騰一晚，新娘只好放棄努力。婚後三天，新娘回娘家，她不敢把他們的房事告訴母親，只是一直哭；母親勸她，「嫁了就好，久了就會習慣」。如此日復一日，新娘一直忍耐，後來她想開了：「我們的緣分本來就是上天註定好的，他傻，我只有好好調教他，別無他法。」她決定設法引誘丈夫，教他床第之事。幾經失敗，最後她利用傻的愛吃的膨風豆和他玩遊戲，才總算大功告成；不過傻的卻以為自己是「吃豆子放爽尿」，此後就常纏著老婆說要吃豆子（《台南縣閩南語故事集（三）・食豆仔放暢尿》〔註13〕）。像這樣嫁到

114～123。

〔註12〕見陳慶浩、王秋桂編，《台灣民間故事集》，頁 309～312。類似傻女婿的故事參見《彰化縣民間文學集 5 故事篇（三）・慧子婿》（頁 162～173）、《南投縣福佬故事集（一）・三個女婿》（頁 104～113）、《台南縣閩南語故事集（二）・慧子婿》（頁 194～207）、《台灣民俗・愚子婿》（頁 417～419）等。

〔註13〕見胡萬川編，《台南縣閩南語故事集（三）》（台南縣文化局，2001 年 4 月），頁 148～187。《台中市民間文學采錄集④・娶某後幾落暗攏無睏》（頁 90～94）

一個傻丈夫，妻子卻沒有怨天尤人，甚至還煞費苦心連哄帶騙教會丈夫怎麼生孩子，這妻子可說是任重道遠！這種認命的心態正是傳統女性的普遍形象。

　　陪伴「戇尪」一輩子，這些妻子想必有不少內心交戰。清代文學家李漁曾講過一個笑話：閻王審判惡人，犯罪輕者都轉世做豬狗牛馬去了，但有個罪孽深重的惡人，閻王卻罰他託生為一名美麗聰明的女子，然後讓她嫁一個愚笨醜陋的丈夫，且偕老百年；其寓意是，豬狗牛馬不過受一刀之苦，而那女子卻將因心志不遂而度日如年，這才是懲奸治惡的極刑；可見，女子婚姻不幸所受的折磨更甚於當豬狗牛馬。〔註14〕

　　然而，傻女婿雖傻，畢竟忠厚善良，若是丈夫心術不正，妻子又該如何自處？

　　有對窮苦夫妻，有個美麗溫柔的女兒，來說親的人很多，其中有三個人互不相讓，都準備了花轎來迎親，女孩的父母只好請他們以自己最拿手的項目來比試。最後，走江湖的娶到這個女孩，但他能勝過讀書人和打獵的，並非憑藉自己的力量，完全是靠他養的猴子幫他大忙。〔註15〕當新婚妻子知道真相後，心裡有說不出的悔恨和悲哀；她決定試探丈夫，就假裝倒地呻吟，說要吃猴子的心臟她的病才會好。沒想到走江湖的二話不說就把猴子殺了，新太太覺得「這個人實在很殘忍，沒有良心，忍心殺掉了有恩有義的猴子，這樣的人很可怕。」與其和這樣的丈夫生活一輩子，她寧可結束自己的生命（《台灣民間故事‧無某無猴》〔註16〕）。所託非人，如何甘心「從」之？只能自恨福薄，一死而已，因為其他可能的選擇都被禮教規範阻絕了。明清以來，再醮女普遍被視為失節與恥辱，尤其離異再嫁更為輿論所不容；在社會壓力下，為人妻者即使處境水深火熱，亦不敢冒天下之大不韙主動離異，只好抱定「嫁雞隨雞，嫁狗隨狗」的信念從一而終。如此看來，故事中女主角之死，可說是貞節觀間接殺人。

　　　　故事中的傻丈夫也把新婚妻子當做客人，因此好幾晚都沒睡好。
〔註14〕見高世瑜，《中國古代婦女生活》（台北：台灣商務，1998年12月），頁87。
〔註15〕讀書人最拿手的是學問，打獵的最拿手的是射箭，走江湖的最拿手的是跑路。比試的方式是，讀書人作十篇文章，打獵的把梧桐樹上的葉子一片片射下來，走江湖的跑到府城去把城裡的布鼓拿回來，最先完成的就可以迎娶女孩。因為猴子不吃不睡拼命的跑去拿布鼓，走江湖的才能贏過其他兩人。
〔註16〕見王詩琅，《台灣民間故事》，頁130～133。《台灣民間傳奇（十一）‧負義人報應不爽》（頁103～111）故事雷同。

　　白賊七謊稱有一隻家傳的寶鍋，可以將菜餚立即煮熟，許財主高價買下後卻當眾出醜；他找上白賊七，七仔卻嫁罪給太太，說是她那天拿成了普通的鍋子，隨即叫太太把眞寶鍋拿出來，太太依計假裝失手，將鍋子摔得粉碎；七仔故意大聲責罵，還用事先備好的「陰陽棍」黑的一端打她，她馬上應聲倒地裝死，七仔再用紅的一端打在她身上，她就醒轉爬了起來；許財主見獵心喜，又花錢買下寶棍（《台灣民間傳奇（十一）・白賊七詭計多端》〔註17〕）。白賊七爲訛財詐騙，屢屢要妻子「配合演出」，這又是「嫁雞隨雞」的另類註解了。

　　大海盜蔡牽長年競航海上，過的是劫船越貨的生涯，他的妻子何嘗願意遠離家鄉，睽違親人，又何嘗願意南北奔波，看著丈夫殺戮劫掠！然而，嫁雞隨雞，她無可選擇；當蔡牽在官兵圍剿下引爆船隻，船毀人亡，妻女自然也不能倖免（見《台灣民間傳奇（六）・張阿泡一哭致富》〔註18〕、《台灣民間傳奇（三）・步履邁前程》〔註19〕）。

　　蛇郎君四處遊走，來到一個花園，看上了花園主人的三女兒，就上門提親；一直到完婚的第二天，新娘看到蛇郎君纏在竹竿上，才知道自己嫁的是蛇；「可是嫁都嫁了」，「嫁人之後得從夫，所以她也就認了」（《台南縣閩南語故事集（五）・（歸仁鄉）蛇郎君》〔註20〕）；這樣的敘述透露出傳統女性對於婚姻全然認命的心態度，既然嫁雞隨雞，嫁蛇也就隨蛇吧！

　　「夫者天也」，無論丈夫是傻子、是騙徒、強盜、甚至是會吃人的蛇精，都是妻的「天」，妻子都必須從一而終。

　　《沙鹿鎮閩南語故事集（二）・戇子婿》〔註21〕：傻子因緣際會，受封「天下國師狀元」，戴狀元帽騎馬回家。他老婆認不出來，惶恐低頭說自己有罪，因爲過去常叫老公洗糞桶、清火灰，以後再也不敢了！傻子還假意命差役押她去砍頭，可說是十足的下馬威。這告誡女人，不可看輕丈夫，要完全臣服，盡心服侍。

　　不過，當丈夫犯罪，女人必須在丈夫和律法之間做出取捨：

〔註17〕見林黎，《台灣民間傳奇（十一）》（台北：稻田，1995 年 12 月），頁 2～18。
〔註18〕見林黎，《台灣民間傳奇（六）》（台北：稻田，1995 年 12 月），頁 103～115。
〔註19〕見林黎，《台灣民間傳奇（三）》（台北：稻田，1995 年 12 月），頁 75～86。
〔註20〕見胡萬川編，《台南縣閩南語故事集（五）》（台南縣文化局，2002 年 4 月），頁 18～30。
〔註21〕見胡萬川編，《沙鹿鎮閩南語故事集（二）》（台中縣立文化中心，1994 年 5 月），頁 156～166。

　　道光年間，劉廷斌任台灣鎮總兵，赴台平亂，事平後總兵去世，家屬大小十七口乘船回鄉，卻遇上海盜，僅十七歲的大女兒因長得漂亮倖存下來，被迫和海盜首領結婚。街坊看她是令人艷羨的富家夫人，她卻有苦難言；後來她生下孩子，原本也想嫁雞隨雞，但又不齒丈夫殺人放火的行徑，她找機會勸說丈夫金盆洗手，丈夫並不爲所動。一天，她到觀音寺拜佛，住持和尚竟是十年前海盜船上挨刀落海的乘客，於是她修書一封，託住持送交提督大人，海盜因此一舉成擒（《台灣民間傳奇（十二）·劉氏女計殲群盜》〔註22〕）。殺人越貨的海盜人人得而誅之，更何況還是殺親仇人，劉氏女原應義無反顧爲社會除害、爲親人報仇，然而她卻對舉發丈夫感到猶豫；雖然她是被迫嫁給海盜頭子，但她一度期待丈夫能洗心革面，那麼過去種種可以不再追究；只是丈夫仍然冥頑不靈，她只好放下夫妻情份，密告舉發。劉氏女的遲疑與內心煎熬，顯然是因尊夫從夫的信念深植心中。

　　女子一生幸福都寄託在丈夫身上，即使所遇非人，除非對丈夫完全絕望，否則多半仍百般隱忍，盡力配合或協助丈夫；上述這類故事都暗藏性別宰制符碼，形塑了女人「夫唱婦隨」的生命模式。

三、休妻賣妻

　　由於妻受夫統御，妻的命運也操之於丈夫手中：

　　有個員外的兒子是乞丐命，員外特地爲他物色一個有福份的女子，娶進門做媳婦，希望能保住家產。員外死後，一天，她和丈夫摘荔枝吃，明明是同一株，她摘的子都很小，丈夫摘的子卻都很大，她一時說溜了嘴：「你就是乞丐命，沒福氣！」她丈夫非常惱怒，就和她離婚（《彰化縣民間文學集4故事篇（二）·乞食配狀元》〔註23〕）。

　　只因爲妻子說錯一句話，幾年夫妻之情就此一筆勾銷；這是提醒女人必須時時小心翼翼順從丈夫，一言一行都不能出差錯，否則，惹惱了丈夫，隨時可能被休離。雖說有「七出」之條，〔註24〕然欲加之罪何患無辭，離婚的主控權在丈夫手中，一言不合，丈夫即可拂袖而去；而輿論對離婚女子並不

〔註22〕見林藜，《台灣民間傳奇（十二）》（台北：稻田，1995年12月），頁174～183。
〔註23〕見胡萬川編，《彰化縣民間文學集4故事篇（二）》（彰化縣立文化中心，1995年1月），頁58～99。
〔註24〕「七出」指：無子，淫洪，不事舅姑，口舌，盜竊，妒忌，惡疾。詳見第二章註52。

寬貸，且離婚再嫁更不容易，因此，做妻子的總是百般容忍，逆來順受。

再看灶君的故事：張定福原是個又窮又懶的青年，不只遊手好閒，甚至還喝酒賭博；妻子只能勸他，卻屢勸不聽；後來他窮到沒辦法了，就把妻子賣給一個富翁（《台灣民間故事集・灶君的來歷》〔註25〕）。這明顯是把妻子視為個人財產，想賣就賣了。

還有兩則以妻易猴的故事：

有個懶惰的年輕人，娶妻之後仍整天遊蕩，妄想一夕致富。一天，他在街上看到跑江湖賣藥的人，牽著一隻猴子在表演，猴子能表演各種動作，賣藥的生意也很好。年輕人想借這隻猴子，賣藥的不肯，年輕人就決定用老婆來換。他回家對老婆說：「我已經拿你跟人家換一隻猴子了，你現在得跟著那個賣藥的。」後來，猴子不聽新主人的指揮，跑了，老婆也沒了（《沙鹿鎮閩南語故事集・無某無猴》〔註26〕）。

另一版本的「無某無猴」：有兩個年輕人感情很好，其中一個娶了老婆，另一個養了一隻猴子；沒老婆的羨慕有老婆的能娶到那麼美的太太，有老婆的反而很喜歡那隻漂亮可愛的猴子。一天，那個未婚的向已婚的提議，用猴子跟他交換老婆，那已婚的竟就同意了；但過不久，猴子死了，原本有老婆的年輕人就沒妻沒猴了（《蘆竹鄉閩南語故事（一）・無某無猴的故事》〔註27〕）。一個老婆的價值，竟只等同於一隻猴子！

丈夫既有權休妻、賣妻、以妻易物，那麼將妻子「出借」也不足為奇：

路遙與馬力從小一起長大，馬力家境富裕，又考上功名當了官，路遙只是普通的農家子弟，但馬力很照顧路遙，幫他蓋房子，又出錢幫他娶老婆，不過，他事先跟路遙約定，要先讓他和新嫁娘睡三夜，路遙很爽快的答應了。三天後路遙回到新房，妻子就問他書看完了嗎，他聽得一頭霧水，接著才從妻子口中得知，前三晚馬力都藉口看書趴在桌上睡覺，並沒有和新娘同床共枕，他於是恍然大悟，原來是馬力故意捉弄他，想試試他是不是真有肚量（《彰化縣民間文學集7故事篇（四）・路遙知馬力》〔註28〕）。馬力明知「朋友妻

〔註25〕見陳慶浩、王秋桂編，《台灣民間故事集》，頁155～157。
〔註26〕見胡萬川編，《沙鹿鎮閩南語故事集》（台中縣立文化中心，1994年3月），頁120～124。《台灣民間傳奇（十）・窮措大無某無猴》（頁129～138）、《台灣民俗・無某無猴》（頁420～421）與此故事雷同。
〔註27〕見胡萬川編，《蘆竹鄉閩南語故事（一）》（桃園縣立文化中心，2000年9月），頁94～99。
〔註28〕見胡萬川編，《彰化縣民間文學集7故事篇（四）》，頁66～73。

不可戲」的道理，卻仍以「借妻」作為考驗友情的方式，是明顯不尊重女性的父權心態；而路遙將老婆當物品一樣大方出借給「哥兒們」，表示自己對朋友有情有義有肚量，完全沒有考慮妻子的感受，同樣是十足的大男人主義；新嫁娘若知道自己成了丈夫對朋友輸誠的工具，情何以堪！

在父權統治下，女人是被物化的次等人種，由男性全權管轄支配，可休、可賣、可換、可借，女人的個人生命尊嚴蕩然無存。

第二節　賢妻助夫

一、排憂解難

在男外女內的傳統下，所謂「賢妻」，當指能勤儉持家，或隨夫安於貧困而不怨者；如果能進一步為丈夫排憂解難，則其「賢內助」的角色將更為彰顯。

先看兩則妻子助夫辦案的故事：

有個有錢人常欺負隔壁的窮人，這戶窮人家每天粗茶淡飯，為了讓孩子胃口好，就趁隔壁有錢人家煮菜時讓煙從窗子飄進來，一家大小喊著「真香，真好吃」，就著香氣下飯；有錢人心胸狹窄，去告官廳說是被他們吃窮了，要他們付錢。警察怕得罪有錢人，不知如何處理；他太太聽了，就教他準備長竹竿，錢綁在竿尾，用井裡現出的錢的倒影償還有錢人的菜香（《宜蘭縣口傳文學（上）·食人的香煙，還人的銀影》〔註29〕）。有妻獻策，案子才得了結。

知縣夫人見丈夫臉上有困惑之色，便詢問原因，得知丈夫是為了調解婚姻糾紛而頭痛。夫人是聰慧的女子，想出讓小姐詐死以試驗三名求婚者真情的辦法，使知縣最後做出正確的判決，令眾人心服（《台灣民間故事集·選婿》〔註30〕）。夫人不僅善於察言觀色，以其個人才智適時襄助丈夫，且隱身幕後，將榮耀歸於丈夫，這正是傳統女性成就男人的典型方式。

有時妻子的建議甚至影響丈夫的前途：

黃三桂是乾隆年間艋舺的頭人，以經營木材致富，又常周濟窮人，頗有名聲。林爽文密謀反清復明，曾到訪黃三桂，想拉攏他入夥以壯聲勢。酒宴

〔註29〕見《宜蘭縣口傳文學（上）》（彰化縣立文化中心，1995年7月），頁211～213。
〔註30〕見陳慶浩、王秋桂編，《台灣民間故事集》，頁223～225。

中兩人話談得投機，三桂官的太太在屏風後面，聽到林爽文要和丈夫結爲異姓兄弟，覺得不放心，便叫隨侍的婢女請丈夫入內商討，並向丈夫獻策——出一盤不切斷皮的白切雞肉，三桂官先去挾，若林爽文出手幫忙，代表有互相扶持的精神。一試果然見眞章，林爽文眼巴巴看著三桂官翻來翻去挾不出一塊雞肉，始終都沒有拿起筷子來幫助；酒席間尚且如此冷漠，萬一患難的時候，又哪能同心？後來林爽文發動抗清革命，全台震動，三桂官挺身協助當局招募義民，擊退叛軍，立下許多戰功，乾隆皇帝對他特別嘉獎，賜「黃馬褂」（《台灣民間故事·黃三桂一日平海山》〔註31〕）。當年黃三桂若與林爽文結義兄弟，後續發展必定截然不同；太太的一席話左右了他未來的榮辱禍福，無怪乎故事中這樣形容：「三桂官的太太是一位又聰慧又細心的好內助，事事都能幫助丈夫，所以三桂官也很倚重她。」這段話可說是對女子極高的評價。所謂「賢內助」——在「內」相「助」即爲「賢」，爲人妻者所能揮灑的空間莫過於此，也僅止於此。

再看一則因妻子勸善而得好報的例子：

一個種菜的在菜園廁所裡撿到五百兩銀子，打算據爲己有；他妻子說，出外人辛苦積的血汗錢不能拿，富人的錢才可以要。她又說，出外人的錢，一定是十個錢就串成一串，用布隨便綁一綁；如果是富人的錢，就會用漂亮的布巾綁起來。他們看了一下銀兩，是一串串小錢積成的血汗錢，賣菜的就回廁所旁等，把錢還給出外人。這筆錢救了出外人一家的性命，出外人就把小兒子給賣菜的當兒子，後來這兒子還高中狀元（《沙鹿鎮閩南語故事集（二）·五百兩買著一個狀元子》〔註32〕）。故事的主旨當然是善有善報，而主要關鍵在於妻子的角色，她有智慧，能分辨錢是窮人或富人所有，又能體貼出外人的艱苦，對丈夫說明情理，才改變了丈夫的決定，最後才因善念而得到狀元兒子。

另有幾個故事是因妻子的靈感而使丈夫的問題迎刃而解：

木匠的祖師爺做木板，原是在木柴上拍一拍墨斗線再用斧頭剖開的，由於被農夫的祖師爺在墨斗裡撒了一泡尿，再也劈不出板子了。他的太太有天

〔註31〕見王詩琅，《台灣民間故事》，頁60～67。《苗栗縣閩南語故事集（二）·李同造反》（頁74～81）中，李同的太太也用不剁斷的雞肉來試眾人是否與丈夫同心，結果竟沒人出手幫忙，顯然是不同心；然而李同仍然配合林爽文造反，終遭失敗。
〔註32〕見胡萬川編，《沙鹿鎮閩南語故事集（二）》，頁50～63。

在林投樹下，看到葉子是齒狀，靈機一動，回來將鐵板做成鋸齒狀，就可以用來鋸木板了（《石岡鄉閩南語故事集・種田人合木匠》〔註33〕）。看來木匠的祖師娘倒比祖師爺高明許多。

有個木匠師傅被請去做廟裡的柱子，他因爲沒把尺寸量好，每根木頭都鋸得太短，眼看沒辦法補救了；他太太想了想，伸出腳來給丈夫看她的鞋跟，原來以前的女人纏小腳，她們穿的弓鞋底部會有一塊木頭鞋座，方便支撐；於是木匠照著太太的主意，依不足的長度另外鋸出一塊塊木頭，再接上原來的柱子，長度就剛好了；又爲了美觀，將那些柱墩都做成鼓形，使原本單調的柱子變得富有變化，這就是廟柱下方鼓形柱墩的由來（《桃園市閩南語故事（一）・廟柱下腳鼓仔形的由來》〔註34〕）。

目仔少爺只有一個眼睛，請人來畫像時，太太建議他做射弓箭的動作，因爲瞄準獵物時常會閉起一眼，正好可以掩飾缺陷（《基隆市民間文學采集（一）・目仔少爺的故事》〔註35〕）。

有個老闆要找員工，兩個人選中不知道要挑誰，老闆娘提議用吃麵來測試他們的智慧；她煮的麵線很長，故意不切斷，兩人中有一個挾不起來，就僵在那裡不知所措，另一個挾起麵線以後就用公筷剪斷，兩人的反應高下立判，老闆的困擾也解決了（《桃園市閩南語故事（一）・挾麵線》〔註36〕）。

有個雕刻師傅刻了一隻白鷺鷥準備參賽，卻被雞碰落而斷了一隻腳，師傅一氣之下就要摔壞白鷺鷥，妻子急忙阻止，還幫他想了辦法，改刻成金雞獨立的姿勢，結果一下就修好了，還得了獎（《朴子市閩南語故事集・刻白翎鷥》〔註37〕）。賢良的妻子就該和顏悅色規勸丈夫避免犯錯，並適時提供意見以協助丈夫。

妻子的聰慧也表現在口才上：

〔註33〕見胡萬川編，《石岡鄉閩南語故事集》，頁16～24。《桃園市閩南語故事（一）・鋸仔的由來》（頁86～93）是説，木匠的徒弟負責幫木匠燻製彈木材的特殊墨水，有一次他和一個地理師正賭得起勁，就拿地理師的一泡尿去攪墨水，墨水就失效了；後段關於木匠妻子的靈感則情節雷同。

〔註34〕見胡萬川編，《桃園市閩南語故事（一）》（桃園縣文化局，2002年11月），頁94～100。

〔註35〕見余燧賓編，《基隆市民間文學采集（一）》（基隆市立文化中心，1999年6月），頁33～35。

〔註36〕見胡萬川編，《桃園市閩南語故事（一）》，頁172～177。

〔註37〕見黃哲永編，《朴子市閩南語故事集》（嘉義縣文化中心，1999年6月），頁104～107。

　　有個男人跟人打賭「講誕古」（吹牛，講荒誕的事），對方說，「我打一門鼓，十三省的人都來迎鼓」；他講輸了，要請客。他回家告訴太太，太太說讓她來應付；後來，贏的人來了，她說她丈夫去大陸種田，因爲「他有一隻牛，一口就吃了五萬多株稻苗」；結果反而贏了對方，爲丈夫扳回一成（《彰化縣民間文學集 7 故事篇（四）‧誕古》〔註38〕）。

　　同類型故事《宜蘭縣口傳文學（上）‧艋舺和大稻埕》〔註39〕中，「艋舺」和「大稻埕」都是「雞龜大仙」（吹牛大王），久別重逢就開始較量起來，結果艋舺輸了，要請吃一頓酒菜，隔天大稻埕到艋舺家，卻因不敵艋舺嫂吹牛功力鎩羽而歸；後來兩人又相遇，這次歕雞龜（吹牛）大稻埕輸了，於是艋舺也到大稻埕家，結果竟也被大稻埕嫂三言兩語給打發了。先前大稻埕還抱怨艋舺沒本事又端出老婆來對付他，沒想到自己也一樣要靠老婆出招，兩人實是半斤八兩，他們都是靠慧黠的太太爲自己解圍。

　　妻子不獨以智慧爲丈夫解難紓困，有時還迫於環境，成爲家庭的經濟來源：

　　員外的大女兒嫁給窮丈夫，偶然聽見陰間鬼神稱呼丈夫爲狀元，便要丈夫到私塾讀書，她自己去做苦工、幫人洗衣，賺錢養家，後來丈夫果然考上了狀元（《南投縣福佬故事集（一）‧大子婿的故事》〔註40〕）。這大女婿固然命中註定中狀元，但仍須透過妻子的支持與幫助才得以成功。

　　有個女人的丈夫出了意外，全身無法動彈，此後家庭重擔就落在妻子身上，她在山上種菜養鴨，獨力養活婆婆、丈夫和兩個小孩（《台南縣閩南語故事集（三）‧有孝新婦》〔註41〕）。丈夫一旦倒下，妻子就要設法養家，再苦再累都要咬牙苦撐，這也展現女人堅韌的生命力。

　　至於前節中的灶君張定福，又窮又懶又喝酒賭博，全靠他妻子努力做工、克勤克儉，維持全家生計。他把妻子賣了之後，不久又把錢花光，淪爲乞丐。然而他的舊妻不但不怨他，還三番兩次接濟他，甚至張定福撞牆死後，還安神位奉祀他（《台灣民間故事集‧灶君的來歷》〔註42〕）。一個妻子做到這種地步，可說是仁至義盡了；丈夫再不成材，做妻子的還是想盡力扶助他。

〔註38〕見胡萬川編，《彰化縣民間文學集 7 故事篇（四）》，頁 208～212。
〔註39〕見邱坤良等編，《宜蘭縣口傳文學（上）》，頁 224～226。
〔註40〕見胡萬川編，《南投縣福佬故事集（一）》，頁 114～123。
〔註41〕見胡萬川編，《台南縣閩南語故事集（三）》，頁 36～45。
〔註42〕見陳慶浩、王秋桂編，《台灣民間故事集》，頁 155～157。

人妻助夫甚至延續到丈夫轉世之後：

有個生意人借錢給務農的堂弟，堂弟賺了錢連本帶利還他，他卻因貪財又設計誆騙堂弟一筆錢，不久這個堂哥就死了，轉世成堂弟家剛出生的小公牛；他託夢給老婆，說他得當牛拖犁還帳，他老婆不忍丈夫將來受折磨，就趕緊拿錢去央求堂弟，買下小公牛（《朴子市閩南語故事集·做牛還帳》〔註43〕）。這是常見的「前世債今世還」的故事；在輪迴報應的主題之外，故事中的堂嫂並不因丈夫已投胎做牛而不聞不問，還依然顧念丈夫生前的夫妻之情，可說是一日爲夫，終生不棄。

甚至有妻子爲救夫而捨命：

朱七得到了絕佳風水，他的後人註定會出天子，陳員外就雇他來當花僮，又賜他一個婢女做老婆，等他們孩子出世，就強行奪走，並打算害死朱七夫婦以絕後患。那婢女知道後，便催促丈夫逃走，自己就死在屋內，以阻撓陳員外追殺朱七（《東石鄉閩南語故事集（二）·臭頭仔洪武君》〔註44〕）。婢女即使身分卑微，仍奉行夫婦之道，面臨危難即毅然捨命救夫。〔註45〕

天界神仙也有妻助夫的例子：

一次，雷公巡行時，發現一婦人將白米飯往圳溝裡倒，登時行雷將婦人打死了；但婦人其實是在水邊洗大黃瓜，莽撞的雷公錯把黃瓜子當飯粒，鑄下大錯，於是向玉帝請罪。原來，婦人前世和雷公有一段姻緣，玉帝便降旨封這婦人爲閃電娘娘，做雷公的妻子。自此，雷公須等妻子用寶鏡照亮之後才可敲打大槌（《新社鄉閩南語故事集（二）·雷公伯仔閃爁婆》〔註46〕）。雷公電母是天上神仙，他們配成對同樣是因前世宿緣，天意使然，與人間姻緣的安排並無不同。此外，雷公電母夫唱婦隨，終究還是以夫爲尊，雖然雷公判斷好人壞人與行雷大小「都要聽妻子的話」，但閃電畢竟只是瞬間的陪襯，轟然雷殛才是主角，電母仍是以協助者的姿態提供資訊，不可代夫行雷。

〔註43〕見黃哲永編，《朴子市閩南語故事集》，頁118～125。

〔註44〕後來朱七再娶，生下朱洪武；而陳員外搶來的孩子即陳友諒，因難帶養穿了耳洞，變成只有當草霸王的命。見黃哲永編，《東石鄉閩南語故事集（二）》（嘉義縣文化中心，1999年6月），頁92～109。

〔註45〕在另一則故事《大安鄉閩南語故事集（二）·朱洪武與陳友諒》（頁50～87），陳員外找一個漂亮的婢女充當他的女兒，並指使她糾纏誘拐朱七，再趁勢撮合，招朱七入贅，生下的孩子就過繼給陳員外。

〔註46〕見胡萬川、黃晴文編，《新社鄉閩南語故事集（二）》（台中縣立文化中心，1997年6月），頁62～71。

上述這些賢妻的典型反映出相同的價值觀——女人的才智與付出從不是用以成就自我，賢妻的功能在於能為丈夫排憂解難；這正是父權社會為本身利益而設計的理想範本，藉以防堵女性凌駕於男性之上。

二、成就功業

男人的成功就是女人的成就，能助丈夫出人頭地就是妻子最大的榮耀。

有三兄弟在寡母死後，向舅舅借錢辦喪事，卻意外得到「跑蟻穴」的好風水，老大和老二祈求做大官，老三則求母親保佑他當皇帝。後來，兩個哥哥娶了妻，又一帆風順的當上左相、右相，但小弟依然貧窮。一天，福氣來了，他在撿柴時遇到一個女孩，成了他的老婆。小弟因妻子十分美麗，捨不得離家撿柴，他妻子就畫了一張畫像，讓他帶在身邊；他拿出來看時，畫像竟被一陣風吹上金鑾殿；皇帝見了畫中美女驚為天人，便下旨要大臣尋訪，找到有重賞，找不到就殺頭。哥哥們回到家鄉，才發現畫中人是弟弟的妻子；這弟婦想出了解決的辦法，安排妥當後即隨大伯入朝。她和皇帝約法三章，百日後才成親；她丈夫則依計行事，穿戴鳥毛衣帽來到皇宮，瘋瘋癲癲的跳起舞來；這時他老婆又要求皇帝穿上羽衣為她跳舞，於是他和皇帝交換了衣服，等他穿上龍袍坐上龍椅後，便命令侍衛將裝瘋賣傻的真皇帝抓去斬首，他就這麼登上王位，與妻子團圓（《台南縣閩南語故事集（一）·三兄弟得好風水》〔註47〕）。故事的圓滿結局印證了開頭時好風水的預言，弟弟命定的福分得以實現，全賴妻子的沉著聰慧；她施巧計偷天換日，既保全大伯的性命，也守住自己的貞節，還讓丈夫當上了皇帝；她不僅集美貌與智慧於一身，且以智巧助夫成功，可說是賢妻的典範。

有個員外，妻子已經過世了，他的獨子卻庸庸碌碌，令他十分擔心。剃頭師傅看出他兒子是乞丐命，提點員外說，鄰村有對相依為命的母女，女孩命很好，要娶來做媳婦，家產才保得住。員外便請媒人提親，將那女子娶過門，又找機會告訴她家裡金銀財物放置的地方，交代她好好守住，但不可告訴丈夫，才不會被敗光。員外死後，她不小心說錯話，被丈夫趕出家門；她遇到種田的阿龍，和他的母親談得很投緣，後來就跟阿龍成親了。她發現阿龍撿回的磚頭是黑金磚，接著得到命中註定的財寶，變得極為富有。她記掛

〔註47〕見胡萬川編，《台南縣閩南語故事集（一）》（台南縣文化局，2001 年 4 月），
　　　　頁 58～87。

著公公的囑託，也惦念前夫的處境，於是籌備牲禮祭拜天地，各地乞丐都聞訊前來吃食，她果然在人群中認出前夫；於是她決定不負公公的託付，與前夫再續前緣，至於她後來的丈夫，則請他另外再娶，她的後夫及婆婆也是講情理的人，並沒有刁難或挽留她（《彰化縣民間文學集 4 故事篇（二）·乞食配狀元》〔註48〕）。被休之妻能不計前嫌，幫助浪子重振家聲，賢妻賢媳之名當之無愧。

異文《桃園市閩南語故事（一）·五不全蔭丈夫》〔註49〕情節發展雷同，但蔭夫的女子先天殘缺，瘸腿、駝背、獨眼、歪嘴、瘸手，即「五不全」，她同樣受託於公公，因勸阻丈夫揮霍而被趕出去；經騎驢、成婚、生子，最後認出行乞的前夫，她知道前夫需要她幫忙重整家業，即使她與後來的丈夫生了兩個孩子，還是決定回去照顧前夫，將孩子交給後夫扶養；這就是「前夫有情，後夫有義」。

不過在另一異文裡，那有福氣的女子認出前夫之後，並沒有隨他而去，而是徵得後夫及婆婆同意，將他留下來當長工，也算是念及夫妻一場，幫助他脫離向人乞討的生活（《新社鄉閩南語故事集（一）·一女蔭兩夫》〔註50〕）。丈夫是女人頭上的一片天，無論丈夫如何寡義無情，妻子對丈夫永遠有一份無法割捨的情義。

〈乞食配狀元〉當中，剃頭師傅對女主角的描述是：「命非常好，只可惜是個女的，若是生做男孩，必是狀元郎」，「狀元匹配乞丐，家產才守得住」。有狀元命卻偏偏生做女人，自然就做不成狀元了！能力再強，也只能持家守成；福氣再多，也只能旺夫興家；女人的好，妻子的賢，從來都在成全身邊的男人。

另一個浪子回頭的例子：

碰舍原本承繼了大筆祖業，卻因喝酒、聚賭、抽鴉片而傾家蕩產；一日，債主上門，看他還不了錢，就要帶走他的老婆抵債；這時碰舍的太太持利剪指向自己咽喉，作勢自殺以全節，債主不敢貿然上前，咒罵一番也就走了。碰舍目睹妻子堅貞赴死的氣概，才痛改前非，決定擺攤賣麵龜；自此，夫妻

〔註48〕見胡萬川編，《彰化縣民間文學集4 故事篇（二）》，頁68～99。

〔註49〕見胡萬川編，《桃園市閩南語故事（一）》，頁116～137。

〔註50〕見胡萬川、黃晴文編，《新社鄉閩南語故事集（一）》（台中縣立文化中心，1996年6月），頁82～91。《台灣民間傳奇（四）·賢媳振家聲》（頁215～226）、《台灣民俗·乞食命》（頁395～397）都是同類型的故事。

倆齊心製售紅麵龜，生意日漸興隆，恢復了以往的富裕（《台灣民間傳奇（四）·赤嵌碰舍龜》〔註51〕）。有了賢妻的督責，落拓的紈褲子弟也能改頭換面，重新做人。

　　陳維英雖然天資聰明，但因家道富有，早年就用金錢捐了秀才，所以就不太用功。一年中秋夜，文人群集作詩，陳維英發現有人互相使眼色諷刺他，感到羞愧不已，自此下苦功夫讀書。他的太太周氏便日夜勤奉湯茶，一邊織紗，一邊伴讀，「後來維英的成功，她的助力實在是很大」。當陳維英決定到福州應鄉試時，周氏雖暗中歡喜，卻還是有點擔心，於是故意激他：「我想你這樣不想做官的人若能中舉人，狗也有四角褲可穿，那才怪事呢。」後來維英果然一試中第，在大厝庭豎立旗竿時，就真的讓家裡養的狗穿上四角褲拜旗（《台灣民間故事·太古巢》〔註52〕）。周氏的「賢慧」特別表現在對丈夫的陪伴和鼓勵，使他得以取得功名；當丈夫中舉，妻子當然與有榮焉。

　　《台灣民間故事·曾切的故事》〔註53〕：當年關將近，俠盜曾切管束偷兒們不可擾民，但他們個個需要錢用，曾切因而前往艋舺富甲一方的張鵬家中「籌借」銀子。張家莊宅防備堅固，一般偷兒不敢輕易光顧，曾切卻輕易撕開鐵網、掀起鐵柵、自高牆縱身跳下，那晚與曾切照面的是張鵬的太太，她見到曾切的身手心中難免害怕，卻還能強自鎮定，裝著慷慨交出銀櫃鑰匙，應對之間從容得體，未失身分，印證了故事裡對她的描述——「她是個幫助丈夫建設大財產過來的女人，處世很有膽識」，她必然在丈夫的事業上舉足輕重，扮演著成功男人背後的推手。

　　至於黃祿嫂以婦人身分經商有成，可說是早期台灣社會中的一個特例：

　　黃仔祿原是好勇鬥狠的地頭蛇，以在妓院或賭場當保鏢或收取保護費起家，後來加入船頭行股東，賺了錢又接辦樟腦工廠、建大廈承辦料館業務，一時炙手可熱，艋舺一帶，天大的事都只要黃仔祿一句話便可解決，可惜正當他飛黃騰達的時候，竟染病死了。當時由於兒女還小，不足以繼承事業，這才勉為其難由黃仔祿嫂接班；她正當年富力壯，也有經營事業的雄心，她親自登山越嶺，指揮監督樟樹採伐運送的流程，並在工廠內部建立良好制度，

〔註51〕見林藜，《台灣民間傳奇（四）》，頁53～60。異文《台灣民俗·碰舍龜》（頁429）中，碰舍的妻子是用話刺激碰舍，讓他因此覺悟而自立更生，重振家業。
〔註52〕見王詩琅，《台灣民間故事》，頁40～47。《台灣民間傳奇（二）·展志步蟾宮》（頁10～17）也是講陳維英的故事。
〔註53〕見王詩琅，《台灣民間故事》，頁30～39。

拔擢人才，分層負責；她善於管理，令工人們心服口服，據說她手下的十八個工頭，個個精明能幹，人稱「十八王爺」；由於她的樟腦工廠出品精良，每年都賺了大錢（《台灣民間傳奇（七）・黃祿嫂蕭規曹隨》〔註54〕）。

黃仔祿嫂是了不起的企業人才，她的名號甚至比丈夫響亮，故事的開頭也說：「太太名掩丈夫，她的成就便可想而知，是一個女中豪傑了。」然而，以傳統男女尊卑的思維，妻子為從屬的身分，她的能力不應該也不可能高於丈夫；若是黃仔祿健在，黃仔祿嫂想必仍在家務中打轉，沒有機會走進商場，長才便給埋沒了；再者，子承父業亦是男權秩序既定的一環，只因兒女尚小，黃仔祿嫂方才「勉為其難」接手丈夫的事業。又如番治嫂也是在守寡以後，因為沒有生子，才一人扛起家中的事業，掌理大片土地（《彰化縣民間文學集22〔溪湖溪州竹塘二林大城二水地區〕・番治嫂》〔註55〕）。可見，由於性別偏見及社會機制的運作，女子的才能普遍被貶抑，即使真有才幹也往往藏而不露，以免凌駕身邊的男人，如黃仔祿嫂得以一展長才的例子少之又少。

另一個巾幗不讓鬚眉的例子，是戴潮春事件中的諸多女將：

戴潮春豎旗反清，南北震動，大小戰役中，不只男子出生入死，婦女亦不落人後：林日成之妻隨夫四處殺掠，至受圍時夫與妻妾引火藥桶自戕；陳弄之妻當兵敗時仍主戰到底，並率殘弱之卒誘敵，及至清軍大舉攻來，放火自焚而死；嚴辨之妻侯氏，諢號大腳甚，勇猛不可當，被捕後，受凌遲面不改色；呂仔梓之妻指揮得宜，屢屢痛殲清兵，後中炮而死；廖談妻蔡邁娘勸止丈夫投降，每次臨陣無不策馬督戰，後與夫同時被擒受戮，以她的軍旗覆蓋在身上雙眼乃閉；鄭大柴被清軍炮火擊斃，妻謝秀娘出征為夫報仇，所至披靡，清軍稱為「母老虎」；王新婦之母也以為子報仇為名，奮勇迎敵（《台灣民間傳奇（六）・大腳甚桀敖不馴》〔註56〕）。眾女將攻城陷陣，凌厲剽悍，大大顛覆了女子卑弱的刻板形象。婦女與男子並肩作戰，一則如故事中所說，是受了太平天國洪宣嬌大集女兵作戰而所向無敵的影響，然而，這些女將多為戴營將領之妻，她們之所以馳騁沙場無非是助夫征戰，此與前述黃祿嫂之承繼丈夫事業，實則皆不脫夫唱婦隨的傳統夫妻關係。

〔註54〕見林藜，《台灣民間傳奇（七）》（台北：稻田，1995年12月），頁114～121。
〔註55〕見陳益源編，《彰化縣民間文學集22〔溪湖溪州竹塘二林大城二水地區〕》（彰化縣文化局，2004年11月），頁70～75。
〔註56〕見林藜，《台灣民間傳奇（六）》，頁150～159。

三、弄巧成拙

　　嫁個好老公是女子普遍的心願，娶妻娶賢也是一般男人的期待，但既有拙夫，也必然有愚妻，愚妻常弄巧成拙，成為笑話中的笑點。

　　有個男人赴宴回家，稱讚主人的太太能幹，「烏龜和麵」炒得真好吃，他的妻子於是在丈夫宴客時也做同一道菜。結果，麵快挾完了，還沒吃到龜肉，原來她只是把麵炒熱，蓋著烏龜，烏龜還整隻好好的，就要爬走了。又一次，有人慶祝新屋落成，女主人客氣的說是「眾人幫忙的」，丈夫回家後又稱讚那女主人會說話。後來他的兒子滿月，客人說小孩真漂亮，他太太又拾人牙慧，說是「眾人幫忙的啦！」（《嘉義市民間文學集4閩南語故事（一）·戀查某》〔註57〕）這則笑話在取笑女子愚拙的同時，也透露出男人娶妻不「賢」的無奈，意在昭示女人，能燒一手好菜，能說得體的話，才合乎賢妻的標準，丈夫也才會有面子，做妻子的應勉力而為啊！

　　同樣是煮菜的笑話：有個人娶了一個多嘴的老婆，經常口無遮攔，正經事又做不好。一天，他結拜兄弟請他吃飯，他回家就稱讚那個大嫂很會煮菜，太太聽了很不服氣，說那是因為材料好。第二天，丈夫買了豐盛的菜色，再出門去邀請他結拜兄弟；他太太把雞鴨魚肉全切一切、剁一剁，連同潤餅皮和泡過尿桶的大龞，煮成一大鍋；丈夫回來看了火冒三丈，當場打了她一頓（《彰化縣民間文學集7故事篇（四）·芎蕉葉尚大杭》〔註58〕）。

　　還有關於做粿的笑話：有個男人嫌她的老婆笨，連粿都不會做，就要她去「看人樣」，結果他老婆就把粿做成有胖有瘦有大人有小孩的各式「人樣」了（《龜山鄉閩南語故事（一）·戀某》〔註59〕）。同樣是做粿的笑話：丈夫稱讚別人的老婆會做粿，他老婆就說她也會做，卻把粿捏成一尊尊玩偶，她丈夫就說：「做成這樣！你沒眼睛是不是？」老婆回說：「你又沒買黑豆，我怎麼做眼睛？」（《彰化縣民間文學及2故事篇（一）·做粿無目睭》〔註60〕）。

〔註57〕見江寶釵編，《嘉義市民間文學集4閩南語故事（一）》（嘉義市文化局，2000年12月），頁132～135。《彰化縣民間文學集4故事篇（二）·阮麼會曉講》（頁150～153）、《六腳鄉閩南語故事集·兩個查某人》（頁150～151）、《雲林縣閩南語故事（三）·逐個鬥腳手》（頁194～197）也都是太太感謝大家幫忙，才生出漂亮可愛的孩子。
〔註58〕見胡萬川編，《彰化縣民間文學集7故事篇（四）》，頁158～166。
〔註59〕見胡萬川編，《龜山鄉閩南語故事（一）》（桃園縣文化局，2002年11月），頁182～186。
〔註60〕見胡萬川編，《彰化縣民間文學集2故事篇（一）》（彰化縣立文化中心，1994

丈夫原就對老婆的笨拙不滿意，這下又再一次證明丈夫所言不虛。

還有幾個做料理之外的愚妻笑話：

雜貨店的老闆娘每次賣糖時都會舀一點存起來，等年底時拿去賣，就能過一個充裕的年。有個人聽說了，就對太太誇讚那老闆娘眞能幹；她妻子就依樣畫葫蘆，每賣一本日曆就留一本，到過年時，誰要買一本舊日曆呢？結果還是沒錢辦年貨（《彰化縣民間文學集 4 故事篇（二）·賣臘曆》〔註 61〕）。

兩個轎夫感情很好，他們各有一個小孩，一個是一歲大的女兒，一個是兩歲大的兒子，就打算結爲親家；有女兒的轎夫回去跟老婆商量，老婆說不行，因爲「我們女兒十歲時，他們兒子就二十歲了；等我們女兒二十歲，他兒子不就四十歲了」（《彰化縣民間文學集 5 故事篇（三）·算毋著》〔註 62〕）。

有個挑柴的老人每當賣完柴回家，他老婆就會對他說感謝的話，爲他擦臉擦汗；一個賣陶甕的看到了，就說給自己的老婆聽，她就說她也會。賣陶甕的想，如果老婆變體貼了，他就賣晚點才收攤，好多賺些錢；他老婆爲了讓他高興，就擦脂抹粉，在門口等候，可是因爲等太久，妝都花了，還流了一身汗。賣陶甕的回來，看到老婆的模樣像隻母猴，就氣得抽出扁擔打老婆（《朴子市閩南語故事集·賣缶仔的翁仔婦》〔註 63〕）。這表示，女人的體貼也要得法，否則想取悅丈夫的美意也可能適得其反；此外，做丈夫的一不高興就打老婆，這在過去也是司空見慣，傳統觀念裡，妻子就是受丈夫管束的。

這些笑話中妻子的負面形象，爲女人提供了反面教材，提醒女人賢妻的標準是會煮食，說話得體，能體貼丈夫辛勞。此外，相較於前節中，拙夫的太太總是一再忍耐，想方設法幫助丈夫，〔註 64〕但愚妻的丈夫對太太卻是一味嫌棄、輕鄙，甚至拳腳相向；他們對待另一半的態度大不相同，但在敘事中卻又完全是理當如此的口吻，這是性別權力關係傾斜的又一例證。

四、壞事敗家

女人除了因愚蠢無知而出醜鬧笑話，還可能因爲貪念或妄言而給男人帶

〔註〕　年 6 月），頁 200～204。
〔註 61〕見胡萬川編，《彰化縣民間文學集 4 故事篇（二）》，頁 176～179。
〔註 62〕見胡萬川編，《彰化縣民間文學集 5 故事篇（三）》（彰化縣立文化中心，1995年 7 月），頁 186～188。
〔註 63〕見黃哲永編，《朴子市閩南語故事集》，頁 112～117。
〔註 64〕如《台灣民間故事集·傻女婿》、《台南縣閩南語故事集（三）·食豆仔放暢尿》；參見本章第一節（二）夫唱婦隨。

來麻煩與禍患。

有個賣香的向一個農夫借錢，約好三天後還錢；那天賣香的要出門做生意，就把錢交代給太太，但那農夫上門時，她只說丈夫不在，並沒有把錢還給人家；過幾天，農夫又來要錢，賣香的夫妻倆卻都斬釘截鐵的說已經還了，兩個男人就去廟裡對城隍起誓；不久賣香的竟然生了重病，那農夫後來雖然答應和解，賣香的還是死了（《宜蘭縣口傳文學（上）・城隍爺代田庄人討債》〔註65〕）。故事裡賣香的原本已準備好要還錢，卻受妻子貪念的影響，自己也起了壞心眼，遭到神明嚴厲的懲罰。

阿水伯是個儉樸勤勞的老農，一天，他在田裡撿到一支黃金打造的古董水煙吹，心想就要發財了，急著跑回家將金煙吹交給太太保管。他太太是個長舌婦，到處炫耀丈夫撿到了寶物，消息很快傳遍鄉間，街坊鄰居都到阿水伯家參觀金煙吹，甚至有遠地專程前來的訪客；為了送往迎來，阿水伯不再下田耕種，又把粗衣換成絲袍，赤腳上也穿了鞋，繼而建大厝、置家具、雇僕役丫環，還買名貴菸絲裝在金煙斗裡抽，如同暴發戶一般。後來，花完積蓄，開始賣田、典當，最後連大厝也保不住，淪落到家徒四壁的窘境（《台灣民間故事集・阿水伯坐吃山空》〔註66〕）。所謂「由儉入奢易，由奢入儉難」，故事中阿水伯由儉入奢的轉捩處，就在阿水娘的虛榮和長舌，她非但沒有勸諫丈夫繼續努力工作，反而把撿到金煙吹的事大肆宣揚；這暗示了，男人墮落，女人往往是背後的推手，告誡為人妻者應善盡規勸輔助丈夫之責。

邱妄舍在除夕前兩天向糊紙匠訂製一尊大士，並給了前金，說定後天要。糊紙匠日夜趕工，才在除夕午後完成丈來高的大士，卻等不到邱妄舍來取貨。邱妄舍又差人去搬弄一番，說，邱妄舍慣愛捉弄人，哪會真的要這凶相大士？若捨不得燒，豈不要供著過年。糊紙匠聽得也心慌了，這時，貼在屏後的妻忍不住跑出來，要他「還是像那路人說的，索性燒了吧。新春年頭，廳堂上還能夠供著這凶鬼子不？」路人冷嘲加上妻的熱罵，糊紙匠等到了圍爐時間滿肚子氣忍不住發作，燒了大士；邱妄舍卻在這時帶著扛夫匆忙趕來，糊紙匠在他的催逼下不得不委屈賠罪，最後以退還前金息事，糊紙匠便開始埋怨

〔註65〕 見邱坤良等編，《宜蘭縣口傳文學（上）》，頁127～128。
〔註66〕 見陳慶浩、王秋桂編，《台灣民間故事集》，頁209～215。同一故事亦見於《台灣民間傳奇（九）》（頁149～156）；另，《台灣民間傳奇（二）・橫財不可發》（頁160～167）、《台灣民俗・金烟斗》（頁384～385）也是同類型故事。

妻子胡亂出主意了（《台灣民間文學集·邱妄舍》﹝註67﹞）。這故事意味著，女人家沒見識沒智慧，聽信女人的話往往會誤事。

　　上述三則故事中，妻子都被指為壞事的根源，然而，丈夫才是最後做決定的人，如果丈夫堅持，妻子又怎能支使命令他？只是當男人做了錯誤的決定，總歸咎於妻子的慫恿，女人便因此扮演了代罪者的角色。

　　民間故事中壞事的女人以妻子居多，但不限於妻子的身分，母親、妹妹、嫂嫂，也可能為身邊的男人惹禍：

　　有個男子問神明他什麼時候當官，神明託夢要他問嫂嫂；他嫂嫂先是說，他走路大搖大擺，像是坐八人大轎，但她見小叔那麼得意，又馬上罵了一句「無頭鬼」，結果她的話果真應驗，小叔雖當上官，卻遭抄家橫禍（《彰化縣民間文學集2故事篇（一）·做官》﹝註68﹞）。故事中還說「這嫂子是個出口沒幾句好話的人，不講幾句壞話就不痛快」，暗指有些女人沒有教養，說話總不得體。

　　林道乾得神仙相助，給父親葬了一個子孫能做皇帝的好風水，又得了三支神箭，如於錦雞初啼時向西北射出，即可射死皇帝，登基為王。錦雞是林道乾在打鼓山所捕獲，交由妹妹金蓮餵養；那是一隻神雞，每天清早都準時啼叫，等牠啼了三聲，民間的雞才敢跟著啼起來。道乾於是囑咐妹妹留意錦雞的啼聲，豈料金蓮恐怕錦雞貪睡，便徹夜不眠，還常去撫摸牠；錦雞因被打擾而驚醒，以為天明了，放聲啼叫。如此一來，道乾發箭時間過早，皇帝還未登殿，三箭俱僅射中金鑾座（《台灣民間文學集·林道乾與十八攜籃》﹝註69﹞）。

　　雷同的情節也出現在鴨母王朱一貴身上：風水師父替他祖先找了塊會出真主的好風水，又算準時日要他在雞啼時將神箭射向唐山；結果，他妻子自作主張，把公雞的腳泡在水裡，公雞就提早叫了，朱一貴因此只射中了扶手，與王位擦身而過（《彰化縣民間文學集9故事篇（五）·楊本縣敗地理》﹝註70﹞）。

　　黃教在將軍山起兵，意圖篡奪天下，如蓋足一百座窯就能成為真命天子，﹝註71﹞卻在蓋好九十九座窯時，被他母親推倒，因此功虧一簣。又一說是因

﹝註67﹞見陳慶浩、王秋桂編，《台灣民間文學集》，頁142～167。

﹝註68﹞見胡萬川編，《彰化縣民間文學集2故事篇（一）》，頁152～155。

﹝註69﹞見李獻璋編，《台灣民間文學集》（台北：龍文，1989年2月），頁31～43。

﹝註70﹞見胡萬川編，《彰化縣民間文學集9故事篇（五）》（彰化縣立文化中心，1996年6月），頁150～158。

﹝註71﹞造窯的目的在於燒製木炭去賣錢以籌集資金、招兵買馬。

爲他母親道德不好，她種竹子說是要用來打人，還每天用筷子打灶文公三次，玉皇大帝得知後，便不讓黃教稱王（《台南縣閩南語故事集（四）·黃教鬧天下》〔註72〕）。

盧遠原本有當皇帝的福分，但他母親說，盧遠若能有成就，她就要前庭栽樹，後院種竹，吊人打著玩；因此，呂洞賓把盧遠一身龍骨化爲凡骨，徒留一張能呼風喚雨的金口，成了乞丐身黃帝嘴。從此，人們常以「你這個盧遠母！」來罵人說話苛薄（《東石鄉閩南語故事集（一）·盧遠》〔註73〕）。在《彰化縣民間文學集2故事篇（一）·洛陽橋的故事》〔註74〕，同樣強調盧遠母親嘴巴很壞，是個掃把星，還帶鐵剪刀命出生。「掃把星」一詞向來只用在女性身上，指那些爲家人帶來厄運的壞女人；這提醒了女人務必自重自律，不可成爲男人的絆腳石。

依照故事情節的鋪陳，盧遠與黃教命運相仿，都因母親無德而難成大業；林道乾和朱一貴也因爲妹妹、妻子誤事而功敗垂成。然而，這些故事裡的男人想稱帝原就是非分之想，他們是歷史上起事不成的失敗者；在民間故事裡，他們身邊的女人卻成爲代罪羔羊，承擔男人失敗的責任；這樣的故事無疑是大男人觀點的產物。

第三節　貞節烈女

一、女人不潔

過去人們普遍認爲女人天生身體不潔，至今民間仍有適逢月經週期的女性不能拜拜的禁忌；這種觀念其實來自男人對女人月經的排斥與恐懼，因爲

〔註72〕見胡萬川編，《台南縣閩南語故事集（四）》（台南縣文化局，2002年4月），頁160～195。

〔註73〕見黃哲永編，《東石鄉閩南語故事集（一）》（嘉義縣文化中心，1999年6月），頁164～167。《桃園市閩南語故事（一）·嘴稞》（頁216～221）也是講盧遠的故事，但並未點出其名；故事中的婦人因爲家裡窮，左鄰右舍瞧不起他們，加上她說話又苛薄，就罵鄰人說，如果他兒子當上黃帝，要把那些對她不好的人抓來打或砍頭，於是鄰人向上天祈求，她兒子的皇帝命就被神仙換掉了。其他異文有：《東石鄉閩南語故事集（一）·虹》（頁4～5）、《朴子市閩南語故事集·盧遠》（頁148～151）、《彰化縣民間文學集4故事篇（二）·盧彬的故事》（頁142～148）。

〔註74〕見胡萬川編，《彰化縣民間文學集2故事篇（一）》，頁106～135。

月經代表的正是女性獨有的生殖能力。男性對女性的生殖力量既妒羨又畏懼，〔註 75〕爲防堵婦女在情慾上出軌，爲確保子嗣血統純正，男性必須對女性的身體進行嚴密控制。首先便是指稱女人身體不潔，再透過制定禮教、歌頌貞節異化女性，而女人必須通過禁慾與守身的道德規範，才有可能滌除先天的不潔。許多女性在貞節高名的引誘下，爲保全自身的潔淨，以去除身體的慾望或甚至以身體的毀滅贏得榮譽；她們堅持守貞守節，極力克制情感宣洩，封鎖了自身情慾的出口，這實是女性自殘的形式之一。〔註 76〕

以下幾則故事都傳達了女人不潔的刻板觀念：

有一次，住在地下的雷公要爬上地面，卻鑽進一個雞籠裡，雞籠又蓋著產婦的「月內褲」，雷公就失去了神力，無法上天；這時恰好來了一個小偷想偷雞，就拿開籠子上產婦的褲子，雷公才恢復神力，飛上天去。又相傳，雷公鳥是一隻形如母雞的鳥，有一次誤入產婦的房間，在「月內」房中染了不潔，失去神力，小偷以爲雷公鳥是一隻肥雞，就把他偷了出去，雷公鳥才得鼓翼飛走（《台灣民俗・雷公鳥》〔註 77〕）。《大安鄉閩南語故事集（一）・雷公不打賊》〔註 78〕是說，雷神有一次跑到婦女做月子的房裡，竟然變成一隻雞，變不回來了；後來小偷抱走了雞，雷公到了屋外才恢復原形。這些故事傳達的訊息是，做月子的女人是污穢的，坐月子的房間和月內褲也都是不潔的，連雷神的神力都被剋制住了。

有人將小孩的尿布和女人的褲子洗好了以後放在石頭公上面晾，石頭公就顯靈，說這樣「沒規矩」，那個女人和孩子就不平安；後來小孩給石頭公當兒子，就順利長大了（《宜蘭縣口傳文學（上）・員山石頭公收人做囝》〔註 79〕）。女人的褲子和沾過屎尿的尿布同樣不潔，足以冒犯神靈。

白賊七因飢寒交迫到許財主家偷雞，卻失風被逮，關在柴房，他計上心來，用松針綁紮苧麻，做成一件坎肩；隔天，他忍著朝寒不斷喊熱，詐稱那坎肩是傳家寶物，許財主於是花大筆銀子買下來，待他披上寶衣外出，卻禁

〔註 75〕基進女性主義學者安竺・瑞奇（Adrienne Rich）即持此種看法；見羅思瑪莉・佟恩著，刁筱華譯，《女性主義思潮》，頁 136～137。

〔註 76〕參見雲霓，〈父權政治凝視下的他者——劉向《列女傳》的女性自殘〉，雲軒中文工作站：http://www.tacocity.com.tw/yini/002.htm，2008 年 1 月年 1 月。

〔註 77〕見吳瀛濤，《台灣民俗》（台北：眾文，1981 年 8 月），頁 374～376。

〔註 78〕見胡萬川、王正雄編，《大安鄉閩南語故事集（一）》（台中縣立文化中心，1998年 6 月），頁 28～32。

〔註 79〕見邱坤良等編，《宜蘭縣口傳文學（上）》，頁 139。

不住冷風而病倒；他痊癒後就去找白賊七算帳，白賊七煞有介事的盤問他，他回說是親手將寶衣交給太太收藏，白賊七便大呼可惜，說那寶衣不能經過女人的手，「一經女人拿過摸過，就效力全失了」，在他精湛演技的搭配下，許財主竟就相信這荒唐無稽的謊言（《台灣民間傳奇（十一）・白賊七詭計多端》〔註80〕）；可見在男人眼中，女子何等輕賤！

鄭成功帶兵到大甲攻打原住民時，被圍在鐵砧山，至無水可喝，他將佩劍插到地上，竟就冒出泉水，軍隊因而脫困。後來人們在湧泉處搭了一口井，據說每到端午節午時，鄭成功的劍都會浮出來。有一次，一個放牛的小女孩從劍上跨過去，從此以後，這把劍就再也沒有浮上來了（《外埔鄉閩南語故事集・劍井的由來》〔註81〕）。僅僅因為小女孩跨過劍井，鄭成功的劍便失去靈力，這是女人身體不潔觀念的極度誇張，也顯示女人不潔無年齡之分。

漁民出海捕烏魚前，都會在馬路上張平網子整理，這時，穿裙子的婦人不可跨越網子，否則就犯了漁家的禁忌。一次，一個婦人想早點回家，就邊越過網子邊說：「烏裙跨（hann）恁網，一尾攏九斤重，予恁著到攏無縫」（黑裙跨過你們家的漁網，讓你們捕到的魚每尾有九斤重，把網子每個縫都塞滿）；結果那次出海真的滿載而歸，漁夫還送了條大魚向婦人道謝。隔壁婦人也依樣學舌，卻說是「一尾一斤重」，結果魚都從網縫游走，漁夫一條魚也沒抓到（《東石鄉閩南語故事集（一）・講好話》〔註82〕）。這個故事收錄在笑話篇，藉聰慧婦人說的好話對照隔壁婦人的東施效顰以製造笑果；但在趣味之外，這故事也揭露傳統社會對女子的歧視。如故事整理者陳瓊珠的說明：所有廟會的祭典事宜，女子一律被排拒在外；作醮造王船時，女子不准觸摸船身；小孩遊戲時，女生不可跨過男生身體，否則會變長短腿；種種禁忌幾乎全是針對女子而設。這種差別待遇在漁村尤其明顯，幸而文中女子因適時說出得體的吉利話，才得以打破禁忌。

說女人不潔，其實暗指女人低賤，貶損了女人的價值，這種觀念在故事的傳述及各種禁忌的助長下，也果真使女人自慚形穢了，這自然也是父權操作的結果。

〔註80〕見林藜，《台灣民間傳奇（十一）》，頁2～18。
〔註81〕見胡萬川、王正雄編，《外埔鄉閩南語故事集》（台中縣立文化中心，1998年6月），頁58～62。
〔註82〕見黃哲永編，《東石鄉閩南語故事集（一）》，頁110～113。

二、執守貞節

《禮記》規範了兩性間的種種隔離制度，[註83] 包括：男女七歲不同席、不共食、不雜坐、不親自遞送物品、不使用共同的梳洗用具及衣物等，甚至連走路也要分開，男子由右，女子由左；此外，女子出門必須遮住臉面，夜間出門必須點亮燈燭。如此嚴格管束，目的即在防範男女淫佚之事。

《大甲鎮閩南語故事集（一）·割稻仔師傅合頭家娘》[註84]：日治時期，當收割稻子的時節，海口人都到大墩（霧峰）幫忙割稻。一天，老闆娘晾衣服時，不小心從椅子上跌下來，腳尖觸到地上，髮髻卻卡在竹竿突出的竹結上，上下不得。一個割稻師父趕緊去抱起老闆娘，往上一送，髮髻解開，人就安然下來了。老闆娘被師父一抱，羞愧的跑進屋內，剛好老闆回來，看到這一幕。九天後割完稻子，每人可得三銀元，但幫老闆娘解圍的師父卻沒領到錢，因爲老闆說，「這個人對我的女人不禮貌」；那師父很不甘心，又不敢計較。在回家路上，他才發現老闆發的便當裡有三銀元，而且他還比別人多了兩塊肉。原來，老闆也不是不講理，只是人前必須顧全面子。所謂「男女授受不親」，女人被丈夫以外的男人抱一下，即使有正當理由，女人還是覺得羞愧，丈夫還是不能釋懷，可見男女之防的觀念浸潤深矣。

男女之防加上傳統男外女內的性別分工，使女人總是深居簡出，不輕易拋頭露面。

《台南縣閩南語故事集（四）·嘠公媽》[註85] 的講述者就說到，從前的姑娘都纏小腳，動作很秀氣，是不隨便出門的；就像天上聖母這樣，她頭戴鳳冠，臉部用垂掛下來的珠子遮住，眞面目不能輕易示人。

即使到日治時代，還有女子在婚前從不見外人，連賣布的、做鞋的來到家中，她都不自己出面挑布料、合腳掌（《東石鄉閩南語故事集（二）·新陳

[註83] 《禮記·曲禮》：「……男女不雜坐，不同椸，不同巾櫛，不親授。叔嫂不通問，諸母不漱裳。外言不入於梱，內言不出於梱。女子許嫁，纓；非有大故，不入其門。姑姊妹女子，已嫁而反，兄弟弗與同席而坐，弗與同器而食。……」

[註84] 見胡萬川、黃晴文編，《大甲鎮閩南語故事集（一）》（台中縣立文化中心，1995年6月），頁188～196。

[註85] 故事大意：新化鎮地處八卦蜘蛛穴，因蜘蛛精作怪，這裡的婦女變得不守本分，且作風大膽放蕩，敢於拋頭露面；當時台南道台的妹妹因好奇而到新化觀賞「十八娘」遊境盛況，卻遭土匪劫財殺害；她的魂魄就一直守在新化，且英靈顯赫，住民爲她建廟，稱她「興媽姑娘」。見胡萬川編，《台南縣閩南語故事集（四）》，頁196～203。

三五娘》〔註86〕）。

　　貞節觀大興之後，男女之防更爲嚴峻。由於明清時封建禮教發展到巔峰，導致男權高漲，對婦女單方面的性禁錮也愈加強化，貞節觀即是剝奪女性愛情、婚姻權利的最有效的武器：除了唯一一次合法的婚姻之外，嚴禁女性與其他男子交往，以確認女性成爲唯一合法丈夫的性工具，保證丈夫無論生前死後對妻子的絕對占有。在這樣的貞節觀下，產生了無數的貞節烈女；她們自以爲天生不潔，她們謹守禮教、刻苦自持，甚至不惜賠上性命，成爲父權意志的無辜的犧牲者而不自覺。

　　女教典籍對女子諄諄教誨：

　　　夫有再娶之義，婦無二適之文。（《女誡・夫婦》）

　　　忠臣不事兩國，烈女不更二夫。故一與之醮，終身不移。男可重婚，
　　　女無再適。是故艱難苦節謂之貞，慷慨捐生謂之烈。……（《女範捷
　　　錄・貞烈》）〔註87〕

男人可以再娶，女子卻必須以夫爲天，不可逃、不可離，終身忠貞不二，即使夫亡亦不可隨意改嫁。於是貞節成了女性的專利，也成爲評斷女性的道德標準，「貞女烈婦」即是對女性最高的評價。

　　尤其「餓死事小，失節事大」這一流惡後世之說，至清季已是「村農市兒皆耳熟焉」（《方苞集》卷四），〔註88〕兼以官府不斷進行沸沸揚揚的宣傳與表彰，一人節烈，家族、鄉里同享榮耀，即使荒村僻壤亦受到習染，貧民下戶之女也紛紛以貞節自勉，貞節觀普及城鄉，且深入人心。

　　旌表是國家維護風教的行政措施，對於婦女的旌表分爲貞、孝、節、烈四種名目，婦人符合典範者，即可依例請旌，其資格認定如下：〔註89〕

　　　女未字在母家守貞者，曰貞女，已字未嫁而夫死，遂赴夫家守貞者，
　　　曰貞婦，女家無男子，女自誓在家中守貞、奉養父母終老者，曰孝
　　　女。出嫁孝養舅姑代替危難者、婦代夫危難者，均曰孝婦。夫死守

〔註86〕見黃哲永編，《東石鄉閩南語故事集（二）》，頁50～54。

〔註87〕見劉氏，《女範捷錄・貞烈篇》，收錄於張福清編注《女誡──女性的枷鎖》（北京：中央民族大學，1996年6月），頁37。

〔註88〕見高世瑜，《中國古代婦女生活》，頁130～131。

〔註89〕此爲光緒二十年（1894年）台灣纂修通志總局所開列的「采訪貞孝節烈婦旌表事例」；盧德嘉，《鳳山縣采訪冊》，文叢第七十三種（台北：台銀，1960年），頁22～24。

> 節、孝養舅姑、撫孤成立者，或無子而守節終養者，均日節孝，凡
> 節未有不孝者也。不論妻妾，但年三十以前夫死而守節至五十歲，
> 或年未五十身故、其守節以及六年者，均日節婦。夫死以身殉夫者，
> 日烈婦。遭遇盜賊強暴捐軀殉難者，婦日烈婦，女日烈女。力不能
> 拒，羞憤即時自盡者，亦合旌表例建坊。凡婦女貞而兼孝者，日貞
> 孝；兼節者，日貞節；兼烈者，日貞烈；節而兼孝者，日節孝；兼
> 烈者，日節烈。

在禮教規範與旌表節烈的重重制約下，女性不論是否出於自願，皆必須奉行
不悖。寡婦若再嫁將遭人鄙夷恥笑，承受極大社會壓力，因此除了少數迫於
生計的婦女仍有再嫁者外，守節成了喪偶婦女無可選擇的道路。

以下是幾則夫死守節的故事：

林氏在二十歲時嫁給辜湯純爲妻，婚後沒幾年丈夫就因病死了，林氏自
己沒有生育，但撫養其夫與妾所生的兩個兒子以至成人，一如己出，平日侍
奉婆婆亦稱最孝，鄉黨宗族對她都非常稱許；林氏死後，地方官爲她疏請旌
表，後入祀節孝祠；鄉人感念她的懿德，爲她建廟，即府城辜孝婦廟（《台灣
民間傳奇（九）·黃寶姑從一而終》〔註90〕）。

洪家媳婦既年輕，又沒有生一男半女，在丈夫染重症死後，因她認爲烈
女不嫁二夫，情願長守著沒有希望的寡，即使家道窮困，但她願意吃苦，寧
死也不肯改嫁。俠盜曾切自小由寡母養大，最了解寡婦生活不容易，因此特
別敬重節婦；〔註91〕他稱許洪家媳婦賢慧貞節，特地向大富戶陳遜言「借」
了一千兩銀子助她贖身及做爲生活費，助她達成守節的心願（《台灣民間故
事·曾切的故事》〔註92〕）。想娶她當姨太太的吳姓富戶或許並非善類，但未
來或許會出現可以託付終身的對象；然而洪家媳婦卻寧願葬送半生青春，孤
子以終，也絕不再嫁。這樣的故事無異強烈推銷「節婦」的品格情操，不人
道的一面被包藏在美化的道德糖衣中；俠義如曾切者，亦成了專制父權的幫
兇。

皇室公主亦不可二嫁：黃員外在水患時救了蝴蝶、烏鴉、猴子，又救了
馮雄並收留他做家丁。後來蝴蝶精令公主昏迷不醒，又爲黃員外送上可治癒
公主的寶珠；當皇上傳令能醫好公主者就招爲駙馬，黃員外就讓馮雄陪同兒

〔註90〕見林藜，《台灣民間傳奇（九）》（台北：稻田，1995年12月），頁177～184。
〔註91〕見《台灣民間傳奇（二）·千金一擲輕》（頁200～207）對曾切的描述。
〔註92〕見王詩琅，《台灣民間故事》，頁30～39。

子黃生上京；但馮雄卻在半路將黃生推落斷崖，自己入宮獻上寶珠，成了駙馬。黃生被猴子救起，之後淪爲乞丐；一次包公出巡，烏鴉、蝴蝶、猴子到轎前喊冤，包公向黃生問明來龍去脈，用龍頭鍘斬了假駙馬馮雄。但因爲皇帝的女兒只能嫁一次，不能再嫁黃生，因此黃生便成了一個有名無實的「空殼駙馬」(《雲林縣閩南語故事集（三）‧救蟲豢救人》〔註93〕)。故事中的公主乃皇室成員，尤須爲民表率，因此得遵循最高道德標準的要求；明代典制即明確規定，皇室之女不得再嫁。〔註94〕女子不二適，不管任何原因嫁錯了人，女人都不應再有第二次嫁人的機會。

一婦人在鄭成功進攻漳泉的戰亂中和丈夫兒子失散，逃到台灣後在鳳山受傭，雖然有人勸她改嫁，但她堅決不肯，相信總有和家人團圓的一天(《台灣歷史故事‧孝子尋母記》〔註95〕)；即使丈夫兒子生死未卜，女人仍要堅定持守貞節。

至於未婚而夫亡，徒具夫妻之名，從無夫妻之實，女子也甘願守節：

才女蔡碧吟在父親安排下與舉人門生賴文安訂婚，卻逢乙未年日軍入台，蔡家逃往廈門，婚事只好延期，但當賴文安前往廈門，竟一病不起，自此蔡碧吟爲未婚的丈夫守節，絕口不談婚嫁(《台灣民間傳奇（四）‧才女蔡碧吟》〔註96〕)。

秦雪梅和商霖自幼指腹爲婚，但商霖家窮，他病中秦父不讓雪梅去探視，反而差派婢女愛玉代替女兒成婚沖喜；商霖死後，雪梅再三哀求，父親才讓她去商家；雪梅向公婆表示願意爲商霖守寡，後來愛玉生下商輅，兩人一起將他撫養長大(《雲林縣閩南語故事集（四）‧雪梅的故事》〔註97〕)。未婚而夫死，卻情願守節，這是貞節觀對女子成功滲透的成果。

另一則雪梅的故事另有發展：雪梅在丈夫商霖死後，立了貞節牌坊，奸臣文禧就想陷害她，他每天到雪梅面前拉琴唱曲談笑，雪梅心中便漸起波瀾；文禧約雪梅八月十五幽會，打算咬下她一根手指，上殿面聖；商霖在前一晚

〔註93〕見胡萬川、陳益源編《雲林縣閩南語故事集（三）》(雲林縣文化局，2001年1月)，頁168～181。

〔註94〕唐代公主再嫁者眾多，此規定與唐代自由開放的風氣不可同日而語。見高世瑜，《中國古代婦女》，頁117。

〔註95〕見王詩琅，《台灣歷史故事》(台北：玉山社，1999年2月)，頁46～95。

〔註96〕見林藜，《台灣民間傳奇（四）》，頁17～24。

〔註97〕見胡萬川、陳益源編，《雲林縣閩南語故事集（四）》(雲林縣文化局，2001年12月)，頁146～152。

託夢給妻子，告訴她奸臣的詭計，雪梅才沒有誤入陷阱，而去赴約的婢女果真被咬下一指；由於商輅曾說母親若守不住清白，他願被斬首，因此文禧上奏雪梅不貞，意圖置商輅於死地；商輅於是請母親上殿，證實十指俱全，並無不軌（《雲林縣閩南語故事（二）・奸臣害雪梅》〔註98〕）。寡婦貪歡將可能導致身敗名裂，乃至家破人亡的後果，儘管故事裡也說「畢竟人心是禁不起引誘的」，儘管人心都害怕孤寂而渴望情愛，但貞節的大纛使寡婦沒有正常管道開創第二春，甚至不敢或不曾有再嫁的念頭；無論是出於自願或受制於社會眼光，寡婦唯有克制情慾、心如止水守著貞節牌坊或丈夫的牌位，終此餘生。

節婦雖博得聲譽，生活卻是痛苦的，一則由於女子謀生不易，貧困之家度日艱難；又即便衣食無虞，內心仍有無盡的苦惱與煎熬，畢竟她們也是血肉之軀，所謂「死節易，守節難」（《明史・列女三》），每一座貞節牌坊背後都有斑斑血淚。

林春娘為余家童養媳，未婚夫遇海難時她年僅十三，但已知道烈女不嫁二夫的道理，她認為夫妻名分已定，決定在夫家守節，事奉婆婆。父母勸她趁早嫁人，免得守活寡，吃一輩子苦，但她心堅如石，始終不為所動。春娘在二十歲時領了一個養子，那年婆婆也過世，父親再勸她改嫁，說她孝心已盡，對得起余家了；但春娘決意將養子撫養成人，以接續香煙；無奈養子竟生病死了，春娘又過繼族兄之子，長大後替他娶了巫家女兒為妻。春娘的繼子只生下一個兒子，不久也染病而死，春娘繼續和命運搏鬥，與寡媳巫氏一起撫育幼孫。地方官將她生平事蹟專摺上奏，得到敕旨旌表，建了一座貞節牌坊。至戴潮春之役，大甲水道被切斷，眾人認為春娘孝感動天，請她出來求雨，果真大雨隨即降下；之後水道又兩度被切斷，春娘三次禱雨，皆得大雨滂沱，城圍因此而解，城中人直把她當成了神仙。林春娘晚年可說苦盡甘來，不但媳婦孫兒孝順她，鄉里親族無一不尊敬她；春娘享年七十多歲（一說八十六歲），地方士紳贈稱她為「貞節媽」，塑像供在鎮瀾宮裡，與大甲媽祖同受香火（《台灣民間傳奇（六）・林春娘慈悲如佛》〔註99〕）。未嫁守寡而節孝至此，堪稱女子典範。

〔註98〕見胡萬川、陳益源編，《雲林縣閩南語故事（二）》（雲林縣文化局，2001年1月），頁144～151。
〔註99〕見林藜，《台灣民間傳奇（六）》，頁160～169。

　　然而並非所有貞節女子都能受到旌表：大甲一名婦人，小時候寄人籬下，
[註100] 後來丈夫不幸過世，她守節到八十多歲，不曾改嫁，也不曾上胭脂化
妝打扮，守寡非常堅貞，終於受旨建坊。但地方人士卻認為這個貞節牌坊是
「撿到」的，因為各地守節女子很多，只是沒被發掘，再者公文傳送慢如龜
步，上奏等到回文，事情早已冷淡。而當時大甲巡司乃是皇帝的小舅子，有
特權可直接上達天聽，不必經過彰化縣、台南府、福州總督，大甲才有福氣
建貞節牌坊（《大甲鎮閩南語故事集（一）・貞節坊的由來》[註101]）。由此可
見，能否獲得朝廷旌表，還得看天時地利人和，貞節女子默默老死者不知凡
幾。此外，敘述者又提到，「貞節要守到如同茶油般清澈，守到如同芋頭葉上
那點露珠般晶瑩純淨，毫無污染」，社會量尺的高標準可見一斑。

　　對於不貞犯淫之人，社會絕不寬貸。明鄭入台時即樹立刑罰：鄭成功軍
律嚴明，禁止淫掠，犯者立斬；如攻破敵方城市，諸軍雖爭取財物，遇婦人
在房，則立退不可進入；他又立法：有犯奸者，婦人沉入海中，姦夫則用棍
打死（《台灣民間傳奇（一）・重典振軍心》[註102]）。鄭氏法令既固守男女之
防，又嚴懲奸夫淫婦，以重典助長貞節之風。

　　然而鄭經卻有不倫之事：陸氏原是鄭成功五子鄭智的奶媽，鄭經見她美
豔，和他私通而生克臧，這在當時是最傷名教的事，鄭成功聞之大怒，曾下
令斬殺他們（《台灣民間傳奇（六）・陳烈婦一絕殉夫》[註103]）。

　　在貞節觀的道德藩籬箝制下，女人節操被嚴格檢視：

　　英台男扮女裝要去私塾唸書時，她的嫂嫂故意說「可別去時包巾包書本，
回來時包巾包孩兒」，她是以看好戲的心態對英台此去能否全身而退大表懷疑
（《雲林縣閩南語故事集（三）・山伯英台的故事》[註104]）。

　　薛仁貴在李員外家當工人，一天在騎樓下睡覺，小姐憐他全身凍得蒼白，
拿了件衣服幫他蓋著，不想卻誤拿了珍貴的真珠衣。員外發現後，認為女兒
和那工人有來往，敗壞門風，給她一條繩子、一包毒藥，要她自行了斷。母

[註100] 其口述原文是「較早做查某囝仔，食人水米」，可能是養媳或養女。
[註101] 見胡萬川、黃晴文編，《大甲鎮閩南語故事集（一）》，頁 44～51。這則故事
　　　　的主角與林春娘生平若合符節，但敘述者並未指出人物姓名。
[註102] 見林藜，《台灣民間傳奇（一）》，頁 9～15。
[註103] 鄭經將克臧寄養在民間，後因原配唐氏沒有生兒子，才將他接回家中。見林
　　　　藜，《台灣民間傳奇（六）》，頁 36～45。
[註104] 見胡萬川、陳益源編，《雲林縣閩南語故事集（三）》，頁 134～143。

親趕緊叫奶媽帶小姐逃走去找薛仁貴，又把弓鞋放在井邊，說女兒已經跳井，員外竟隨即叫人把井填起來（《嘉義市民間文學集 5 閩南語故事（二）・薛仁貴的故事》〔註105〕）。女人一旦壞了名聲，便再無立錐之地，連做父親的都可以毫不顧惜骨肉之情。在所謂的名節之下，女人的生命如此輕賤，正是所謂「禮教殺人」！

薛仁貴離開懷孕的妻子去從軍，直到十多年後征東回朝，受封爲太平王，這才回瓦窯尋找久別的妻。他見床下有一雙男鞋，馬上懷疑妻子再嫁或是與人同居，卻不知原來那是素未謀面的兒子薛丁山的鞋（〈薛仁貴的故事〉）。

旅館老闆娘遺失了貴重的金鐲子，丈夫認定她一定是送給男朋友了；妻子一方面懊惱自己大意弄丟鐲子，又氣丈夫不相信她，竟就上吊死了。旅館主人又懷疑是妻子的陪嫁丫頭偷的，對她厲聲叱喝拳打腳踢，逼她承認自己是竊賊；那丫頭百口莫辯，也跳河自殺了。原來那天有個趕考的讀書人來投宿，金鐲子就是被他的僕人撿走的；只因旅館主人疑心太重，誤會了妻子，也冤枉了丫頭。那讀書人考完試才知道僕人在旅館撿到金鐲，回鄉時即將金鐲奉還；旅館主人悔恨自己害了兩條人命，也上吊而死（《台灣民間傳奇（五）・拾金不可昧》〔註106〕）。在男權社會中，丈夫與妻子、主人與婢僕，同樣有從屬尊卑之分，男子以一家之主的優勢位階，在沒有證據的情況下即可聲色俱屬任意指控妻子外遇、婢僕偷竊，地位卑下的一方人微言輕，無法爲自己洗脫罪名，其間性別宰制的痕跡相當鮮明。

有個婦人遇到僵屍，僵屍害死了她丈夫，但左鄰右舍卻議論紛紛，說是妻子有外遇，謀殺親夫，官差就來把她抓去拷問；幸虧後來找到了證據，案情大白，大家才相信那婦人是個好女人（《蘆竹鄉閩南語故事（一）・僵屍的故事》〔註107〕）。當丈夫死因不明，妻子就被懷疑紅杏出牆，這是對女人人格和人權的踐踏；而這當中，街坊鄰里就是偵測女人貞節的耳目，無時無刻虎視眈眈，他們捕風捉影的流言具有致命的殺傷力，女子在不友善的社會監控中，不免得時時戒慎恐懼。

〔註105〕見江寶釵編，《嘉義市民間文學集 5 閩南語故事（二）》（嘉義市文化局，2000年12月），頁12～29。

〔註106〕見林藜，《台灣民間傳奇（五）》（台北：稻田，1995年12月），頁24～30。

〔註107〕衙役在婦人的指引下挖到一具棺材，僵屍就坐了起來，他們灑下黑狗血和銅針，僵屍才倒下去。如此一來，證實婦人的丈夫的確是被僵屍殺死的。見胡萬川編，《蘆竹鄉閩南語故事（一）》，頁108～114。

一名男子有一個指腹爲婚的未婚妻，他考中狀元之後，有人故意挑撥說他未婚妻不是好女人，對他不貞，他就決定到未婚妻家一探究竟。他等未婚妻父母不在家的時候上門，假稱因天黑無法趕路，請小姐舀水出來給他解渴，但小姐在屋內不出來，要他自己去水缸舀水；他又跟小姐借床、借枕頭睡覺、借斗笠搧風，小姐都只是口頭應答，沒有出來見陌生男人；經過這些試驗，狀元才相信他未婚妻是謹守禮教的貞潔女子（《台南縣閩南語故事集（五）·試未婚妻》〔註108〕）。流言可畏，不論已婚未婚，女人都必須嚴守男女之防，避免招來流長蜚短。

也有女子遭人以不守婦道之名刻意陷害：有個寡婦因擁有巨產，早爲族人所垂涎，但她行止端正，族人對她無機可乘；有一年，那寡婦的肚子突然膨脹起來，且逐月加大，族人見狀大喜，以寡婦不守貞節送交府堂，將她判刑處死；其後，鄉人認爲事有蹊蹺，請求解剖驗證，原來並非有孕，而是長了肉瘤（《台灣民間傳奇（七）·許超英重義濟貧》〔註109〕）。

另一異文是說，有個當大伯的，在弟弟過世後想霸占他的財產，見弟媳腹部隆起，就告官誣賴弟媳懷了孕，要把她趕出去；那婦人雖辯稱冤枉，但因舊時醫學不發達，只能剖腹求證，婦人爲洗清嫌疑，就同意縣官進行剖腹，果然腹中長瘤而非胎兒，但寡婦也因而喪生（《宜蘭縣民間文學集（二）·新民堂的由來》〔註110〕）。對於子虛烏有的指控，女人竟必須付出生命才能證明清白！寡婦即使潔身自愛，也阻擋不了險惡人心，乃致遭人陷害，甚至含冤而死。

然而，在如此社會氛圍下，也出現作風大膽的女子：陳寶長得很漂亮，追求者眾多，都是有錢人；但她用情不專，男友換來換去，卻沒有嫁過人；因爲她個性開放、特立獨行，引來眾人非議，認爲她瘋瘋癲癲的，私下就叫她「瘋寶」，其實她精神很正常，跟一般瘋子不同（《雲林縣閩南語故事集

〔註108〕見胡萬川編，《台南縣閩南語故事集（五）》，頁 56～65。這狀元在第二天出發前題了一首詩送給他的未婚妻：「日落西山在妻家，要喝開水不用柴，有柄枕頭無柄扇，奇怪床鋪十六腳。」有柄枕是杵，無柄扇是斗笠；四張椅馬仔拼成床，共十六隻腳。這首詩雖與《清水鎮閩南語故事集（二）·子婿題詩》（見本論文第一章第一節（三）婚前不相識）中女婿所題的詩雷同，不過由於接待的人不同，故事的含意也各異。
〔註109〕見林藜，《台灣民間傳奇（七）》，頁 155～164。
〔註110〕見宋隆全、胡萬川編，《宜蘭縣民間文學集（二）》（宜蘭縣立文化中心，1999年 6 月），頁 26～33。

（五）‧狷寶樓傳奇》〔註111〕）。在清末及日治時期的保守農村，諸如陳寶這類周旋於諸男子而不婚的女性，其離經叛道的行徑大大違背傳統女性專一貞靜的形象，被視之爲瘋狂也就不足爲奇了。

在父權社會中，無論婚前婚後、夫在夫亡，女子貞節被嚴密監控，失去了身心自由；前述諸多故事即是顯例。多數女性在輿論或社會規範等「集體他者」的強力凝視下，內化了男人異化女人的觀點，〔註112〕自陷於父權架設的囚籠；少數敢於挑戰父權價值的女子則被視爲異端，必然招來各方撻伐。

三、烈婦烈女

貞節觀發展到極致，守節已是常態，殉節才能激揚名聲，彰顯道德完善。「有子則守志奉主，妻道也；無子則潔身殉夫，婦節也。」〔註113〕夫亡殉夫乃被視爲理所當然的「婦節」！若夫亡時尚有翁姑在堂，或遺孤幼小乏人照顧，殉夫並非節婦的最佳選擇，她們必須贍養公婆，延續夫家血脈，如此不僅仍符合從一而終的標準，亦是節孝的典範。

鄭克塽降清之際，寧靖王交代完後事，準備殉身宗社；他的妾侍袁氏、王氏、秀姑，甚至侍女荷姐、梅姐都堅持追隨王爺全節，五人同時投繯自盡，後人崇敬其義烈，建五妃廟。故監國魯王的女兒也是明朝後裔，丈夫已死，面對亡國之辱亦不願偷生，但寧靖王勸她不可尋死，尚有老姑和幼子需要她照顧（《台灣歷史故事‧寧靖王》〔註114〕）。可見，奉養翁姑及撫育子女乃是寡婦的重任，不應有輕生之念。至於五妃從夫而死，被認爲是「重氣節，辨生死，難能可貴」，〔註115〕在那講究忠貞大節的舊時代裡，生而改嫁爲人不齒，出家或守寡雖不致使生命出現瑕疵，但唯有以「死」相殉才是至高無上的節操，這就是所謂的「辨生死」，鼓動女子犧牲生命換取高潔名譽，在殉夫的浪潮中前仆後繼。

鄭經死後，董國太逼死監國鄭克臧，另立鄭克塽襲延平王位；監國夫人

〔註111〕見陳益源、潘是輝編，《雲林縣閩南語故事集（五）》（雲林縣文化局，2003年5月），頁54～67。

〔註112〕參見鄭至慧，〈存在主義女性主義──拒絕作第二性的女人〉，顧燕翎主編，《女性主義理論與流派》（台北：女書文化，1996年9月），頁84～85。

〔註113〕此爲明代蕪湖張烈婦所言，載《明史‧列女傳》，見高世瑜，《中國古代婦女生活》，頁136。

〔註114〕見王詩琅，《台灣歷史故事》，頁38～45。

〔註115〕見《台灣民間傳奇（七）‧五妃魂貞烈堆旌》，頁197。

陳氏是參軍陳永華的女兒，因陳永華對國家建有大功，董國太安撫陳氏留住宮中，但陳氏說她「從前是鄭家的媳婦，今天已變成了罪人的妻子」，便扶柩搬出宮去；當時陳氏已有身孕，她的哥哥曾勸她保存遺孤以延續監國香煙，陳氏卻說，雖然常態理應如此，但人為刀俎我為魚肉，縱然生下遺孤仍是死路一條，因此她在亡夫百日忌後即上吊殉夫（《台灣民間傳奇（六）‧陳烈婦一絕殉夫》〔註116〕）。即使有寡居撫孤的志節，如迫於時勢而不可為，殉死才得以全節。

孟姜女和韓杞年雖然只做了七天夫妻，卻甘願跋山涉水千里尋夫，還哭倒長城，背回韓杞年的屍骨；後來秦始皇看上她，她不能拒絕王命，又絕不肯嫁給害死丈夫的暴君，便提出三個條件做為緩兵之計：一要替韓杞年帶孝，二要傳孟家後代，三要在海底蓋新房；最後孟姜女等到機會，將秦始皇推落海底，為丈夫報仇（《宜蘭縣口傳文學（上）‧秦始皇反奸》〔註117〕）。

異文《台南縣閩南語故事集（五）‧孟姜女》〔註118〕中，秦始皇答應孟姜女的條件，在迎娶當天披上麻衣，為萬杞郎帶孝，孟姜女則在新娘服裡面穿上孝服，表示為丈夫守喪；迎親隊伍行經海邊，她藉口要和丈夫道別，走下轎，跳海而亡，以此保住清白，誓死不再他嫁。他夫妻二人緣份雖薄，孟姜女的堅貞卻不曾稍減，終於不負夫妻之義，此乃又一節烈女子典範。

又另有寡婦遭人誣陷，也以死明節：乾隆年間，府城富戶陳姓大族和官宦侯姓家族，因爭奪風水漸成水火；後來侯氏因子與女孝、婦人貞節，奏請旌表，建華表石坊各一座，陳姓大戶認為截傷了他們的龍脈，便蓄意報復。侯家節婦深居簡出，不事應酬，陳家收買侯家一個年富力壯的釀酒工人，不時以褻詞媚態誘惑節婦；一晚，他在隔壁酒坊用荔核製造爆聲，節婦開門探看，那小伙子便趁機將她一把摟住，陳家又安排挑糞夫來撞個正著，隨即大聲叫嚷，引來鄰人議論。翌日，節婦已懸樑自盡，而壞人名節的小伙子和挑糞夫都遭雷劈，一斃命一癱瘓。「三個荔核爆，一座石坊崩」的俗諺，正是從一個寡婦含冤自殺的傳說衍生出來的（《台灣民間傳奇（十二）‧侯氏石坊不

〔註116〕見林藜，《台灣民間傳奇（六）》，頁36～45。
〔註117〕見邱坤良等編，《宜蘭縣口傳文學（上）》，頁191～195。《羅阿蜂、陳阿勉故事專輯‧秦始王的故事》（頁 42～55）與這則故事情節雷同，不過孟姜女的丈夫名字是萬杞良。不論是韓杞年、萬杞良，或是下文中的萬杞郎，指的都是同一人物。
〔註118〕見胡萬川編，《台南縣閩南語故事集（五）》，頁108～119。

曾污》〔註119〕）。

　　至於未嫁烈女也有因改聘而輕生：黃寶姑曾與閩南人吳金定親，吳金父親死後，家道中落，後來他在彰化做生意時又遭逢戴潮春起兵，受困城中，血本無歸；因家中還有幾畝薄田，便打算回故鄉閩南。如果立刻與寶姑成婚，攜眷回鄉，以他的經濟情況實有困難；但如果自己先回鄉，等生活有著落再來迎娶，那又過於渺茫；他不願耽誤人家青春，只有退婚一途。寶姑的父親原不肯應允，但吳金說，與其將來妻子跟他吃苦受罪，不如把婚退了來得兩全其美；父親也擔心女兒過苦日子，就勸她，嫁這麼一個窮漢非終身之福，況且吳金是自願退婚，黃家並沒有對不起他。然而寶姑認為，「餓死事小，失節事大」；「從一而終，那是天經地義的事」，因此堅決不答應。一家染坊主人聽說吳金堅決退婚，又仰慕寶姑的賢慧，便有意攀親，這令寶姑左右為難。一旦同意退婚，改聘他人，即有失婦節；如堅持從一而終，違反父命，則又陷於不孝。她苦思之後，隔日沐浴更衣，至廟寺禮佛祝禱，隨即投湖而死。後來屍體浮出水面，面容顏色一如生前，人們都以為那是由於她的節烈之氣所感；到出殯那天，城中官紳和街坊多親往弔祭，以旌其烈。更有人為她立下碑碣，碑文載：「……夫以年幼女子，出身微賤，能從容就義，視死如歸，洵可傳矣。豈天性不磷，而自完其真耶！」（《台灣民間傳奇（九）‧黃寶姑從一而終》〔註120〕）。

　　故事裡說，寶姑年幼時即愛誦讀詩書，因此明理而知大義，還常把古來節烈的故事說給女伴們聽，但聽到的人大多一笑置之，寶姑自己卻信之不疑，終而走上相同的道路，成為下一個烈女。對她來說，或許是求仁得仁，然而，她義無反顧以年輕的生命成為貞節觀的殉葬品，這實應歸咎於那一干所謂女教典籍毒害人心。故事結尾這段道貌岸然的碑文，完全是男性話語發聲──女子可以守節，甚至求死，但對丈夫絕不可有貳心；而不吝惜生命，勇敢追求節烈，更是女子的最高理想。然而，從故事內容看不出寶姑和吳金有情感牽絆，只因社會加諸她的婦德觀使她堅信，訂了婚就是定了名分，絕不可他嫁，但她所服膺的信仰又與父命相違，節孝不能兩全，「她應走的路」乃是一

〔註119〕見林藜，《台灣民間傳奇（十二）》，頁 101～109。惟據台灣縣志所載，侯家寡婦二十八歲時矢志守節，勤苦撫養二男一女成人，五代同堂，活到八十五歲，並不曾含冤自殺；見故事篇末，頁 109。

〔註120〕見林藜，《台灣民間傳奇（九）》，頁 177～184。

死明志，死了也就沒有不孝或另嫁的糾葛了。可悲的是，寶姑恪遵三從四德的女教，卻必須在「從父」和「從夫」之間擺盪，在她所依附的兩個男人之間，她原已沒有自我，最後更消殞於夾縫之中。

五妃因殉死而「難能可貴」，寶姑也因其死而足以傳世，這些烈女必須「視死如歸」才能找到完美圓滿的生命定位，而社會輿論也因她們的死而肯定表彰她們的節烈，使她們的生命散發光彩。然則，生命何其寶貴，存在的意義豈在求死？那些帶有嚴重潔癖的道德要求明顯違反人性，但上自帝妃官紳，下至販夫走卒，莫不推崇節烈，扭曲的道德標準造就一個個從容赴義的烈女，而這些烈女又成為後世典範，更加鞏固貞節觀的合理性。女子或受潛移默化，或受制於強大的社會壓力，無論主動被動，都浸淫在貞節義烈的思維之中，失去身心的自由。

呂阿棗又是另一個貞烈女子，她的母親出身娼家，因過慣歡場生活，用錢無度，便利用她兩個姐姐做搖錢樹，鎮日花枝招展在家中招蜂引蝶；阿棗看不慣母親與姐姐們的逢迎諂媚，總是深居簡出。有一魏姓大族見過阿棗即驚為天人，送上大筆銀子要求包月同居，阿棗寧死也不肯走姐姐們的老路，被母親痛打一頓。魏某展開銀彈攻勢極力討好阿棗的母親，兩人不斷算計如何迫使阿棗就範，阿棗幾次躲過圈套，自忖將來恐怕難免受辱，不如死了乾淨，便沐浴更衣，焚香禮佛，自縊以保清白。出殯時，當地名士還令家中子弟各具瓣香禮送，且新竹城中，不管識與不識，自動前來執紼者不下四、五百人（《台灣民間傳奇（十二）‧呂阿棗出泥不染》〔註121〕）。以送葬行列觀之，可見時人對貞烈女子的崇敬，然而，封建父權社會並沒有讓女性獨立的機會，女子即使端莊自重也難以自保，世道如此，唯有一死才能徹底擺脫奸邪之徒的糾纏。

「清代婦女道德的宗教化，經常透過極端的道德行為來表現」，〔註122〕如呂阿棗與黃寶姑選擇以死明志即是顯例，而她們死前都先「沐浴更衣，焚香禮佛，虔心祝禱」，這些儀式正意味著貞節觀宗教化的敬虔心態，對她們而言，貞節高於生命，值得生死以之。

此外，貞、孝雖然同為婦德之要求，但若二者不能兩全時，「貞」的重要

〔註121〕見林藜，《台灣民間傳奇（十二）》，頁191～200。
〔註122〕周婉窈，〈清代桐城學者與婦女的極端道德行為〉，《大陸雜誌》87卷4期（1993年10月），頁157～182。

性常凌駕於「孝」之上，〔註123〕如呂阿棗及黃寶姑爲守貞而違背父母的旨意，還是受到各界讚譽推崇，足見貞節觀深植人心。

女子節烈也表現於婚姻形式之外：在兵災或動亂中，許多烈女因抗拒亂兵盜賊而死，亦有不願苟全辱身，出於預先防範，提前自絕以保全貞潔。她們寧爲玉碎、不爲瓦全，維護個人尊嚴的意志固然可貴，但這當中，刻骨銘心的貞節觀毋寧是她們從容就死的最大動力。

有一戶官家隱居在小村莊裡，一天，來了一群強盜殺死兩個老人家，強盜頭子抓走他們的獨生女向她逼婚，這女孩要求強盜做到三件事才願意嫁他：爲父母做功德法事，結婚那天她要外穿紅衣、內穿白衣，表示孝心，並向父母拜別。強盜見她溫順，就答應她的要求。結婚當天，新娘到父母墳前，褪去紅衣，就撞墓碑自殺了；那強盜怕受良心譴責，就在路邊爲女孩設牌位，即姑娘廟的由來（《彰化縣民間文學集 18〔芬園花壇秀水地區〕・姑娘廟的傳說》〔註124〕）。

林大乾豎旗謀反，在打鼓山爲清兵圍迫，計議下山逃亡，他的妹妹是個弱女子，擔心自己纏手絆腳連累哥哥，又不願遇敵而受辱，因此執意尋死，拔起林大乾佩刀自刎身亡，以全清白（《台灣民間文學集・林大乾兄妹》〔註125〕）。

澎湖南大嶼的住民被海盜殺光了，只剩下七位婦女，她們誓守貞節，便投井自盡，魂魄化爲花，開在海濱，鮮豔奪目（《台灣民俗・女魂花》〔註126〕）。

在男權至上的社會中，女人從來「沒有什麼個人的東西去界定自己，除了她們的貞節和她們在家庭名譽受損時甘願自我犧牲的精神」。〔註127〕烈女烈婦各爲不同的理由殉節，她們都是貞節觀的犧牲者，卻執迷無悔。一如上述故事中的「女魂花」，豔麗的花色象徵了她們以生命向父權獻祭的斑斑血痕。

〔註123〕張靜茹，《敘事文學中的台灣清代婦女行爲類型研究》（中正大學中國文學研究所碩士論文，1996 年），頁 44。

〔註124〕見胡萬川、康原、陳益源編，《彰化縣民間文學集 18〔芬園花壇秀水地區〕》（彰化縣文化局，2002 年 4 月），頁 104～110。

〔註125〕見李獻璋編，《台灣民間文學集》，頁 27～30。

〔註126〕見吳瀛濤，《台灣民俗》，頁 364。

〔註127〕周蕾，《婦女與中國現代性——東西方閱讀記》（台北：麥田，1995 年 1 月），頁 116。

第四節　良人遠遊

一、漫長等待

在貞節觀的道德約束下，即使丈夫長年不歸，甚至生死難卜，婚姻名存實亡，為妻者仍要守節等待，專一到底；而嚴峻的律法對婦女再嫁也具有嚇阻作用：

> 婦人義當從夫，夫可出妻，妻不得自絕於夫，若背棄其夫而逃走出外者，杖一百，從夫嫁賣；因在逃而輒自改嫁者，絞。夫為妻綱，棄夫從人，人道絕矣。其因夫逃亡在外，音信不通，不知去向生死，亦須待三年之外，明告官司為之判理；若三年之內不告官司而逃去者，杖八十，擅改嫁者，杖一百。……〔註128〕

女子棄夫另嫁竟處以絞刑，可見清律對女子不貞罰則之重；若丈夫去向生死不明，也不能隨便改嫁，至少得等三年再請官府裁決，否則亦將處以杖刑。

律法雖用以防堵女子另嫁，但多數女性已內化從一而終的信念，自甘苦守家園，朝思夕盼，等待丈夫歸來。

當丈夫遠遊不歸，為人妻者只有等待。朱藩戰敗被蕃兵捉去，蕃王想招他為婿，他顧念家鄉的妻子，不願和蕃公主結婚，但這一住就是十六年。故鄉的妻子只能「惦著良人，淚流滿面浥衣裳」，後來玉皇大帝聽到她的悲切情曲，便派下天神使天落紅雨馬頭長角，羈留蕃國的朱藩才得以返回故鄉，從此和母親、妻子「樂享天倫，永不分離了」（《台灣民間故事集・紅雨和馬角》〔註129〕）。故事雖然有了團圓的結局，但那十六年的青春，竟是可能簡單一語帶過的嗎？最後的團聚模糊了長年等待的寂寞、焦慮和哀怨，所謂的「苦盡甘來」成為這類故事的注解，故事中的女主角因著遲來的幸福將一切苦楚輕易的一筆勾銷，這何嘗不是男性話語建構的神話？

薛平貴從軍之後，王寶釧開始苦守寒窯的日子，母親和大姐給她送東西或送錢，都因二姐向父親打小報告而被拿走，只能摘食野菜豬母乳裹腹，而薛平貴卻在番邦當駙馬，享受榮華富貴。直到鳥兒啣來寶釧的血書，薛平貴才想起可憐的寶釧，偷令旗回漢營（《石岡鄉閩南語故事集・王寶釧的故事》

〔註128〕見姚雨薌原纂，胡仰山增輯《大清律例會通新纂・戶律婚姻》卷9〈出妻〉條（台北：文海，未著出版年月），頁40。

〔註129〕見陳慶浩、王秋桂編，《台灣民間故事集》，頁233～236。

〔註130〕)。在饑寒交迫中,平貴全無音信,十八年無止盡的等待必然令寶釧身心備受折磨;除了相信平貴終非池中之物,支撐著她的,應是傳統女性從一而終的堅貞信仰;而等待的時間愈長,就越顯出妻子的忠貞。反觀薛平貴,在久別之後還要「試妻」!自己可以理直氣壯另娶番邦公主,卻不容許髮妻不貞,這種雙重標準即是父權統治下牢不可破的眞理。故事最後,薛平貴當了兩國國王,王寶釧也貴爲皇后,同樣以遲來的幸福與尊榮掩蓋十八年的艱苦歲月,彷彿只要是「苦盡甘來」收場,一切的犧牲都是值得的。

《沙鹿鎭閩南語故事集(二)・五百兩買著一個狀元子》〔註131〕故事中的出外人,家裡有母親、妻子、兩個小孩,他臨走前,太太還懷了一個孩子。他在外地謀生,努力工作了六年才帶著大筆錢回家,這時他家人已經走投無路,全都穿戴整齊準備去投河自盡了;還好他及時出現,沒有釀成悲劇。男人是家庭的經濟支柱,一旦斷了音信,家人就失去依靠;女人既無力生財養家,最後不免家破人亡了。

清代以來,漢人渡海來台者漸多;男人出外打拼,動輒數年不歸,妻子成了日夜思夫、盼夫來歸的「思婦」,她們只能忍受孤單,抱著期望,等待丈夫成功返鄉。

張泡和相士的女兒成婚後才沒幾日,相士即再三勸他渡海到外地去才會有發展,張泡於是從泉州渡台,在艋舺逐漸發跡,經商致富(《台灣民間文學集・張得寶的致富奇談》〔註132〕);然而此去經年,他只短暫相聚數日的妻,面對的卻是漫長的等待。

金枝雖然懷了身孕,仍然鼓勵丈夫從泉州遠去台灣求發展,甚至變賣了首飾給丈夫當旅費;過了一年多,丈夫仍杳無音訊,金枝依舊伺奉翁姑、撫育幼兒,全無怨言(《台灣民間故事集・周成過台灣》〔註133〕)。

丁克家幼年時,父親就離家渡海到台灣鹿仔港經商,一去十年,毫無音訊,留下他和母親在家鄉艱苦度日;原來他父親抵台後時生病痛,賺的錢都花在吃藥上,又不好意思寫信回家訴苦,且手頭一直拮据,沒有錢寄回家鄉,更覺得愧對妻子,便索性連信也不寫;丁克家的母親因沒錢看病,眼睜睜的

〔註130〕見胡萬川編,《石岡鄉閩南語故事集》,頁88~104。
〔註131〕見胡萬川編,《沙鹿鎭閩南語故事集(二)》,頁50~63。
〔註132〕見李獻璋編,《台灣民間文學集》,頁136~141。
〔註133〕見陳慶浩、王秋桂編,《台灣民間故事集》,頁132~141。

就病死了（《台灣民間傳奇（九）・丁克家孝感動天》〔註134〕）。

上述故事都呈現了女性在經濟上對男性的依附，正是因為女人被剝奪了營生的機會，因此必須寄食於男人，並因而內化父權價值，安於男人指派給她們的地位。〔註135〕這些故事同時以男權立場為女性樹立行為模式，告誡為人妻者，當丈夫長年在外，仍必須照顧家庭，耐心等待丈夫歸來。

二、書信傳情

有許多關於寫信的笑話，是出自識字不多的夫或妻，由於丈夫在外地工作或做生意，兩地相隔，見不到面，講不上話，只能藉由寫信說近況、道思念，即使大字認不得幾個，也要努力想方設法表達意思。

有個男人到外地工作，胡亂寫了一封信回家，遇到不會寫的字就打一個圈圈；他的妻子不識字，就請人唸給她聽，那人就把空的地方都唸做 khang¹，整封信就是：「觀音山上流水○，出外有誰不思○，許久不見賢妻○，思思念念○○○。」（《彰化縣民間文學集 9 故事篇（五）・觀音山上流水空》〔註136〕）另一個類似的故事中，有個男人在外遊玩，突然思念起家人，便寫了一封信，不會寫的字就用香戳洞，太太請秀才來念，被戳洞的地方就唸「孔」：「高山流水孔，思人不思孔，許久不見賢妻孔，思念孔孔孔。」（《彰化縣民間文學集 4 故事篇（二）・轉唇的詩》〔註137〕）不論戳洞或畫圈，這兩封信都成了語帶雙關的大笑話。

有個女人的丈夫出外賺錢，她想寫信又不識字，就畫了一隻鵝，一眼青，一眼黃，意思是「我餓得雙眼青黃了！」他丈夫也不會寫信，就把竹殼放進信封，表示他「的確」會回來（《彰化縣民間文學集 2 故事篇（一）・「竹殼」

〔註134〕母親病逝後，丁克家靠著鄰里湊來的旅費赴台尋父，父子重逢後，兩人相依為命，靠做小生意維生，後來老父中風，丁克家早晚照料，十年如一日，有一晚鄰居發生火警，眼看父子倆逃生不及，熊熊烈火燒到丁家大門竟自動熄滅，眾人一致認為是丁克家的孝行感動了天地神明。見林藜，《台灣民間傳奇（九）》，頁 40～85。

〔註135〕西蒙・波娃，《第二性》；見張岩冰，《女權主義文論》（濟南：山東教育出版社，1998 年 12 月），頁 48。

〔註136〕詩的原意是：「觀音山上流水響，出外有誰不思相？許久不見賢妻面，思思念念爹與娘。」見胡萬川編，《彰化縣民間文學集 9 故事篇（五）》，頁 120～122。

〔註137〕詩的原意是：「高山流水響，思人不思鄉，許久不見賢妻面，思念我爹娘。」見胡萬川編，《彰化縣民間文學集 4 故事篇（二）》，頁 184～188。

會轉來》〔註138〕）；丈夫再不回家，恐怕家中就要斷糧。

　　《台灣民間故事集・上大人》〔註139〕中的番薯姆託鄰居寫家信，要寄給在外經商離家十幾年的丈夫，那呆笨遲鈍的學生只能把私塾的描紅字抄一遍；沒想到，經過一位廟祝的妙解，竟使番薯姆的丈夫大受感動，先匯了一筆家用，不久就趕回老家團圓。〔註140〕過程雖是誤打誤撞，最後總算圓滿收場；從廟祝的解釋可以得知，番薯姆的丈夫不但長年在外，甚至從不曾寄錢回家，番薯姆就這麼認份的痴痴的等了十幾年。

　　這些以笑話形式呈現的書信，傳達了「男外女內」的傳統家庭運作模式，同時透露出妻子等待的無奈與女人無法經濟獨立的處境。

第五節　婚外情

一、未婚懷孕

　　封建社會容許男性三妻四妾，卻以貞節要求女性從一而終，除了唯一一次合法婚姻所嫁的丈夫之外，女子與任何男人的交往都屬婚外私情，乃是十惡不赦的罪孽。因此，女子在婚前必須為將來的丈夫保持童貞，若未婚犯淫，則玷辱家門，遭人恥笑。

　　九代窮在白小姐繡房下躲雨，當他換穿體面的衣服之後，成了翩翩美少年，小姐一見鍾情，隨即以身相許。父親發現女兒懷孕後，氣極敗壞要她自盡，嫂嫂和母親私下讓她藏在大桶子，投入溪流，再騙員外小姐已經跳井，狠心的父親還直說「死得好」，又派人拿石頭將井填滿（《彰化縣民間文學集4故事篇（二）・九代窮》〔註141〕）。在貞節觀瀰漫的舊時代裡，女子未婚懷孕被視為敗壞門風，罪無可逭，相形之下，骨肉之情已無足輕重。

〔註138〕見胡萬川編，《彰化縣民間文學集2故事篇（一）》，頁176～179。類似的寫信的故事還有《彰化縣民間文學集9故事篇（五）・曲館堆的豬母麼會曉吹簫拍 phiat^4》（頁82～89）。

〔註139〕見陳慶浩、王秋桂編，《台灣民間故事集》，頁317～319。

〔註140〕這名學生抄錄的是：「上大人，孔乙己，化三千，七十士，爾小生，八九子。佳作人，可知禮也。」廟祝如此解釋：「稟上丈夫大人。空去了一紀年。中間也沒有寄來三千元，或七千多錢。不孝有三，無後為大，自出門後沒有回家，也少生了八九個兒子。既做家長的人，這種人情義理，應該明白才對。」

〔註141〕見胡萬川編，《彰化縣民間文學集4故事篇（二）》，頁24～67。

有一擺渡人巧遇相爺千金，害起相思病，母親扮成賣花人向小姐求情，小姐答應藉上香讓她兒子見上一面，但廟中起火，那年輕人一心想見小姐竟不願逃生而被燒死了。他死後魂魄附在盆上，唱歌吹簫養活母親。後來，阿婆帶盆進相府表演，她兒子聲淚俱下向小姐訴說自初見至身亡的經過，小姐也感傷不已；之後盆突然破了，那碎盆埋到後花園，長出一株橘樹，卻只結一顆橘子，小姐吃了竟就懷孕了，生出一個男孩；由於嬰孩嘴裡含著一片橘子，父母這才相信女兒沒做不正經的事（《彰化縣民間文學集5 故事篇（三）・甘羅的故事》〔註142〕）。相爺做了外公，女兒卻尚未出嫁，若不是那一片橘子證明女兒的清白，恐怕仍要上演將女兒逐出家門的戲碼。

有個舉人到福州參加科考，住在姑姑家，和女佣人發生關係。他回台灣後，這女子肚子越來越大，姑姑責怪她破壞名譽，不相信姪子會看上她，女佣人就含怨自殺（《大甲鎮閩南語故事集（一）・媽祖有二個》〔註143〕）。

類似的情節出現在《大安鄉閩南語故事集（二）・湄州媽祖小故事》〔註144〕：林和先到杭州姑姑家，婢女秋香細心的服侍他，他對秋香產生了感情，向她求婚，秋香覺得自己配不上林和先，但經不住他下跪發誓苦苦哀求，就答應了。林和先回家後，秋香的肚子一天天大起來，主人探問之下，她才說出實情。姑姑再把姪子找來，林和先思及自己是有名望的人，不應與婢女有牽扯，竟全盤否認。姑姑指責秋香無中生有，秋香就跳樓自殺。〔註145〕故事裡對兩人情感的發展與轉折有較多描述，是典型始亂終棄的情節。

在木柵指南宮修築山路的一名年輕工人，和送飯盒的店家女兒日久生情，後來女子有了身孕，原以為父母會成全他們，不料卻遭父母責罵，並趕

〔註142〕這孩子就是甘羅，他替外公為皇上解詩，七歲就當宰相，他騙皇帝殺了他，又轉世為太子，既保全了家人，也順利占了太子山，應驗了他自己說的「死在金鑾殿，葬在太子山」。見胡萬川編，《彰化縣民間文學集5 故事篇（三）》，頁42～75。

〔註143〕舉人娶妻後，那女子就每晚變成漂亮的女人在窗口叫喚他，後來他用銅針、黑狗血祭拜，才暫時相安無事。舉人的兒子長大後，也到福州應試，女佣人的鬼魂要來抓他，他知道事情始末後，就跪地認她做母親，還承諾為她做功德，她的復仇行動才作罷。故事的結尾是，那孩子考上功名，衣錦還鄉後為女佣人做功德，天庭就調用她當媽祖。見胡萬川、黃晴文編，《大甲鎮閩南語故事集（一）》，頁60～67。

〔註144〕見胡萬川、王正雄編，《大安鄉閩南語故事集（二）》（台中縣立文化中心，1998年6月），頁88～103。

〔註145〕故事的結尾是，林和先的兒子長大後為秋香做功德，天神封秋香做湄州媽祖。

出家門；她悲憤上吊，情人也在她墳前殉情（《台灣民間傳奇（一）·人間連理枝》〔註146〕）；這對小兒女的情愛撼動不了根深柢固的封建父權，乃至葬送三條人命。

女人婚前失貞不為專制父權所容許，即使年輕男女兩情相悅，最後總是由女子背負罪孽，此乃透過民間故事告誡女子婚前務必守貞。

二、紅杏出牆

女人出嫁後，必須敬順事夫，專心一意；若另與男子有私情，則奸夫淫婦人人得而誅之。但「食色，性也。」凡人皆有七情六慾，民間故事中紅杏出牆的故事為數不少。

年近八十的相爺送上可觀聘禮，貪財的母親就把十八歲的女孩嫁給相爺作小老婆。這少奶奶正年輕，相爺有個師爺也正年輕，又一表人才，不多久就跟少奶奶曖昧起來了；後來相爺發現兩人偷情，卻自知老了，無可如何（《苗栗縣閩南語故事集·相爺娶細姨》〔註147〕）。這小妾被娶進相府乃是身不由己，老夫少妻年齡如此懸殊，即使錦衣玉食、婢僕隨侍，也無法消弭少婦心中的幽怨；當青春叩門召喚，又怎能抗拒？

一個年輕人救了產卵的田螺，田螺竟寫出四句詩「石壁下莫停舟，燈下莫遊玩，蒼蠅摟紙筆，一斗米舂七升糠」。不久，他和朋友去南洋做生意，前兩句詩讓他們逃過了兩次劫難。但由於年輕人離開時間太久，他太太就跟一個殺豬的暗通款曲。他回家後，殺豬的正好上門來，見床下有兩雙鞋，就怒殺了他的姘婦。最後，案情因田螺的詩句而真相大白，將真兇緝捕到案，年輕人因而免除牢獄之災（《沙鹿鎮閩南語故事集（二）·田螺報恩的四句詩》〔註148〕）。年輕人因一時的善心得到田螺報恩的救命詩，姘夫姘婦則得到報

〔註146〕見林藜，《台灣民間傳奇（一）》，頁209～214。

〔註147〕見胡萬川編，《苗栗縣閩南語故事集》（苗栗縣立文化中心，1998年6月），頁64～71。

〔註148〕見胡萬川編，《沙鹿鎮閩南語故事集（二）》，頁72～85。與此情節類似的故事不少，田螺題的詩各不相同，但都一一應驗。如《沙鹿鎮閩南語故事集（二）·田螺報恩》（頁86～95）：「門樓不從，缸水不用，米不米粿不粿」；《東勢鎮閩南語故事集（一）·海螺仔報恩》（頁86～94）：「有崖不可歇，有水不可舀，蒼蠅抱筆尾，清官報冤仇」；《台灣民俗·田螺報恩》（頁453～455）：「龜橋不宿夜，油身不洗身，蒼蠅吃筆尾，八堵康三錢」；《台灣民間傳奇（九）·巧田螺感恩圖報》（頁166～176）：「江頭不宿夜，摸黑不洗身。蒼蠅筆尖繞，八堵康三辰」。

應。

　　有個婦人因丈夫經常出外賣布，搭上了一個姘夫；丈夫一回來，她就和姘頭設計殺夫。她先為丈夫準備豐盛酒菜，待他喝醉後將青竹絲塞進他嘴裡；而這殺夫的戲碼竟被躲在樓頂的賊仔三全程目睹，嚇得他逢人就說「我不敢討老婆啦！」後來包公查明案情，姘婦姘夫都判了死刑（《石岡鄉閩南語故事集·青竹絲奇案》〔註149〕）。

　　趙連溪娶了妻子孫秀英後，就出門讀書，一個月才回家一次；妻子抱怨一個人在家很孤單，趙連溪才改成十天回來一次。孫秀英的表哥挖了一條地道通到表妹房間，打算勾引她；孫秀英耐不住寂寞，終於和表哥私通。後來她表哥說不想再偷偷摸摸，孫秀英也對丈夫常不在家心生怨懟，於是決定把丈夫毒死。她要婢女去五金行買鉅礪，拿來磨金粉；每次丈夫回來，孫秀英就趁機在食物中倒入金粉；長期下來，由於金粉不會消化，趙連溪氣色愈來愈差，終於病倒在床；這時孫秀英辭退婢女，不久，趙連溪就死了，他表哥便大方的登堂入室。一天，來了一個巡按大人，轎前出現一大群蒼蠅引他到趙連溪的墳墓，巡按認為必有冤情；他依夢境指示找到那婢女，又暗訪得知孫秀英與表哥早已暗渡陳倉，於是開棺驗屍，果然趙連溪腹中都是金粉，案情水落石出，孫秀英和表哥都被定罪（《沙鹿鎮閩南語故事集·歹查某刣翁》〔註150〕）。

　　陳一郎是貨運工人，他的妻子翠華是高雄鳳山一帶的美女；老闆的兒子擔任公司主任，驚豔於翠華的美貌，便將一郎升任站長調往基隆，再藉故登門拜訪，勾搭上翠華，此後便日日到一郎家。一郎聽到風聲，返家後假裝離開，夜裡回到屋後，果然有男人說話聲；那主任聽到廚房外有聲響，就前去探看，被埋伏的一郎用木棍劈頭敲下，倒在血泊中。翠華發現情夫已沒有呼吸，竟將他砍頭分屍，和著豬菜煮，剔掉肉，將骨頭放進灶裡燒，再仔細清理現場，絲毫不見破綻。一郎見妻子竟能從容毀屍滅跡，大受驚嚇，輾轉前往花蓮、台東做工，一輩子不敢再娶。三十多年後，一郎回到高雄，鄰人告訴他，翠華在他失蹤三四年後就精神失常，到處喊著找老公，兩年前跌到魚

〔註149〕見胡萬川編，《石岡鄉閩南語故事集》，頁82～87。《宜蘭縣口傳文學（上）·賊仔三做證》（頁 205～206）與此故事雷同，因死者並無外傷，縣官因賊仔三的證詞而剖腹驗屍，果然腹中有一條青竹絲，而賊仔三偷竊的罪行也因出面做證而赦免了。

〔註150〕見胡萬川編，《沙鹿鎮閩南語故事集》，頁 64～71。

堀淹死了（《南投縣福佬故事集（一）‧高雄奇案》〔註151〕）。

上述幾則故事所標榜的乃是善惡有報的道德觀，在勸世的寓意之外，可以觀察到，這些出軌的女子，丈夫都不在身邊，可見獨守空閨的妻子較可能因為寂寞難耐而紅杏出牆。

男人不在家，歹徒也容易有機會趁虛而入，女人即使無意出軌也常防不勝防：

珍珠客長年在外做生意，要一整年才回家，村裡的花花公子看上他老婆，就買通媒婆去敲門搭訕，那花花公子就趁暗躲進門後，等媒婆走了再現身，隨即威脅珍珠客的妻子如果呼救將會敗壞名譽，令丈夫顏面無光，如此稍加恫嚇即逼使珍珠客的妻子就範，此後又多次敲詐取財，最後連她丈夫當初的定親禮物珍珠寶衣也拿走了；珍珠客察覺後，便將妻子遣回娘家（《東勢鎮閩南語故事集（一）‧真珠衫》〔註152〕）。世人對捲入情色糾紛的女子總是高度質疑，只要設計出孤男寡女同處一室的情境，女人往往百口莫辯，難以自清。

白秀才娶了一個賢慧又漂亮的太太，但他一直在外地教書。有個賣菜的看上他妻子的美貌，用錢利誘鄰村的齋姑來幫他遂願。齋姑花了一段時間設法與白秀才的妻子熟稔起來，再趁機於酒中攙入預藏的迷藥，白秀才的妻子因而失身。事後賣菜的又威脅她說，生米已煮成熟飯，若說出去，只有壞了自己的名聲；她也不得不順從。白秀才有一個結拜兄弟正巧登門拜訪，發現弟婦的私情，就去找白秀才，問他是不是很久沒回家了，家裡才會出事。白秀才回到家，妻子知道東窗事發，就向他說明事情始末，跪地求情。白秀才決定報仇，要妻子將賣菜的灌醉，咬下他的耳朵，又在半夜刺死齋姑，把那賣菜的耳朵塞進她嘴裡，於是官府斷定賣菜的是兇手，將他判了刑（《沙鹿鎮閩南語故事集‧白秀才的故事》〔註153〕）。故事中的妻子遭設計陷害，卻不敢告訴丈夫，而繼續受歹徒脅迫，可見封建父權社會裡，女人一旦壞了名節，即使非出於自願，仍受人鄙夷；這對受害女性而言，不啻是雙重傷害。

女子受騙失身的情節也發生在叔嫂之間：

有一對兄弟，哥哥去當兵，只有弟弟和大嫂在家，弟弟藉口死去的爸媽託夢，說大嫂懷的孩子沒有耳朵鼻子，叫他幫忙；大嫂怕孩子真的有缺陷，

〔註151〕見胡萬川編，《南投縣福佬故事集（一）》，頁18～61。
〔註152〕見胡萬川、王正雄編，《東勢鎮閩南語故事集（一）》（台中縣立文化中心，2000年5月），頁96～112。
〔註153〕見胡萬川編，《沙鹿鎮閩南語故事集》，頁84～105。

不疑有他，就被小叔非禮了。後來她生了一個漂亮的孩子，就告訴丈夫幸虧有小叔幫忙添耳鼻，他丈夫知道是弟弟使壞，就打算伺機報仇。弟弟新婚當天，哥哥在宴客時到屋後草堆放火，他趁大家去救火時，跑到新房和新娘親熱；火滅了，弟弟回到新房，新娘說他才剛來過，怎麼又來了，他就知道是他大哥來占了便宜；後來兄弟倆還在口頭上彼此嘲諷一番（《彰化縣民間文學集 5 故事篇（三）·添耳鼻》〔註 154〕）。故事中的兩個女人都是受害者，大嫂太過愚昧，弟婦更是無端捲入兄弟的恩怨，成了丈夫的代罪羔羊。

　　此外，也有惡徒誘拐人妻不成反遭報復的故事：

　　大和尚見陳夫人貌美，就生了邪念，故意跟她攀談，並贈她大銀元；隔天再來，又給她更多銀元。陳秀才得知大和尚居心不良，便和妻子設計整治他。第三天和尚又出來化緣，大和尚藉機問起陳秀才，陳夫人佯稱丈夫到海外賺錢，已經一年多沒有音訊，生死未卜，又請他晚上來家裡作客。陳夫人讓大和尚開葷吃肉喝酒，等他醉了，陳秀才依計在這時回家；陳夫人要大和尚躲進櫃子，陳秀才卻藉口櫃子長了臭蟲，燒了開水慢慢澆灑，把大和尚燙得皮膚疼痛起泡；天亮後他們又把櫃子翻滾到街上叫賣，故意撞傷大和尚，直到龍善寺小和尚買下櫃子，大和尚才得以脫身，但早已遍體鱗傷。陳秀才夫妻覺得這樣懲罰還不夠，又裝滿一陶鍋虎頭蜂，由陳夫人假稱燉了補品給他養身以示歉意，讓大和尚再度吃足苦頭（《清水鎮閩南語故事集（一）·陳家宅》〔註 155〕）。社會既看重女人貞節，做丈夫的自不能輕易放過覬覦自己妻子的男人。

　　婚外情的故事多以奸夫淫婦遭到惡報作結，但有個妻子卻瞞過丈夫，與情夫全身而退：

　　有個女人的丈夫是吹嗩吶的，她常背著老公和姘夫在家裡幽會。一次，丈夫突然返家，她急中生智，教姘夫躲在房門後，假裝不相信丈夫遮住眼睛還能吹奏，就把丈夫的眼睛摀起來要他吹吹看，並示意姘夫趁機離開，就這

〔註 154〕隔天吃飯時，弟弟忍不住說：「又不鹹又不淡，還得試滋味。」他哥哥不甘示弱馬上回嘴：「籃又沒損，籮也沒壞，還說要添耳鼻。」見胡萬川編，《彰化縣民間文學集 5 故事篇（三）》，頁 146～151。

〔註 155〕見胡萬川、黃晴文編，《清水鎮閩南語故事集（一）》（台中縣立文化中心，1996 年 6 月），頁 86～105。異文《彰化縣民間文學集 9 故事篇（五）·二籠銀舉三趟》（頁 124～133）中，有三個野和尚上門，最後都被燙死在大櫃子裡。另，在《台南縣閩南語故事集（一）·和尚伯仔》（頁 88～105），是婦人與和尚私通，又欠他錢想賴帳，在丈夫知情後，合謀整治和尚。

麼順利的騙過了丈夫（《台南縣閩南語故事集（一）‧歕鼓吹》〔註156〕）。隔壁鄰居早知道他老婆另外有男人，只有吹喇叭的被蒙在鼓裡；這回鄰人被喇叭聲吵醒，又看到那姘夫走出來，就取笑吹喇叭的做人眞周到，姘夫要走了還用八音喇叭送他（《蘆竹鄉閩南語故事（一）‧歕鼓吹的某》〔註157〕）。這則故事屬於笑話類，偷情的男女並沒有受到懲罰，反而凸顯了丈夫的愚魯與妻子的狡獪，〔註158〕以此提醒世間男子，要看管好自己的老婆，以免成爲被嘲笑的對象。

喇叭手的老婆會有外遇，也和聚少離多有關：從前做法事都要一直做到天亮，遇到好日子還得連續趕場，所以喇叭手經常不在家，老婆一個人在家裡閒著無聊，日子久了，就勾搭上姘夫。〔註159〕另一則異文是說，喇叭手一年到頭難得回家，就算回家也是一碰到床舖就睡死了，他老婆不甘寂寞，就趁便和街上的羅漢腳眉來眼去，甚至讓男人登門入室。〔註160〕

《布袋鎮閩南語故事‧一個歕鼓吹》〔註161〕中，前段故事雷同，後來喇叭手的太太和客兄相偕去看划龍船，客兄不愼跌落河裡淹死了，隔日端午節她包粽子時還感到忿忿不平，暗自咒罵龍王不抓丈夫抓客兄，〔註162〕毫不以討客兄爲恥；然而，她寧願死的是丈夫，而想爲客兄包粽子，希望他能來作伴，還爲他掉淚，或許眞與客兄情投意合；只是，當所嫁非我所愛，舊時代女子又怎有機會與所愛相守？

有個女人與姘夫偷情被丈夫發現了，丈夫打死了姘夫，埋在床底下；她過意不去，就祭拜他，騙公公說是「孩子愛哭，要拜床母。」（《彰化縣民間

〔註156〕見胡萬川編，《台南縣閩南語故事集（一）》，頁190～196。

〔註157〕見胡萬川編，《蘆竹鄉閩南語故事（一）》，頁168～175。除本小節提及的異文，尚有《雲林縣閩南語故事集（四）‧歕鼓吹送契兄》（頁168～171）。各版本中的樂器名稱不盡相同。

〔註158〕陳葆文，〈中國古代笑話中的妻子形象探析〉，《中外文學》21卷6期（1992年11月），頁84～85：「當笑話中妻子的『好事』被撞破了或將有揭穿之虞時，做妻子的固然百般哄騙掩飾，做丈夫的則總是被描述成一副愚昧無知的蠢相，而更可見妻子的狡獪。」

〔註159〕此部分敘述出自《蘆竹鄉閩南語故事（一）‧歕鼓吹的某》（頁168～175）。

〔註160〕見《台灣民間傳奇（四）‧月黑風高夜》（頁76～82）。

〔註161〕見江寶釵編，《布袋鎮閩南語故事》（嘉義縣立文化中心，1997年6月），頁88～98。

〔註162〕她邊包粽子邊不由自主唸道：「五月初四情郎死，初五包粽子，我心情惡哦！天壽這個龍王，你一點不靈明，前夫你不抓哦，竟將我這個情郎抓走哦！」一邊想著一邊哭。

文學集 9 故事篇（五）‧床母的故事》〔註163〕）這妻子對姘夫也依然有情義。

　　民間故事的外遇事件甚至還發生在動物身上：公冶長每天上山砍柴，回來時都會看到路邊兩條白蛇相伴玩耍；一天，他看到母白蛇竟和一條黑蛇相好，就把母白蛇打死。公白蛇發現母蛇旁邊有一根柴，認定兇手就是公冶長，要找他報仇，卻聽到他跟母親說起打蛇的經過，不但沒咬死他，還吐了一些好的唾液給他吃，公冶長因此聽得懂鳥語（《彰化縣民間文學集 9 故事篇（五）‧公冶長》〔註164〕）。這是把貞節觀延伸到動物身上了，公白蛇認為母蛇用情不專，被打死是罪有應得，牠反倒感謝公冶長出手懲治母蛇，這可說是人類世界的翻版。

　　丈夫與妻子的姘頭應是勢同水火，但「開心羅漢」卻有成人之美：十八羅漢裡的開心尊者，出家時原本家裡還有妻子，一天，他回家時發現妻子紅杏出牆，姘頭是個屠夫；屠夫擔心他去告發，磨刀準備殺了他，沒想到他並不怨恨他們，反而很高興妻子有人照顧，求佛祖保佑他們白頭偕老；屠夫在廟門邊聽到了，感到十分羞愧，便舉刀砍下自己的頭，開心尊者見到頭顱滾過來，也拿起刀剖開自己的胸（《雲林縣閩南語故事集（三）‧開心羅漢》〔註165〕）。開心尊者因自己出家，不能再照顧妻子，因此不但不以妻子外遇為忤，還願意成全並祝福妻子和屠夫，可說是封建社會中少見的人性思考。

　　婚外情罕見和平落幕，往往演變成情殺兇案，多半是妻子與姘頭謀害親夫，或是丈夫知情後殺妻或殺姘夫；在這些血案中，以惡妻形象最為鮮明：為擺脫丈夫又不留下破綻，妻將青竹絲塞進丈夫口中，讓毒蛇咬死丈夫；或長期在食物中攙入金粉，神不知鬼不覺令丈夫胃腸堵塞而死；還有為隱瞞奸情而將姘夫分屍焚煮滅跡的冷血行徑；她們為達目的不擇手段。這些駭人聽聞的情節標識壞女人如蛇蠍一般心狠手辣，顛覆了女子普遍溫柔怯懦的刻板性格；她們證明了，女人也可以膽大心細，成功反制男人。這類歹毒女子正是「良女」「妖婦」二分法中的負面形象，男人戒之慎之；而她們在最後都受到報應，這是父權體制透過民間故事警告女人不可造次，否則將引火自焚。

　　「最毒婦人心」的觀念還附會衍生出這樣的故事：有位醫生在路上看到盜賊將一個女子殺死，又取走她的心肝去製藥；醫生用銀針扎那女子，發現

〔註163〕見胡萬川編，《彰化縣民間文學集 9 故事篇（五）》，頁 18～19。
〔註164〕見胡萬川編，《彰化縣民間文學集 9 故事篇（五）》，頁 176～185。
〔註165〕見胡萬川、陳益源編，《雲林縣閩南語故事集（三）》，頁 70～75。十八羅漢中，手上抱著一個人頭的就是開心尊者，此故事即其典故。

她還活著,就殺了一條狗,將狗的心肝裝到女子身上;所以「女人的心肝是狗心肝,最毒」(《苗栗縣閩南語故事集‧狗的心肝》﹝註166﹞)。這故事看似不甚合理,不過,情節發展並非重點,最後那句話才是故事要傳達的訊息──女人心最陰狠歹毒。

前述多則婚外情故事中,有些是女子被歹徒設計拐騙,但多半是你情我願的男女私情,然而,除《布袋鎮閩南語故事‧一個歕鼓吹》之外,並未提及女主角與丈夫或姦夫之間的感情。舊式婚姻既是被安排的,婚後夫妻未必彼此投契,所謂夫妻之情只建立在道德倫理的基礎上,忠於婚姻未必就忠於自身情感。父權觀點又將「良家婦女」設定爲「純潔的」、「被動的」、「端莊的」、「矜持的」,傳統女性對情慾的處理,向來都是配合丈夫,而忽略自己的需要。對照於男性可以三妻四妾、進出風月場所尋歡獵豔,當女性不滿於夫妻關係,主動正視自身的情慾時,卻又受制於社會規限而無法擺脫婚姻;在這樣的處境下,舊時代女性的外遇,固然於理於法應受譴責,但就情的層面來看,毋寧說是對傳統婚姻的抗議,也是對專制父權的挑戰。民間故事雖以「女從男」爲基調,然而,這些困守於婚姻中的女人,爲追尋眞愛或爲滿足情慾,一反傳統女性備受壓抑的形象,不惜鋌而走險,這就不是禮教倫常所能防堵的了。

三、夫外遇

在封建父權體制下,男人娶妾或在外風流,都是爲社會所容許的。台灣社會由於工商業日漸發達,歡場應運而生,如日治期間金瓜石大粗坑極盛時,有大小五十六金碉之多,九份一帶即滿街酒家(《台灣民間傳奇(一)‧拆厝一陣風》﹝註167﹞);又如艋舺因港口地利而商務鼎盛,娼館櫛比,夜夜笙歌達旦(《台灣民間傳奇(一)‧萬華不夜天》﹝註168﹞);凡此皆是飽暖思淫慾的寫照,對有家室的男人增加了許多外在的誘惑。如周成的故事即是一例,他放下家鄉髮妻自唐山來台經商,賺了點錢就往妓館尋歡,迷上了阿麵仔,還替她贖身娶回家(《台灣民間故事集‧周成過台灣》﹝註169﹞)。

對於丈夫尋花問柳,女人難免心生怨懟,在《東勢鎮閩南語故事集(一)‧

﹝註166﹞ 見胡萬川編,《苗栗縣閩南語故事集》,頁12~15。
﹝註167﹞ 見林藜,《台灣民間傳奇(一)》,頁66~72。
﹝註168﹞ 見林藜,《台灣民間傳奇(一)》,頁87~94。
﹝註169﹞ 見陳慶浩、王秋桂編,《台灣民間故事集》,頁132~141。

生死由命》〔註170〕中，兩個婦人都是因為丈夫拈花惹草，又氣又恨，才計畫害死丈夫，可說是以激烈手段抗議男權至上的不平等貞節觀。故事裡的書生教她們燉煮小母雞、吃鹹粽沾蜜，原是希望能幫他們夫妻和樂，卻陰錯陽差真的害了人命，〔註171〕後來兩婦人都被判罪。這故事在「生死由命」的主題之外，也告誡為人妻者，如若丈夫處處留情，更要用心服侍，才可能讓丈夫回心轉意。

　　另一個情節類似的故事《六腳鄉閩南語故事集·豬肚燉蓮籽（一）》〔註172〕，妻子打算毒害丈夫的原因，是丈夫對她不好。〔註173〕丈夫是妻子終身的依靠，若丈夫不能善待，必然備受折磨，既沒有出路，唯殺夫一途可掙脫束縛。

　　丈夫若另結新歡，大多數的妻子都會用盡辦法挽回丈夫的心：相傳關聖帝君最有定性，當年與劉備失散後，對二位嫂嫂始終謹守君子之禮。現今夫妻若是失和，多半是因為男人有外遇，妻子就會到廟裡去求帝君，請廟公剪一段帝君大刀上的紅綾，放在丈夫的枕頭下，丈夫睡了就會想起老婆，回心轉意；因為非常靈驗，所以現在紅綾只剩下一點點了（《宜蘭縣口傳文學（上）·帝君的紅綾予男人回家》〔註174〕）。

　　府城重慶寺的醋缸，據說也有挽回另一半的靈力，如男女所悅不得遂，或夫妻反目時，前來一攪醋缸，便可使對方心酸而回心轉意。有一農人因夫妻失和，妻子經常藉故外出，他到寺中大攪醋缸，又依籤詩指示吃了巴豆，竟腹瀉到半夜，只好一直蹲在屋後茅廁裡；這時他赫然發現他太太和一個男子牽著手一路低聲私語，他立即竄出來給那男人一個耳光，男子落荒而逃，他的妻子給嚇得腿軟，而他的腹瀉也完全好了；原來吃巴豆真能找回失和的太太（《台灣民間傳奇（六）·重慶寺醋缸奇蹟》〔註175〕）。

　　這兩則故事中，醋缸與紅綾似乎有異曲同工的作用，然而，妻子剪紅綾是被動的希望丈夫回到身邊，那農夫卻藉醋缸之助主動出擊，嚇阻太太的私

〔註170〕見胡萬川、王正雄總編輯，《東勢鎮閩南語故事集（一）》，頁40～46。
〔註171〕婦人燉黑骨小母雞是用茄枝做燃料，另一婦人放在樹下的蜜則有蜈蚣來吃過，兩人的丈夫因而分別意外送命。
〔註172〕見黃哲永編，《六腳鄉閩南語故事集》（嘉義縣文化中心，1999年6月），頁66～69。
〔註173〕中醫師告訴婦人，豬肚燉蓮子吃到一百個就會死；煮到第一百個，妻子燒白茄子的枝枒作柴火，丈夫吃了竟就死了。
〔註174〕見邱坤良等編，《宜蘭縣口傳文學（上）》，頁100～101。
〔註175〕見林藜，《台灣民間傳奇（六）》，頁144～149。

情，回家後又一番責問，太太還得寫下悔過書；同樣是另結新歡，境遇卻大不相同，兩相對照，夫與妻之間不對等的權力關係鮮明可見。

第六節　奪夫與復仇

一、姐妹相爭

在傳統婚姻體制下，丈夫是女人一生幸福所繫，女人的戰爭遂因男人而起。

豬屎公到蛇郎君的花園偷摘花給三個女兒，蛇郎君要求其中一個女兒要嫁給他，結果只有孝順的三女兒願意嫁給那個傳說中會吃人的大蛇精。三女兒出嫁後，才發現原來蛇郎君非常富裕；二女兒於是動了貪念，想霸占妹妹的丈夫和財產，就設計陷害她，將她推落古井，自己打扮成妹妹的模樣欺騙蛇郎君。三妹淹死後變成小鳥，不停的嘲笑二姐，她就把鳥掐死，埋在竹叢下；竹叢又長出漂亮光滑的竹子，二姐就砍下來做成椅子，但她一坐上去就會翻倒，所以就把椅子丟進大竈燒了。鄰居阿婆來借火種，發現竈裡有一塊紅龜粿，於是帶回家蓋在棉被裡打算給兒子當點心，結果，紅龜粿竟變成漂亮的女孩。後來，阿婆答不出蛇郎君的問題，女孩教阿婆反問謎語，引起蛇郎君的好奇，也觸動團圓契機，終於在阿婆家夫妻重逢。最後蛇郎君殺了狠心的二姐，將妻子接回家團聚（《石岡鄉閩南語故事集（二）·蛇郎君》〔註176〕）。故事的敘述者強調，孝順才能得到善報，故事裡的三女兒就是因爲孝順父親才會得到幸福。

〔註176〕見胡萬川編，《石岡鄉閩南語故事集（二）》（台中縣立文化中心，1993 年 6 月），頁 40～48。蛇郎的故事有多種版本，在連續變形的部分細節各異，有的故事中二姐（或大姐）只是被懲罰或羞愧離去，並未被殺。參見《台灣民間故事集·蛇郎》（頁 243～246）、《大甲鎮閩南語故事集（一）·蛇郎君》（頁 168～181）、《大安鄉閩南語故事集（三）·蛇郎君》（頁 120～131）、《東勢鎮閩南語故事集（一）·蛇郎君的故事》（頁 150～162）、《彰化縣民間文學集 7 故事篇（四）·蛇郎君》（頁 140～156）、《宜蘭縣口傳文學（上）·蛇郎君》（頁 184～186）、《蘆竹鄉閩南語故事（一）·蛇郎君》（頁 78～93）、《雲林縣民間故事集（一）·蛇郎君》（頁 140～155）、《南投縣福佬故事集（一）·蛇郎君》（頁 162～177）、《台南縣閩南語故事集（五）·（歸仁鄉）蛇郎君》（頁 18～29）、《台南縣閩南語故事集（五）·（關廟鄉）蛇仔郎君①》（頁 178～193）、《台南縣閩南語故事集（五）·（關廟鄉）蛇仔郎君②》（頁 194～211）、《台南縣閩南語故事集（五）·（關廟鄉）蛇郎君》（頁 212～216）。

　　蛇郎故事一般有五段情節——嫁蛇、被害、連續變形、復形、團圓，內容焦點並非在蛇郎君身上，而是女主角與反角間的爭鬥，女主角由貧而富，經重重考驗，終於得以復形與蛇郎團聚，可說是一則女性故事。〔註177〕而這則女性故事中的姐妹相爭，則是為了爭奪美滿的婚姻。

　　各版本蛇郎故事對三個女兒的容貌與性情有不同描述：大女兒是米篩面、漥心臉、鴨蛋面、面麻，二女兒是鶯靴面、雞蛋面、飯籬、懶惰，三女兒是蓮子面、鯽魚嘴、秀氣、美麗而有孝心；至於難題情節，則採取近似巧女對答的類型。〔註178〕以此觀之，三女兒的形象被塑造為集美貌、孝親、智巧於一身，但除此之外，她的勇氣與堅持更是獲得最後幸福的關鍵力量。以性別觀點審視，蛇郎故事可視為兩名女子為追求理想婚姻的連串爭鬥。三女兒有不屈不撓的意志，為捍衛自己的婚姻與權利，死後靈魂不滅，連續變易形體展開抗爭，終於恢復人形，回到原本妻的位置。二姐冀求的是財富，而在父系制度下，財富和丈夫是一體的，嫁給有錢的丈夫才能享受富裕的物質生活；眼前的機會是，害死妹妹取而代之，便能搖身一變，成為蛇郎君的妻，全盤接收妹妹擁有的一切。在這場善惡鬥爭中，自私狠心的二姐落敗並命喪蛇郎君刀下，固然被賦予懲惡揚善的教化意義，但其背後女人依附於男人的社會現實亦不應忽視。

　　還有一個殺妹奪夫的故事：馬員外的兒子馬如和高員外的大女兒阿市原本指腹為婚，但馬家經濟轉壞，阿市不肯下嫁馬如，而嫁給有錢的阿川；高員外為信守承諾，只好把小女兒阿柿許配給馬如。但阿川婚後任意揮霍，財產不久就花光；而馬如工作認真，很快恢復了家業。馬如是阿市無緣的未婚夫，如今「財貌」雙全；阿市看到妹婿的風光，就和阿川離婚，反悔要來糾纏馬如。她到馬家設下詭計將妹妹阿柿推落古井，後來馬如果真娶了這個曾指腹為婚的大姨子。小妹阿柿死後變成一隻鸚哥，每次看到馬如就說：「馬奴馬奴，目睭互屎糊；小妹刺（推）〔註179〕落井，大姐占做某。」（《台中市民間文學采錄集④・鸚哥有發出抗議聲》〔註180〕）

〔註177〕簡齊儒，蛇郎君故事說明，《南投縣福佬故事集（一）・蛇郎君》，頁171～172。
〔註178〕陳麗娜，〈「蛇郎」故事在台灣的流傳與變異〉，《美和專校學報》16期（1998年6月），頁188。
〔註179〕「刺」應為「揀」，音sak。
〔註180〕見曾敦香、楊照陽等編，《台中市民間文學采錄集④》（台中市文化局，2000年12月），頁19～22。

這故事有〈蛇郎君〉的影子，妹妹同樣被推落井裡，死後化為鳥，向丈夫訴不平，但卻沒有連續變形及姐姐受報應的結局；不過，姐姐為爭奪妹婿，鳩佔鵲巢，同樣不惜沾染血腥，害死自己的親妹子，這是因為搶到了妻的身分，便能共享丈夫的財富，未來的生活也才有保障。

二、棄婦復仇

清代以降，漢人渡台求發展者日增，由於兩岸互動頻繁，衍生出拋妻另娶與始亂終棄等跨海感情糾紛。

周成把父母和懷孕的妻子金枝留在故鄉，一個人從唐山來到台灣，在同鄉周六的幫助下，賣什貨積了小財，卻受酒肉朋友慫恿到妓館尋歡，迷上了阿麵仔。花光積蓄後，阿麵仔便對他冷落了，鴇母甚至叫出數名大漢把周成打得鼻青臉腫，周成因此悔恨交加，原想投淡水河，卻意外結識好賭的郭添，兩人約定痛改前非，合夥開起茶行，生意日漸興隆。周成一有了錢，又跟阿麵打得火熱，可說是「瘡孔結了疤就忘了痛」，甚至不聽郭添勸告，把阿麵仔贖了娶回家。周成的父親聽說兒子在台灣發了財又討了一個女人，氣急攻心，就病死了，母親隨後也上吊，金枝在鄉居的建議與資助下，抱著小孩赴台尋夫。沒想到周成在阿麵仔面前竟不肯和金枝母子相認，甚至聽任阿麵仔支使夥計春金毒殺金枝（《台灣民間故事集·周成過台灣》〔註181〕）。

故事裡形容阿麵仔「心毒人狠」，固然金枝的死是阿麵仔設計指使的，但追究起來，阿麵仔所以如此毒辣，乃是因為「不要做人家的後室」。當初周成娶她時謊稱尚未娶妻，對阿麵仔而言，這個突然冒出來的丈夫的髮妻，可說是莫大的威脅，直接動搖她頭家娘的地位。再看阿麵仔的身世，一個歡場女子有機會翻身成為大茶行的老闆娘，怎能不好好把握，怎能眼睜睜讓自己從正妻變成小妾？真正造成悲劇的元兇禍首應該是周成，他拋下金枝留在家鄉侍奉雙親，音訊全無，而自己卻另娶阿麵仔在台灣享福；他貪戀美色，喜新厭舊，是他的自私引燃女人的戰火。在父權掛帥的舊社會中，婚姻是女人生

〔註181〕 見陳慶浩、王秋桂編，《台灣民間故事集》，頁132～141。《台灣民間傳奇（一）·殺妻現世報》（頁147～180）與此故事雷同。另一版本的故事是說，周成被皇帝的妹妹招贅，受封七省按君，他在中國的妻子帶著孩子到台灣來，趁周成遊街時上前扯住他的馬鞍，皇帝的妹妹才知道周成原來已娶妻生子，最後周成因欺君被抓去殺頭，見《雲林縣閩南語故事（一）·周成的故事》（頁132～139）。

命意義之所繫，丈夫是妻子終身的依靠，哪個女人願意和人分享丈夫？再者，正妻與後室在家庭中的地位大不相同，具有上下尊卑的階級差異，阿麵仔雖是後娶，為維護自己的利益，斷不肯屈就自己，殺死金枝才能鞏固地位，永絕後患。

　　金枝在周成離家後，上事公婆，下撫幼子，對周成可說是仁至義盡；然而，她先是因空間阻隔成了「思婦」，之後周成移情別戀、不相聞問，她又成了「怨婦」、「棄婦」，當她攜子千里尋夫，竟遭情敵毒手，心中鬱積的憤恨如何能消？金枝在毒發時哭喊著「做鬼也要來捉他！」果然中秋月夜，周成主僕三人在後院設宴喝酒，酒過三巡，金枝披頭散髮滿身是血的朝周成走去，周成一驚，神智恍惚的衝入廚房，拿出菜刀，砍向冤魂，卻砍死了阿麵仔和夥計春金。清醒後，周成悲慟悔恨，寫下遺言向郭添託孤，隨即自殺身亡。周成的自私、好色，同時葬送兩個女人的幸福，終至血債血還，同歸於盡。正如周六得知周成娶了阿麵仔的預言：「早晚是茱蟲食茱茱腳死」。

　　寶鳳是泉州人，因為家貧，從小被賣到嘉義的妓院，長大後成了豔名遠播的紅牌妓女。一天，遇到露宿街頭的同鄉阿柳，便幫他介紹在妓院打雜；由於近水樓台，阿柳又英俊體貼，兩人漸生情愫，寶鳳於是拿出私蓄，要阿柳託人來贖身，隨即和他結成夫妻，婚後又出資讓阿柳開設茶行。過沒兩年，阿柳打算回家鄉，但寶鳳已有身孕，不便長途跋涉，就讓阿柳帶著錢回去買大厝置田產，等她生產後再來接她。阿柳以富商之姿返回泉州，聽說金富戶漂亮的獨生女銀花要招贅，陪嫁相當優厚；他心想，寶鳳終是煙花女子，若被人知道她的出身，會影響自己的名譽，如入贅金家，將來可繼承巨萬財產，正是人財兩得；於是他便請人說合，談成這門親事，之後便在錦衣玉食中將寶鳳忘得一乾二淨。寶鳳的兒子四足歲了，情感的負荷和生活的壓力，迫使她渡海尋夫；到了泉州，川資用盡，只能乞食度日，一邊讓兒子掛著尋父啟事，以打聽丈夫的消息。對此阿柳早有耳聞，正擔心她母子找上門來；不料銀花也已打探到城外破廟裡的乞婦是丈夫的元配，便暗地叫家奴董福假意善心施食，將寶鳳母子毒死。阿柳得知後，對寶鳳母子的冤死深感歉疚，「他萬萬沒料到，豔若桃李的妻子，竟是一個性如蛇蠍的惡婦」。幾天後是銀花的生日，眾人飲宴中，寶鳳冤魂前來附身索命，阿柳掐死了銀花，又拿菜刀砍死董福，再順勢砍向自己的脖子，(《台灣民間傳奇（十一）‧寶鳳女遇人不淑》

〔註182〕）。

　　銀花出身豪富之家，絕容不下丈夫另有妻室，她要阿柳死心，因而痛下毒手；但設若不是阿柳貪財另娶，又怎會衍生連串悲劇？當初他飢寒交迫，流落街頭，若不是寶鳳伸出援手，恐怕早已客死異地；他原本一無所有，若不是寶鳳拿出大半積蓄，他如何風光回鄉，甚至還得以攀上金家的婚事？寶鳳可說是他的救命恩人，又全心全意信靠他，他卻大方花用寶鳳的錢，還嫌棄她出身煙花！及至寶鳳攜子尋來，他仍沒有出面相認，也沒有設法安頓他的髮妻和親兒，只是一味害怕寶鳳與金花爭鬧不休，他幾曾盡到做丈夫做父親的責任？如此忘恩負義自私無情之徒，比起他口中「性如蛇蠍的惡婦」恐怕有過之而無不及！可憐寶鳳原以爲離開灑盡血淚的妓院就能脫離苦海，卻因遇人不淑，賠上了積蓄，賠上了感情，還賠上了性命，最後只能以亡魂索命向人間討回公道。

　　有學者以爲，男人再娶並不被視爲負心，只要女性不存嫉妒之心，悲劇便可避免；〔註183〕如中國古典名著《琵琶記》，蔡伯喈別娶牛相府千金，後來元配趙五娘上門尋夫，牛氏不僅收留她，還自甘爲妾，與她姐妹相稱。然而，要求妻妾「不妒」，原本就是十足大男人主義的觀點，而阿柳與周成對髮妻多年不聞不問，妻兒千里跋涉尋來還不願相認，周成甚至默許阿麵殺妻，兩人的行徑無疑是典型的負心漢，以「不妒」粉飾負心的本質，實乃卸責之舉，更加彰顯男權體制對女性的扭曲與壓迫。

　　同樣遇人不淑的林投姐是另一個女性復仇的故事：林投姐不顧大姐的反對，和衙門的兵士私奔，從此與家人斷絕往來，但丈夫竟拋棄她悄悄帶著兒子回唐山；林投姐失去丈夫、兒子，也沒臉回娘家，只能走上絕路。在林投樹上投環自盡後，林投姐怨恨難消，冤魂不散，直到一個有膽量的新衙役自告奮勇到鬧鬼的破茅屋探看，林投姐才說出她的冤情。這衙役也不齒她丈夫的行徑，答應帶她去唐山向她丈夫討回公道。幾年後衙役任期屆滿，果然帶著林投姐到她丈夫老家。林投姐的鬼魂一步步逼近，她丈夫先是滿地打滾，然後悲痛的慘哭起來，又不停點頭認罪，最後竟衝進廚房拿出菜刀，揮刀砍死了兒子和剛滿月的孫子，接著仰天大笑，吐血倒地身亡（《台灣民間故事集・

〔註182〕見林藜，《台灣民間傳奇（十一）》，頁157～178。
〔註183〕黃仕忠，《落絮望天——負心婚變與古典文學》（西安：陝西人民教育，1991年），頁143。

林投姐》〔註184〕）。

　　上述三則故事都以台閩兩地作爲故事背景，周成故事反映了清領後期唐山客渡海經商所衍生的家庭問題，〔註185〕寶鳳女的遭遇同樣呈現了夫妻分隔台海兩岸而男人另娶的社會實況；周成與阿柳拋妻棄子，一是爲色，一是爲財。至於林投姐的悲劇，則受清代「班兵輪調」制度的影響：

> 特定班兵制度，每三年由大陸抽派兵丁調動一次，不許土著推
> 捕，……官職則三年一任，六年一換，不准大小官員有攜眷赴任之
> 舉。〔註186〕

輪調制度造成官兵普遍存有過客心態，加上不得攜眷前來，不免異鄉寂寞，故事中的男主角因而在台另娶林投姐，等到任期屆滿，他便以不告而別的方式帶孩子回鄉，將林投姐逼上絕路。

　　還有一則跨海復仇的故事：泉州有個男人從事布匹買賣，賺很多錢，但卻突然過世，留下妻子和一個兒子；一天，這年輕寡婦到井邊洗衣服，當她取下手上玉環時，玉環竟掉到地上一直滾進隔壁人家；隔壁姓李的男人見她又有姿色又有錢，便起了非分之想，因爲他也長得一表人才，兩人便互相看上眼，開始暗中交往。這男人的目的是要寡婦的財產，就慫恿她將布店重新開張，名義上雇用他，由他負責看店賣布。後來他藉口要到笨港做生意，帶著大批布料又偷偷捲走大筆金錢來到台灣，此後音信全無。寡婦託人探聽，竟說他已經在台灣結婚了；這寡婦自己不會做生意，錢又被拿光，加上孩子又病死，她萬念俱灰，就自殺了。之後據說她住的地方常有鬼魂出現，沒有人敢進去；有個叫賣雜貨的人，因爲遇到大雨，就推著擔子躲進寡婦家；寡婦託夢要賣雜貨的幫她報仇，他回去後就生了病，還不斷夢見寡婦來跟他說話，不得已只好答應她。他帶著寡婦的牌位和玉環坐船來到笨港，跟著玉環找到那個姓李的男人家。〔註187〕原來那男人一到台灣就常上酒家，後來花了很多錢將妓女買回來做老婆。那寡婦的鬼魂將他們家鬧得雞犬不寧，先前騙

〔註184〕見陳慶浩、王秋桂編，《台灣民間故事集》，頁142～151。異文有《台灣民間文學集‧林投姐》（頁193～204）、《台灣民俗‧林投姐》（頁365）。

〔註185〕鄭阿財，〈台灣民間故事傳承與衍變的文化意義〉，《海峽兩岸民間文學學術研討會論文集》（中壢：元智大學中國語文學系，2000年7月），頁39。

〔註186〕伊能嘉矩，《台灣文化志》上卷（台中：省文獻會，1991年6月），頁131。

〔註187〕寡婦曾承諾賣雜貨的若幫她報仇就會協助他賺錢，到台灣後，寡婦又託夢告訴他把雜貨推到酒家去賣，那些煙花女子買了許多胭脂香粉，讓他賺了很多錢。

財騙色的男人終於因不堪騷擾投井而死了（《雲林縣民間故事集（二）·玉環記》〔註188〕）。

又一則寡婦被騙財的故事：有個男人出外謀生，在溪港向一寡婦租屋，後來同居生了一個孩子。一天，男人跟婦人說，他在金湖有家庭，若她想和他合成一家，就要賣掉田園，否則就當他們是一段有頭無尾的姻緣。婦人爲了將來有依靠，就變賣了財產，跟男人走。他們經過一條溪，必須涉水過河，男人要婦人在這頭等，他先抱孩子、背包袱過去，再回來背她。沒想到，男人過了溪，就把孩子放在溪邊，提著包袱自顧自走了。孩子哭著找媽媽，爬下溪去，婦人也急著要過河找孩子，結果兩人都被水沖走。婦人陰魂不散，後來男人發了瘋，整日披頭散髮，數說自己的罪行（《嘉義市民間文學集5閩南語故事（二）·惡有惡報》〔註189〕）。

這兩則故事裡的男人都拋棄同居人，騙走她所有家當，〈惡有惡報〉中的男子甚至連自己的孩子都嫌累贅；他們的目的只是要錢，一個回到原本的家庭，一個遠走異地另外娶妻。寡婦失去一切，含恨而死，只能藉助死後冤魂報復負心人。

因始亂終棄而招來女鬼報仇的故事，還有《大安鄉閩南語故事集（二）·湄州媽祖小故事》〔註190〕：林和先與姑姑家中婢女秋香發生戀情，秋香懷孕了，林和先卻爲維護自身名望而不願承認，秋香因而含怨自殺；她死後，閻王准她去報仇，那時林和先的兒子已成人，他與秋香並無冤仇，秋香就不忍心害他；後來他爲秋香做功德，淨香素柴香氣直入天庭，天神就封秋香做湄州媽祖。原本應受報應的負心人因爲兒子誠心爲冤魂做功德而得以倖免，女鬼也因被封爲神明而了結了仇怨，這是少見的無人傷亡的女鬼復仇故事。

王釗芬認爲，亡魂索命這一情節發展，與台灣移民社會的特質有關：

> 因台灣地處中原文化的邊陲地帶，官府力量薄弱，社會中常以私人武力解決糾紛。當個人力量薄弱，無法爭取社會公義，又投訴無門，人民往往希望藉由超自然的力量來完成人世間的公義。反映在故事中就形成了亡魂索命報仇的情節。〔註191〕

〔註188〕見胡萬川、陳益源總編輯，《雲林縣民間故事集（二）》，頁40～59。
〔註189〕見江寶釵編，《嘉義市民間文學集5閩南語故事（二）》，頁36～41。
〔註190〕見胡萬川、王正雄編，《大安鄉閩南語故事集（二）》，頁88～103。《大甲鎮閩南語故事集（一）·媽祖有二個》（頁60～67）的情節與此故事類似。
〔註191〕王釗芬，《「周成過台灣」故事的形成及演變》（東吳大學中國文學研究所碩士論文，1994年），頁31。

然則，社會中不公不義的事件甚多，受害者並不限於女性，但民間故事裡卻僅見女鬼而無男鬼；這意味著，在現實世界中，女性的力量更為薄弱，不只體力遜於男性，不能如男人「以武力解決糾紛」，其從屬卑微的身份也讓她們無從使力；她們對加害者幾乎全然無法反擊，想要對抗男人、制裁男人，唯有化身為厲鬼，藉由鬼魂的超自然力量才能打破男女尊卑意識的束縛。於是，在「善惡終有報」這個社會普遍認同觀念的加持下，女鬼得以實現陰間正義，平反自己的冤屈，達成向男性討回公道的目的。這類女鬼索命報仇的故事，正揭示了傳統社會中男女角色地位的巨大落差。

　　不過，女鬼展開復仇行動還得先經由閻王批准（見《大安鄉閩南語故事集（二）・湄州媽祖小故事》），而林投姐渡海尋仇的最後一幕是，「將這薄倖郎的一縷靈魂牽著上陰曹地府去了」（《台灣民間故事集・林投姐》〔註192〕），雖然人世間的不公不義到了陰間都能明白清算，但地府又是由閻王（陰間父權的象徵）統轄，所謂的伸張正義公理仍須透過父系威權認可，如此看來，女性的復仇仍是在父權意識的框架中完成的。再者，若就現實層面而言，鬼魂之說尚無科學論證，這些以亡魂靈力伸冤索命的故事，不過是用以安慰真實世界中含怨受屈的女子，為父權社會加添一股安定的力量。

〔註192〕見陳慶浩、王秋桂編，《台灣民間故事集》，頁 142～151。

第五章　家庭裡的性別政治

　　在傳統父系社會裡，由於「男外女內」的性別分工，女子終其一生幾乎都被框限於家庭之內，而家庭正是最基本的性別統治單位，父系價值無處不在。本章列舉與家庭生活相關的福佬系故事進行性別解讀，探討重點區分為以下幾個子題：婚姻的目的首在廣子嗣，求子成為家庭大事；正因男丁才可傳續香火，因此家庭中普遍重男輕女，女子沒有讀書的機會，甚至可能被典賣；主婦的職責在處理一切家務，還須注意省吃儉用、謹言慎行；此外，媳婦必須孝敬公婆善待姑叔，維持家庭和睦；至於母親角色以寡母最為常見，且門中多出孝子，後母則多為負面形象。本章將就這些子題，於各節中分別深究故事情節意涵，藉以呈現父權機制在家庭中的運作及家庭裡性別不平等的普遍現象。

第一節　男尊女卑

一、重男輕女

　　由於父系社會重視繼嗣問題，又唯有男丁才能傳遞香火，因此「撫兒子，猶有靠，撫女一場空計較。」〔註1〕女兒是幫別人養的，她們在家庭中的地位當然不能與兒子相提並論。

　　薛仁貴從軍時，李金花已有孕在身，他交代妻子，若生男孩，就叫做丁

〔註1〕 廖兔驕，《醒閨編・孝父母》，收錄於張福清編注《女誡——女性的枷鎖》，頁157。

山，若生女的，就隨便她命名（《嘉義市民間文學集 5 閩南語故事（二）・薛仁貴的故事》〔註2〕）；由此可窺知父權社會普遍重男輕女的觀念。

有一家人連生了八個女兒，分別取名為「香」、「蔥」、「茱」、「厭」、「辭」、「治」、「完」、「全」，從第四個開始，就表明生「厭」了女兒、想「辭」掉女兒、「不要」女兒、「完」了之後應該沒有女兒、怎麼「全」是女兒；最後終於如願生了一個兒子，叫做「發」（《石岡鄉閩南語故事集（二）・號名》〔註3〕）。男孩女孩在家庭中的差別待遇，從一出生的命名即可見端倪。

有兩個姐妹，一個有錢但沒生孩子，一個較窮但有兒子。有錢的說：「風兒微微，吹我綾羅紡絲。」炫耀她有錢買質料好的衣服；沒錢的不甘示弱，說：「風兒悄悄，吹我兒小屄。」（《彰化縣民間文學集 9 故事篇（五）・二姐妹》〔註4〕）姐妹互別苗頭，但顯然有兒子比有錢更值得驕傲，因為兒子可不是花錢就能買得到的。〔註5〕

陳友諒原本有當皇帝的命，卻因為「耳朵大、愛哭，要穿耳洞才容易帶養」，就變成只能當草霸王的命（《東石鄉閩南語故事集（二）・臭頭仔洪武君》〔註6〕）；因為素來都是女子穿耳洞，陳友諒「穿了耳洞就破這個命格了」（《彰化縣民間文學集 17〔線西伸港福興地區〕・臭頭洪武的傳說》〔註7〕）。帝王命沾惹女子習氣便非純陽，此亦可見貶抑女子的傳統思維。

有兩個阿嬤正在幫忙照顧孫子，有三個小孫子的阿嬤說，她在搖三條橋，頗有炫耀男孫的意味；另一個有三個小孫女的阿嬤，認為女孩並不輸給男孩，她舉鄰居為例：阿典的家中有三個兒子，三兄弟成人後各自在外地營生，兩老若想吃兒子一頓飯，得千里迢迢坐車子去；阿甘有三個女兒，她們長大後都在住家附近就業，婚後仍在附近定居，三姐妹總是爭著招待父母品嘗好吃

〔註2〕 見江寶釵編，《嘉義市民間文學集5閩南語故事（二）》，頁 12～29。
〔註3〕 見胡萬川編，《石岡鄉閩南語故事集（二）》（台中縣立文化中心，1993 年 6月），頁 136～139。
〔註4〕 見胡萬川編，《彰化縣民間文學集9故事篇（五）》（彰化縣立文化中心，1996年6月），頁 34～37。
〔註5〕 《蘆竹鄉閩南語故事（一）・戇子婿》（頁 176～179）、《羅阿蜂、陳阿勉故事專輯・三個戇子婿》（頁 150～153）則是女婿分別炫耀有錢或有兒子。
〔註6〕 見黃哲永編，《東石鄉閩南語故事集（二）》（嘉義縣文化中心，1999 年 6 月），頁 92～109。
〔註7〕 見胡萬川、康原、陳益源編，《彰化縣民間文學集 17〔線西伸港福興地區〕彰化縣文化局，2002 年 4 月》，頁 61～98。

的料理。可見，孝順與否並不取決於性別，男人為了創業，反而可能沒有時間陪伴父母（《台中市大墩民間文學采錄集・三粒粉蛤較贏三條橋》〔註8〕）。故事的背景正由農業時代過渡到工商社會，重男輕女的風氣依然盛行，如此開明的思想在民間故事中仍不多見。

　　兒子是父母將來的依靠，女兒卻是終將出嫁的賠錢貨，因此父母對於得男得女的態度自然大不相同，但這實際上是父權體制運作的結果。女性並非天生地位低下而應受支配，是因為以男性為主宰的父權文化貶抑女性，才造成女性地位低下。〔註9〕民間故事即以男性話語合理化性別尊卑，制約女性認同自身身分卑微。

二、貧女被典賣

　　由於女子被當作「賠錢貨」，在父系社會中地位較男性為低，因此將女子視為物品買賣的社會風氣由來已久，尤其是貧家女被典賣的情形更為普遍；她們或是落入煙花，或成為富戶侍妾，或是成為別人家的養女、養媳、婢女，凡此多是透過金錢交易，顯示女子人權不受尊重。

　　「養女」原指抱養女孩做為自己的女兒；「養媳」則是撫養異姓幼女，長大後與兒子婚配；「婢女」即女傭，又稱「查某嫺」。雖然名稱各異，但三種角色的實質內涵又多有重疊：

> 在清代台灣社會，媳婦仔或查某嫺有時也被叫做養女；「媳婦仔」不管富人或窮人都可以領養，也可以送養，「查某嫺」卻只有經濟相當富裕的人才收養，買回家當女傭，由於（通常）是買斷，所以能自由處分查某嫺，如果對查某嫺不滿意，可以把她再賣出去，受器重時主人收起來當妾。〔註10〕

台地養媳與養女的性質及定義十分模糊，所謂「養媳」，事實上也涵蓋養女、

〔註8〕見楊照陽等編，《台中市大墩民間文學采錄集》（台中市立文化中心，1999年4月），頁74～82。

〔註9〕西蒙・波娃在《第二性》引用蕭伯納對美國黑人和白人關係的形容，批判現實中常被顛倒的因果：「美國的白人貶黜黑人到擦皮鞋的地位，結果白人的論調卻是：黑人什麼事都做不好，只會擦皮鞋。」她說，這種循環論法，在所有類似的環境中都會產生；某一方將對方逼到一個低劣的境地，然後控訴他們天生就是處在那種境地。見張岩冰，《女權主義文論》，頁49。

〔註10〕吳新榮，〈媳婦仔螺〉，收錄於《民俗台灣》第二輯，林川夫主編（台北：武陵，1990年12月），頁19。

婢女等其他性質,也有假借收養名義,變相買女爲婢、爲妓;因此,一般養媳或養女與婢女或娼妓之間,互相存在著轉換關係,往往幾次轉賣後,改變了原來的身分與遭遇。〔註11〕而被出養、典賣的女子,無論被冠以何種名目,多受到苛待,並負擔沉重勞役。

金枝從小被賣到李家當婢女,因爲頭家娘和大小姐心腸都很壞,六年來,她每天從清晨起身到夜晚睡覺都忙得不可開交,除了有做不完的家事,還得到菜園工作、去溪裡捉蝦,而且常常挨打挨罵,又只能吃剩菜冷飯,所以瘦得只剩一把骨頭(《台灣民間故事集‧猴子紅屁股的故事》〔註12〕)。

阿秀從小就被賣作養女,自五、六歲起,家中一切雜務都由她料理,她在家只有吃苦、做工和挨罵的份。(《台灣民間傳奇(五)‧悽悽養女湖》〔註13〕)。

養女阿秀雖然整天操勞,仍免不了被養父母責打虐待,有時遇到天雨,柴草潮溼,延誤燒水燒飯的時間,她還會被全家人痛打(《台灣民俗‧滾水湖》〔註14〕)。

秀桃在王家做養女,不僅要燒飯、洗衣,還得到田裡幹活,養父母又經常打罵她出氣(《台灣民間傳奇(四)‧哀哀養女魂》〔註15〕)。

金枝的身分是婢女,時時被壓榨勞力;秀桃和阿秀雖然名爲養女,但她們操持的工作與婢女並無不同,而阿秀的養母原就打算將她和兒子送作堆,她實際上又是童養媳的身分。無論養女、養媳、查某嫺,她們同樣命運悲慘,身心的壓力與創痛都不是年輕的生命所能負荷。

在傳統漢人家庭中,家長有權可以出賣妻妾子女或將妻妾子女當作負債的抵押品。〔註16〕至日治時期,雖然律例禁止將女兒賣斷爲他人之妻妾,但

〔註11〕盧彥光,《清代養女制度之研究》(成功大學歷史語言研究所碩士論文,1992年),頁4。

〔註12〕一次,金枝偷偷拿食物給老乞丐,又替他擠身上的膿瘡,濃血濺了滿身滿臉,她臉上的火傷疤痕竟就消失了,變得非常漂亮,後來嫁了一個勤奮的青年,夫婦認眞工作,成了富戶。那對惡毒的母女也學金枝去擠老乞丐的臭血膿,下場卻是渾身長毛,生了尾巴,又坐上老乞丐從爐灶裡拿出來的燒紅的瓦片,屁股燙得通紅,成了猴子的祖先。見陳慶浩、王秋桂編,《台灣民間故事集》,頁7~11。

〔註13〕見林藜,《台灣民間傳奇(五)》(台北:稻田,1995年12月),頁17~23。

〔註14〕見吳瀛濤,《台灣民俗》,頁363。

〔註15〕見林藜,《台灣民間傳奇(四)》(台北:稻田,1995年12月),頁163~169。

〔註16〕高達觀,《中國家族社會之演變‧中國家族社會之特性》(台北:東方文化書局,1970春複印),頁33~37。

又規定如子女願意或家貧不得已時准予賣斷為奴婢。〔註17〕台灣社會買賣女子之風盛行，被賣作妻妾、婢女、養媳、養女，未必出於自願。

林春娘因家中貧苦，自幼賣給余家當童養媳（《台灣民間傳奇（六）‧林春娘慈悲如佛》〔註18〕）。

阿秀從小就被賣到農家當養女，連自己的生身父母都不曉得（《台灣民間傳奇（五）‧悽悽養女湖》〔註19〕）。

秀桃（陳姑娘）是窮苦佃農家的女兒，三歲就賣給王家做養女；長大後養母又想把她賣入妓院（《台灣民間傳奇（四）‧哀哀養女魂》〔註20〕）。

王香禪因家境窮困，幼年即被賣做養女；十六歲時因貌美善歌舞，便開始充任藝旦，唱曲陪酒（《台灣民間傳奇（六）‧王香禪失意情場》〔註21〕）。

寶鳳是泉州人，因為家貧，從小被賣到嘉義的妓院（《台灣民間傳奇（十一）‧寶鳳女遇人不淑》〔註22〕）。

金枝的父親病得沉重，就把才十歲的金枝賣到李家當婢女，籌錢醫病（《台灣民間故事集‧猴子紅屁股的故事》〔註23〕）。

麗荷的父親患了慢性病，花光了積蓄仍無起色，為籌措醫藥費，只好將女兒抵押給人做幫傭，言明日後無須支付工錢，只要無息退還押金，所質之人即可自由回家（《台灣民間傳奇（三）‧人善天不欺》〔註24〕）。

這些都是女兒被典賣的例子，她們從小成了養女、養媳、婢女，有的直接被賣入妓院，或甚至長大了又再度被賣，這是貧家女子的悲歌。即使女兒在家中養大了，將來出嫁做人妻妾，聘金仍是一大考量，〔註25〕甚至丈夫為

〔註17〕《台灣私法》第二編〈人事‧家〉「家長的選任」條（南投：台灣省文獻會，1993年2月），頁477～481。

〔註18〕見林藜，《台灣民間傳奇（六）》，頁160～169。

〔註19〕見林藜，《台灣民間傳奇（五）》，頁17～23。

〔註20〕見林藜，《台灣民間傳奇（四）》，頁163～169。

〔註21〕見林藜，《台灣民間傳奇（六）》，頁95～102。

〔註22〕見林藜，《台灣民間傳奇（十一）》（台北：稻田，1995年12月），頁157～178。

〔註23〕見陳慶浩、王秋桂編，《台灣民間故事集》，頁7～11。

〔註24〕見林藜，《台灣民間傳奇（三）》，頁104～111。

〔註25〕如《台灣民間故事‧無某無猴》（頁130～133）：窮苦夫妻年紀大了，想替女兒找個女婿，好多收點聘金，贍養老後；《台灣民間傳奇（三）‧日久見人心》（頁190～204）：美娟的爹娘愛財如命，收了王老闆的聘金，打算將美娟嫁給他當小老婆；《苗栗縣閩南語故事集‧相爺娶細姨》（頁64～71）：快八十歲的相爺看上了才十八歲的女孩，女孩的母親貪圖富貴，收了千斤布匹千兩黃金，就將女兒嫁給相爺做小妾。

錢賣妻，婆婆為錢要媳婦另嫁。〔註26〕

　　給別人家送養的女兒，心中難免不平：一婦人有兩個女兒，一個給人當童養媳，一個由自己扶養，長大後再出嫁；母親過世後，在家裡長大的女兒就哭道：「做法事、祭水魂，要謝母恩。」那送人的女兒從小不曾吃母乳，不曾打擾母親睡眠，她便哭道：「做法事、祭水魂，浪費錢。」（《雲林縣閩南語故事集（一）‧二個查某子》〔註27〕）女兒出生不久就給人做「新婦仔」，雖是母親親生，卻幾乎沒有感情，甚至可能怨嘆母親將自己送人，因此對母親身後事也就不甚在意了。

　　在專制父權之下，女子並無身體自主權，無論是女兒、妻子、媳婦，為了改善家庭經濟，女人總是被犧牲；這當中，兩性權力關係的偏頗是相當明顯的。

三、無才便是德

　　「男子居外，女子居內」（《禮記‧內則》），男女有別，各有其分，這樣的觀念必須從小開始灌輸，因此男女自幼就分受不同的教養。

> ……訓誨之權，亦在於母。男入書堂，請延師傅。……女處閨門，少令出戶。……朝訓暮誨，各勤事務。……若在人前，教他禮數。莫縱嬌癡，恐他啼怒。……男不知書，聽其弄齒。……女不達禮，強梁言語。不識尊卑，不能針黹。辱及尊親，有玷父母。……〔註28〕

母親對子女同樣有教養訓誨的責任與權力，不過，男子可以入學堂讀書，女子卻幾乎足不出戶，因此教育女兒的任務幾乎全在母親身上：

> ……惟女子，全靠娘，……說親先看丈母娘。母賢良，女乖巧，娘若癡愚女不好。……前人言，值千金，閨門之禮甚非輕。……說三從，道四德，國家興亡也有責。……既嫁人，為媳婦，各人都是有家務。時常去，接回門，弄得婆家不安寧。……若公婆，未開口，

〔註26〕 如《台灣民間故事集‧灶君的來歷》（頁155～157）：張定福又窮又懶又喝酒賭博，窮到沒辦法了就把妻子賣給一個富翁；《台灣民間故事‧曾切的故事》（頁30～39）：洪家死了獨子，母親因為家道窮，此後生活無著，又負著一大堆債，因此收了吳富戶五百兩銀的聘禮，打算把新寡的媳婦嫁去做姨太太。

〔註27〕 見胡萬川、陳益源編，《雲林縣閩南語故事集（一）》（雲林縣文化局，1999年12月），頁58～61。

〔註28〕 見宋若華，《女論語‧訓男女章》，收錄於張福清編注《女誡——女性的枷鎖》，頁18。

　　不准使他回來走。女自然，孝公婆，妯娌必定多相合。……〔註29〕
母親須灌輸女兒三從四德的婦道，並教導女兒織紝針黹的技能，這與男子所
學經世濟民之道大異其趣。

　　明代《溫氏母訓》中提出，「婦女只許粗識柴米魚肉數百字，多識字無益
而有損也」；歸有園《塵談》則直接斷言：「婦人識字多晦淫」；清末人鄭觀應
總結當時社會風氣說：朝野上下拘於「無才便是德」的俗諺，多不讓女子就
學（《盛世危言》）；這種觀念反映出禮教全面加強、婦女地位下降的總趨勢。
〔註30〕不讓女子受教育，無非是害怕她們心智得到啓發，不再安分守己，甚
至違背禮教。不過也有人持反對態度，如呂坤就認爲，女子貞淫與讀不讀書
無關，應「教以正道，令知道理，《女孝經》、《列女傳》、《女訓》、《女誡》之
類，不可不熟讀講明，使她心上開朗」（《閨範》）。〔註31〕如此看來，女人即
使讀書，也多先從女教書籍入門，這是否眞使她們「心上開朗」？或者其實
是戕害身心呢？

　　在封建父權社會裡，若要讓女兒受教育，多半是延請家教：高知府是一
方富豪，他只有一個千金，特地請來老師在家中坐館，教女兒秋芳研讀四書
五經、詩詞歌賦，秋芳因此得以熟讀詩書（《台灣民間傳奇（八）‧好錢潔弄
假成眞》〔註32〕）。

　　也有女子因家學淵源而文采斐然：蔡家三世儒學，蔡碧吟的舉人父親蔡
國霖曾任縣學教諭，母親又能施以詩教訓以書法，成就她做詩和寫字的才華
（《台灣民間傳奇（四）‧才女蔡碧吟》〔註33〕）。

　　至於想同男子一般上學堂讀書的女子，便只能如英台一樣女扮男裝（《石
岡鄉閩南語故事集（二）‧山伯英台》〔註34〕）。

　　有機會受教育的女子大抵都出身官宦富貴人家，中下階層家庭的女兒幾
乎與讀書無緣。

　　《台灣民間故事集‧上大人》〔註35〕中的乙生聽到同學用「繡枕」來對

〔註29〕見廖兔驕，《醒閨編‧待兒女》，收錄於張福清編注《女誡——女性的枷鎖》，
　　　　頁 177～182。
〔註30〕高世瑜，《中國古代婦女生活》，頁 74。
〔註31〕同上註，頁 74。
〔註32〕見林藜，《台灣民間傳奇（八）》（台北：稻田，1995 年 12 月），頁 35～45。
〔註33〕見林藜，《台灣民間傳奇（四）》，頁 17～24。
〔註34〕見胡萬川編，《石岡鄉閩南語故事集（二）》，頁 26～38。
〔註35〕見陳慶浩、王秋桂編，《台灣民間故事集》，頁 317～319。

老師出的題目「羅帳」，竟把「繡枕」當成是他的鄰居「秀嬸」，所以提出另一位鄰居「番薯姆」來對，意思可說完全不通；即便資質如此呆笨遲鈍，依然可以進書塾讀書，因為能否受教育完全取決於性別。

再看做過閩縣縣學教諭的陳維英，他有五位兄弟，長兄維藻是舉人，次兄維藜、三兄維菁是秀才，堪稱書香之家（《台灣民間故事‧太古巢》〔註36〕）；他的四位姐妹若有機會讀書，或許文采亦不遜於兄弟，只因生為女兒身，無緣鑽研經史詩文，與男子一較長短。

女性的才華在父權機制下被壓抑、被埋沒，中外皆然。吳爾芙在她的女性主義著作《自己的房間》曾如此假設：如果莎士比亞有個天才洋溢、想像力非凡的妹妹，她是否也能寫出像莎翁一樣的作品？吳爾芙認為，無論她如何聰明，絕不可能像她哥哥一樣受到良好教育；即使她在家中偷偷讀書寫作，也常會因為被打發去做家事而中斷；她可能不到十三歲就在父母的安排下和有錢人訂婚；也許她會離家出走，但當她來到倫敦劇院門口，希望得到演出或寫劇本的工作，結果不是被劇院經理當場轟走，就是落得被騙失身而懷孕，最後只好自行了斷，結束一生。〔註37〕

清朝以科考取才，讀書是晉身仕宦的必經之路；在「男主女從」、「男外女內」的論述下，「受命於朝」的畢竟全是男人，女子永遠與經世濟民的道路絕緣。尤其，傳統婦女因喪失受教權，不僅無法經濟自主，也無法掙脫男女尊卑主從的框限，甚至無法辨識父權體制對自身的戕害，因而抹煞了自覺的可能。

第二節　傳續香火

一、求　子

父系社會中，婚姻的主要目的在傳宗接代，嫁為人婦者最重要的任務即是為夫家生育子嗣；多子多孫，人丁興旺，被視為最大的福氣。民間故事中關於求子的故事，反映出有子承繼香火是人們普遍的心願。

陳老闆白手起家，與妻子劉氏都樂善好施，但多年來膝下卻沒有一男半

〔註36〕見王詩琅，《台灣民間故事》（台北：玉山社，1999年2月），頁40～47。
〔註37〕簡瑛瑛，《何處是兒家：女性主義與中西比較文學文化研究》，頁198。

女；一次，陳太太祈求菩薩保佑生子，一旁卻走來一個女乞丐，說「若要求神賜子，須得心中沒有虧心事」；原來她年輕時曾撿到大筆銀子，卻沒有歸還失主，直到夫婦倆十倍奉還銀元，當面致歉，才真正心安理得（《台灣民間傳奇（一）・橫財來復去》〔註38〕）。異文《台灣民譚探源・女乞丐》〔註39〕中的夫婦也因為拾金不還，生了幾個兒子都夭折了，雖然常到廟裡拜神祈願仍不見生效。後來註生娘娘化身女乞丐指點那婦人，如果要孩子，必須先懺悔過去的罪過；於是他們夫婦帶著當年拾獲的同數銀子到註生娘娘廟去參拜懺悔，果然不久就生下了男孩。

　　林大富翁雖娶過兩房妻子，也常求神佛保佑，依然不曾生育一男半女；一日，一個出家人前來募款修廟，勸他廣積陰德；他前往實地勘查，發現一尊羅漢塑像酷似來化緣的和尚，手上還拿著題有自己名字的化緣簿，決定負擔建廟全數費用；後來二太太果真為他生下一個兒子，眾人都說是善有善報（《台灣民間傳奇（三）・好心得好報》〔註40〕）。

　　有個員外，家境很好，但膝下無子；外面的人就在背後說，他一定是個壞心眼的詐善偽君子，才會沒有後代。員外就向神明求，隨隨便便草草讓他生個孩子，之後她太太真的生了一個外表不怎麼樣的兒子，取名「草花」（《大安鄉閩南語故事集（一）・草花復仇記》〔註41〕）。由此可見，一般人觀念裡，積善之家必然有後，甚至兒孫滿堂，而為非作歹之徒絕了後嗣乃是天理昭彰；故事中的員外即因富而無子招來他人非議。子嗣的有無竟與個人善行惡念產生關聯，如此一來，求子之家又多了一層來自社會的壓力。

　　有一對夫妻，一生都在行善，卻沒有孩子。外面的人便傳言，他們不會生一定是因為心腸歹毒，做太多壞事。夫人就要員外再娶一個，但員外不願意；兩人相偕到廟裡求神，只要能隨便生一個就好，結果竟生了隻蟾蜍（《大安鄉閩南語故事集（一）・蟾蜍子》〔註42〕）；蟾蜍子長大娶妻幾年之後，又

〔註38〕見林藜，《台灣民間傳奇（一）》（台北：稻田，1995年12月），頁174～180。
〔註39〕見施翠峰，《台灣民譚探源》（台北：漢光，1985年5月），頁41～44。
〔註40〕見林藜，《台灣民間傳奇（三）》（台北：稻田，1995年12月），頁125～132。
〔註41〕草花長大後出外賺錢，卻在回程被黑店老闆夫婦害死，後來化為一朵散發異香的草花，揭露冤情；最後旅店判給了母親，不過草花並沒有復生與母親團聚。見胡萬川、王正雄編，《大安鄉閩南語故事集（一）》（台中縣立文化中心，1998年6月），頁64～77。
〔註42〕蟾蜍子取名「阿粗」，他睡覺時會脫下蟾蜍衣，變成一個漂亮的小孩子。長大娶妻後，妻子趁他睡著偷走蟾蜍皮，阿粗就像吹氣似的變成大人。後來，有一天妻子拿出蟾蜍皮，阿粗穿上後就跳出去，不見了。見胡萬川、王正雄編，

穿上蟾蜍皮走了，因為「那是神仙下凡轉世來當他們的兒子，這有一定的年限的」（《六腳鄉閩南語故事集・蟾蜍精》〔註43〕）。

有一對有錢的老夫妻，祈求神賜給他們一個孩子，甚至半個也好；不久他們生了一個沒有腳的兒子，就取名蝸牛。蝸牛長大後，遇見一個美麗的少女，告訴母親想娶她；他母親就託媒人將那女孩娶進門，少女看到蝸牛便哭了起來。那天晚上，蝸牛請母親準備一桶燒水放在床上，他坐進水桶，一心求神讓他生出腳來，果真他就忽然長出一雙腳，成了一個可愛的新郎（《台灣民俗・蝸牛》〔註44〕）。

有個姓張的種了一叢瓜，瓜藤蔓延經過姓趙的屋頂，一直長到姓胡的房子，在那裡結了一個瓜，三人決定把瓜剖成三份，瓜卻自己破了，跑出一個小孩；因為三個人都沒有兒子，就把他當成三個人的孩子，取名「張趙胡」（《彰化縣民間文學集4故事篇（二）・張趙胡》〔註45〕）。

一對夫婦，年紀加起來有百來歲，仍沒有一男半女，老婆婆常因此受丈夫打罵。一天老婆婆忍無可忍，決定投江自殺，在江邊遇到八仙，八仙各給她一粒仙桃，囑咐她一年吃一粒，但她卻一次吃完八個仙桃，十個月後就一口氣生下八個小孩。八仙給孩子取名大力一、鐵骨二、長腳三、茉包四、能吃五、粗皮六、眨眼七、雷公八。後來老大推倒城牆闖了禍，由於兄弟各有特異功能，官兵也對他們無可奈何（《沙鹿鎮閩南語故事集・八個兄弟》〔註46〕）。

人們求子之殷切，甚至出現棺中產子的傳說：胡氏嫁到顏家兩年後就懷孕了，不幸臨產時卻害病死了，但她腹中的嬰兒還活著，在棺材裡出世。胡氏不能給嬰兒吃奶，就化作婦人每天到點心店買麵餵養嬰兒，直到店老闆上顏家催帳，胡氏的婆婆雇人掘墓開棺，才把嬰兒抱回去養育（《台灣民間故事

《大安鄉閩南語故事集（一）》，頁116～129。

〔註43〕 石公伯和石公婆一直不能生育，他們祈求神佛至少賜予他們一男半女，結果就生了一隻蝦蟆；他長大後，剝掉蝦蟆皮就是個英俊少年，娶到了漂亮的小姐，父母就把蝦蟆皮藏起來；約莫過了十二年，因蝦蟆皮有些發黴，父母拿出來曝曬，他們的兒子看到就拿起來穿，又變成蝦蟆，就這樣離去。見黃哲永編，《六腳鄉閩南語故事集》（嘉義縣文化中心，1999年6月），頁142～145。

〔註44〕 見吳瀛濤，《台灣民俗》（台北：眾文，1981年8月），頁459～460。

〔註45〕 見胡萬川編，《彰化縣民間文學集4故事篇（二）》（彰化縣立文化中心，1995年1月），頁6～8。

〔註46〕 見胡萬川編，《沙鹿鎮閩南語故事集》（台中縣立文化中心，1994年3月），頁42～63。

集‧鬼王》〔註47〕）。胡氏雖已亡故，卻於棺中生子育子，愛子之心表露無遺；她即使化身為鬼，仍為夫家留下血脈，完成女人為男性傳宗接代的任務，這樣的故事更彰顯了延續子嗣的重要性。

在《東勢鎮閩南語故事集（一）‧活穴》〔註48〕，同樣有個婦人在懷孕時死了，葬在一塊活穴，她在墳裡生下兒子，每天清早去買豬肉做月子，都記在公公帳上。後來肉販上門來收款，公公於翌日尾隨媳婦果真來到墓地，他急著抱孫，就開始挖墳；結果，因為沒有擇日擇時，媳婦跟孩子都死了。這則故事較側重風水脈穴的感應，但換個角度看，那媳婦死後還能生子，便無須擔負無子的罪名；公公沒抱到孫，乃是因為「他就是沒福氣」，藉此透露出得子孫由命不由人的訊息。

所謂「不孝有三，無後為大」，無子之家總是求神問卜、努力行善積德，冀望上蒼垂憐，能得一兒半女。幻想故事中，無論是剖瓜得子，或生出蟾蜍、「蝸牛」，全都是天賜麟兒；不管是八兄弟、七兄弟、十兄弟，〔註49〕都寄託了人們對多子多孫、子孫團結和樂的嚮往。從「怪異兒」、「奇兄怪弟」，乃至於棺中產子，在在皆是世人求子願望的投射。父權機制藉由這類故事昭告女人務必達成生育子嗣的家庭功能，不啻是施加於女性的一篇篇緊箍咒。

二、不　孕

「七出」的第一條即是「無子」，不能生子承續煙嗣是女人的一大罪狀，夫家大可理直氣壯以此休妻；然而，不孕未必是女方的問題，封建社會卻往往歸咎於女性。

有對老夫婦，希望兒子趕快結婚，好早日抱孫。媳婦進門後，肚子一直沒消息，婆婆就抱怨娶到不下蛋的母雞，但原來卻是自己的兒子太老實，不知道討老婆要做什麼，經母親安排打點，方才成就美事（《大甲鎮閩南語故事

〔註47〕 見陳慶浩、王秋桂編，《台灣民間故事集》（台北：遠流，1989 年 6 月），頁268～269。《台灣民間傳奇（十）‧顏小弟棺中出世》（頁 211～220）與此故事雷同。

〔註48〕 見胡萬川、王正雄編，《東勢鎮閩南語故事集（一）》（台中縣立文化中心，2000年 5 月），頁 28～32。

〔註49〕 在《彰化縣民間文學集 9 故事篇（五）‧奇兄怪弟》（頁 202～221）中是十個兄弟；《台灣民譚探源‧七兄弟》（頁 132～135）是兄弟七人；《嘉義市民間文學集 4 閩南語故事（二）‧三兄弟》（頁 168～173）則是兄弟三人。

集（一）‧戇子婿》〔註50〕）。可見，婚後多年不孕將導致婆媳失和，畢竟生子繁衍後代乃是娶媳的首要目的。

　　一對老夫妻從媳婦口中得知兒子沒跟她圓房，他們就教兒子要爬到太太的肚子上才會生孩子，結果兒子卻爬到蚊帳上面去，把蚊帳壓壞了，原來他把「腹肚頂」聽成了「蚊罩肚頂」（《台南縣閩南語故事集（三）‧戇子》〔註51〕）。

　　有個傻子，不了解男女身體構造的差異，竟說新娘「予斧頭仔剁著，糊毛哪會好？」（《宜蘭縣口傳文學（上）‧斧頭仔剁著，糊毛哪會好》〔註52〕）

　　有個年輕人不通世事，妻子只好設法引誘丈夫，教他床第之事。經幾番努力，最後她利用丈夫愛吃的膨風豆和他玩遊戲，才總算大功告成；不過她丈夫卻以爲自己是「吃豆子放爽尿」，此後就常纏著老婆說要吃豆子（《台南縣閩南語故事集（三）‧食豆仔放暢尿》〔註53〕）。

　　這一類關於不孕的笑話，問題都出在丈夫不懂得男女性事。這些「戇尪」很多，他自己通常不會想到要娶妻，都是家中父母非要硬塞一個新娘給他，箇中原因，當然是爲傳宗接代，只是苦了嫁進門的媳婦。

　　另一類不孕的故事，是因爲丈夫「一朝被蛇咬」，不敢嘗試：

　　百萬富翁張員外想要多子多孫，沒想到老婆是所謂的「虎肚」，只生一胎，他因此快快不快，時有抱怨。等兒子長大成人，張員外趕緊幫他娶了媳婦，但結婚十幾年仍沒生下一兒半女，老員外很生氣，一心想把兒媳休了，就故意嘲諷她「開花不結子，留著有何用？」媳婦也是聰明人，回應公公：「農夫沒下種，沒收是當然。」原來員外的兒子年輕時曾給蜈蚣咬過，一直不敢行房（《清水鎮閩南語故事集（二）‧笑詼故事》〔註54〕）。

　　另一異文則是喜劇收場：有個媳婦進門十八年都沒生育，她婆婆很著急，也藉芙蓉花探問媳婦，原來是兒子被蜈蚣咬過，看到有毛的東西會害怕；

〔註50〕見胡萬川、黃晴文編，《大甲鎮閩南語故事集（一）》（台中縣立文化中心，1995年6月），頁240～246。

〔註51〕見胡萬川編，《台南縣閩南語故事集（三）》（台南縣文化局，2001年4月），頁66～74。

〔註52〕見邱坤良等編，《宜蘭縣口傳文學（上）》（宜蘭縣政府，2002年5月），頁66～74。

〔註53〕見胡萬川編，《台南縣閩南語故事集（三）》，頁148～187。

〔註54〕見胡萬川、黃晴文編，《清水鎮閩南語故事集（二）》（台中縣立文化中心，1997年6月），頁108～118。《梧棲鎮閩南語故事集（一）‧新婦燴生》（頁168～170）情節類似，但著急的是婆婆，丈夫則因小時候被蜈蚣王咬過，生殖器發炎爛掉，無法行房。

媳婦聽了又羞又氣，要丈夫大膽來試；〔註55〕結果，不但年頭生一個，年尾又生了一對雙胞胎，她婆婆樂得合不攏嘴，四處跟人炫耀她的媳婦眞了不起，「一年生了三隻猴」（《宜蘭縣口傳文學（上）‧一年生三隻猴》〔註56〕）。可見，做媳婦的不僅要會生，而且要多生，兒子生得越多，就越能得到公婆的喜愛。

　　婚姻的首要功能在於傳嗣，媳婦的主要任務即是生子。然而前述故事中，妻子不孕的癥結都在丈夫身上，但公婆卻總是責怪媳婦。在醫學尚不發達的舊時代裡，男性的生育能力甚少受到質疑，不孕的責任幾乎都由女人承擔，令女性背負沉重壓力。

三、無　子

　　漢人傳統觀念認爲，如家中無子，不僅老來無人承歡膝下，晚景淒涼，就連死後也沒有子孫祭祀，將淪爲孤魂野鬼在人間飄蕩受苦。

　　隆嬸婆只生了一個女兒，沒有子嗣可以傳承香煙，夫妻倆就守著田產終老一生，死後牌位也沒人供奉，就擺在那塊田地上（《東石鄉閩南語故事集（一）‧隆嬸婆》〔註57〕）。沒有兒子的下場大抵如此，女兒如果嫁出去就是別人的了，也難怪封建社會求男殷切。

　　不過，有女兒的家庭也可以用招贅婿的方式，以女兒所生的孩子爲娘家傳衍後代。〔註58〕

　　葉員外相當富有，但沒有生兒子，地理師卻說他家將來會出公侯宰相，並建議他讓女兒和人交往，等生下子嗣再奪爲葉家香火，自然會有官運；員外便要女兒主動接近長工，等懷了孩子，又一口咬定是長工勾引小姐，將他趕出去。員外的女兒生了雙胞胎，兩個都是男孩，長大後都考中狀元；他們回來祭祖時，長工上前攔轎，他二人才知道自己的身世；他們認爲，既然父親還健在，應該回到父親身邊才對，但爲了不使外公斷了後嗣，他們決定大哥歸外公這邊姓葉，小弟歸父親那邊姓李，所以說：葉向李久，不是親戚便

〔註55〕她對丈夫說：「阮是面刺刺，内底眞清氣，不信阿君你來試，試了你就知滋味。」
〔註56〕見邱坤良等編，《宜蘭縣口傳文學（上）》，頁236～237。
〔註57〕因那塊田風水極佳，神明前來渡化他們，他們夫妻因而修成正果；但這樣的機緣可遇不可求。見黃哲永編，《東石鄉閩南語故事集（一）》（嘉義縣文化中心，1999年6月），頁46～47。
〔註58〕參見本論文第三章第三節變例婚姻（二）招贅。

是朋友（《彰化縣民間文學集 7 故事篇（四）·葉 hiang³ 李久》〔註59〕）。以外孫傳香火原本無可厚非，但以欺瞞的方式行之，又不如正式招贅光明正大。

領養兒子也是無子之家延續香火的方法，如果夫婦並未生育一男半女，或甚至男子沒有娶妻，這大概是唯一的選擇：

有個無家可歸的孩子在員外家的屋簷下哭，這員外的元配沒有生孩子，只姨太太生了一個女兒，員外便將那孩子安排在原配名下，當作自己的兒子（《蘆竹鄉閩南語故事（一）·狀元命》〔註60〕）。

洪鏵是個無父無母的孩子，遇上了無兒無女的老夫婦，他們就決定收養他當兒子（《台南縣閩南語故事集（三）·洪鏵》〔註61〕）。

九代慶的祖先共有九代沒娶妻過門，都是用領養的方式傳後代（《南投縣福佬故事集（一）·九代慶的故事》〔註62〕）。

若夫亡而無子，守寡的女人想爲夫家傳後也僅有領養一途：

林春娘是童養媳，未婚而喪夫，便以過繼族子的方式使余家「有後」（《台灣民間傳奇（六）·林春娘慈悲如佛》〔註63〕）。

番治嫂沒有生孩子，丈夫死後，就領養兒子回來，可是有的死去，有的跑掉，後來有人跟她說，要領養孫子才養得久，於是番治嫂就領養了一個孫子（《彰化縣民間文學集 22〔溪湖溪州竹塘二林大城二水地區〕·番治嫂》〔註64〕）；可見守寡的女人要給家裡傳後嗣並不容易。

〔註59〕見胡萬川編，《彰化縣民間文學集 7 故事篇（四）》（彰化縣立文化中心，1995年 7 月），頁 74～84。

〔註60〕姨太太心想，多一個小孩就會多分家產，很不甘心，便設計想害死男孩；她指使燒窯的師傅將男孩投進窯裡燒，卻陰錯陽差害死了女兒，甚至賠上自己的性命。男孩長大後考上狀元，才回去找那個因爲他工作一整年卻只拿回一點錢而想殺他的親生父親。見胡萬川編，《蘆竹鄉閩南語故事（一）》（桃園縣立文化中心，2000 年 9 月），頁 58～71。

〔註61〕洪鏵聽算命先生的話前往口湖，認賣豆乾的老夫婦做父母，又在鬧鬼的大宅院得到銀寶，還回故鄉報答曾濟助他的麻油行老闆。見胡萬川編，《台南縣閩南語故事集（三）》，頁 46～47。

〔註62〕後來九代慶得地理師指點，巧遇員外女兒，又得到一棟房子裡的金銀財寶。見胡萬川編，《南投縣福佬故事集（一）》（南投縣文化局，2003 年 5 月），頁 86～103。

〔註63〕見林藜，《台灣民間傳奇（六）》（台北：稻田，1995 年 12 月），頁 160～169。

〔註64〕由於番治嫂太過寵愛領養的孫子，他花錢完全不知節制，長大後就把偌大家產都揮霍光了。見陳益源編，《彰化縣民間文學集 22〔溪湖溪州竹塘二林大城二水地區〕》（彰化縣文化局，2004 年 11 月），頁 70～75。

　　有個寡婦，養活自己已不容易，但因為沒有子嗣，特地存錢養了十幾隻小豬，打算等豬隻長大賣掉以後，領養一個孩子來傳宗接代。不料遇到一個殺豬的，竟拿偽鈔給她，她希望落空，辛苦化為烏有，就上吊自殺了。她向閻王告狀，後來就投胎成男人，那殺豬的投胎成女人，兩人成為夫妻。一天，兩人吵架，男人出外浪蕩，女的已有身孕，生下兒子，十八歲就高中狀元；後來她丈夫終於回家，但她竟就死了。原來前世他斷了寡婦的後嗣，今生就必須生一個還給人家，這就是「前世債今生還」（《嘉義市民間文學集 5 閩南語故事（二）‧前世故事》〔註65〕）。斷人後嗣乃是大惡之事，將受因果業報。

　　一般女子是不受生家祭祀的，此即「厝內無祀姑婆」，女子唯有嫁人，才能取得夫家成員的資格；不過卻有這麼一則由兄弟供奉姐姐牌位的故事：

　　有一家人從唐山來台灣謀生，不幸父母早逝，大姐便身兼父職母職，負起照顧弟弟的責任，一直到五個弟弟陸續成家，她卻因年紀大了，嫁不出去；弟弟們商量決定，大姐的神主牌就由他們五個人輪流供奉（《雲林縣閩南語故事集（三）‧六房媽的故事》〔註66〕）。

　　還有一則女子未嫁而過繼兄弟之子的故事：胡、姚、陳本是一家，始祖為姚其，他受奸臣誣陷將被抄滅九族，於是囑咐小兒子姚剛走避山林，以傳血脈。姚剛逃到陳山，遇到賣藤的老伯，入贅為婿，官兵追來時，交代懷孕的妻子孩子將來以地名為姓，姓陳；之後姚剛藏匿在湖邊，入贅農家，官兵又來捉拿，他告訴妻子讓孩子姓胡，表示住在湖邊。幾年後，姚家沉冤昭雪，姚剛考取武官，又娶妻生子。後來姓陳和姓胡的兒子雙雙得中狀元，父子團圓；皇上賜建王府，姚剛卻誤蓋金鑾殿，又招致造反的讒言，皇上即將親臨探視。姚剛的女兒為陳姓妻子所生，她獻策將金鑾殿佈置成佛堂，她扮成吃齋念佛的尼姑，果真為姚家避去災禍；但她剃度出家，便不能嫁人了，因此三個哥哥各過繼一子為她傳續子嗣，這就是「小姑陳」的由來（《朴子市閩南語故事集‧小姑陳的由來》〔註67〕）。

　　當夫妻不曾生育，或男子未娶、寡婦無子，都只能以收養解決傳嗣問題，

〔註65〕見江寶釵編，《嘉義市民間文學集 5 閩南語故事（二）》（嘉義市文化局，2000年 12 月），頁 2～5。

〔註66〕見胡萬川、陳益源編，《雲林縣閩南語故事集（三）》（雲林縣文化局，2001年 1 月），頁 28～31。

〔註67〕見黃哲永編，《朴子市閩南語故事集》（嘉義縣文化中心，1999 年 6 月），頁40～53。

雖非出於親生，仍可達成父子相繼的目的，維繫父系權力架構。至於「六房媽」與「小姑陳」，都是因為女子對兄弟有大恩，才能打破父子相傳的慣例；這又是父權透過敘事樹立的女子典範：女人總是為身邊的男人付出，不只是父親、丈夫、兒子，兄弟亦然。

第三節　主婦持家

一、料理家務

　　女子在婚禮之後擁有妻的身分，至第三日出廳拜神祖與翁姑，經此儀式才取得婦的身分，正式成為夫家的一員，同時開始入廚，展開主婦生涯。〔註68〕

　　班昭《女誡》標舉四種婦行：婦德、婦言、婦容、婦功，其中，「專心紡績，不好戲笑，絜齊酒食，以奉賓客，是謂婦功。」「婦功」即指絲麻紡織、烹調美食之類的婦職。《易經》也說：「無攸遂，在中饋」，意指女人在家中主持料理飲食之事才算不失職。《詩經·斯干》則說：「無非無儀，唯酒食是議。」意思是女子沒有什麼過失和功名，只是議論酒食之事罷了。《禮記·內則》說：「女子十年不出，姆教婉婉聽從，執麻枲，治絲繭，織紝組紃，學女事以供衣服。」這是要求少女在出嫁前必須十年足不出戶，學習紡織女紅諸事。可見紡織縫紉、煮食作菜，是婦女在家庭中的重要職責。〔註69〕除此之外，洗衣、洗碗、灑掃等都是主婦擔負的家務，甚至還要到田間幫忙農事。

　　《台灣民間故事集·三個女兒輪一株肉豆》〔註70〕：老夫婦三個女兒長大了，又勤儉又會做家事，媒人很快就上門了，她們都分別嫁到鄰村種田的人家。老爸爸去看女兒時，她們都沒閒著，要忙著煮飯洗碗、切煮野菜餵豬、幫忙下田工作。而老媽媽沒有和丈夫一起去看女兒，是因為從田裡收工回家後，她還要縫縫補補、餵雞餵鴨，雖然也想念女兒，但「因為還要忙進忙出，倒也不覺得什麼」；母女四人正是典型農婦的形象。再看這位老爸爸，忙完田裡的工作就無所事事，「閒得發慌」。相形之下，女人也得到田裡幹活，但所有家務仍然都由女人一肩挑起。在故事裡，爸爸先去大女兒家，近中午時大

〔註68〕卓意雯，《清代台灣婦女的生活》，頁19。
〔註69〕高世瑜，《中國古代婦女生活》，頁80～81。
〔註70〕見陳慶浩、王秋桂編，《台灣民間故事集》，頁205～208。

女兒忙著下廚要留爸爸吃飯；過了午飯時間爸爸來到二女兒家，二女兒就打算煮米粉給爸爸吃；下午爸爸又走到三女兒家，三女兒也想為爸爸煮點心；三個女兒雖有孝心，但老爸爸不好意思麻煩她們，都說不餓或吃過了，半夜裡他空著肚子回到家，最後是妻子煮了肉豆給他止飢。如此看來，下廚的一定是女人，而且隨時待命。

牛郎織女是民間普遍流傳的故事，但關於七夕雨則有一種另類的說法：牛郎每天把用過的碗盤筷子都疊起來，等到七月初七織女來相會時，她得洗一年份超過三千桶的碗筷，因此總是邊洗邊流淚，這就是七夕總是會下雨的緣故（《雲林縣民間故事集（一）・牛郎織女》〔註71〕）。即使是尊貴的仙女，一旦走進婚姻，碗還是得洗，家事還是要做。

《台南縣閩南語故事集（六）・害人不害己，害了家己死》〔註72〕故事中，賣豬肉的女兒和阿己定下婚約後，她父親就要她到阿己家幫他們父子洗衣煮飯，一來是盡媳婦的本分，二來是要抓住丈夫的心，因為「人家那麼有錢，要娶三妻四妾也沒問題，如果被他踢到一旁就糟了」；他還告訴女兒，說她容貌不輸任何人，只要丈夫存有一點夫妻之情，對她是不會變心的。這父親深諳世道人情，頻頻對女兒面授機宜。這些話語也透露出，女人若想得到丈夫的喜愛，必須有美貌與婦德：如果長得夠漂亮，丈夫比較不容易出軌；如果長得不夠美，就要更努力治家；萬一既不美又不賢，可就不能怪丈夫拋棄糟糠了。

有一類笑話是因重聽而導致誤解，如《大安鄉閩南語故事集（三）・臭耳人加話》〔註73〕：有一家四口都重聽，父親對兒子說，要把稻穀「擔入倉」（挑進倉庫），他以為爸爸怪他媳婦沒煮菜湯，就罵老婆，老婆以為是在怪她沒有嫁妝，婆婆聽了媳婦的話，又以為是公公在嫌飯菜臭酸。像這樣由於音近而產生誤會的笑話不少，當中幾乎都有「沒菜湯」、「沒嫁粧」、「飯（菜）臭酸」，〔註74〕還有「沒生孩子」；〔註75〕這也揭露做人媳婦最常受到的指責——沒嫁

〔註71〕見胡萬川、陳益源編，《雲林縣民間故事集（一）》，頁66～73。

〔註72〕見胡萬川編，《台南縣閩南語故事集（六）》（台南縣文化局，2004年12月），頁78～201。

〔註73〕見胡萬川、王正雄編，《大安鄉閩南語故事集（三）》（台中縣立文化中心，1999年11月），頁160～165。

〔註74〕如《彰化縣民間文學集2故事篇（一）・臭耳聲的故事》（頁190～195）、《彰化縣民間文學集9故事篇（五）・四個臭耳人》（頁134～139）、《宜蘭縣民間文學集（二）・三代臭耳人》（頁78～81）、《大安鄉閩南語故事集（三）・

粧可能被夫家看輕，沒做好飯菜有虧主婦職責，沒有生子更是家族罪人。

有個笨媳婦在未出嫁之前很懶惰，她母親也沒有教她學做家事，所以結婚後不會烹調作菜，時常出差錯；她看瓠瓜表面光滑，沒有削皮就下鍋了，又看苦瓜凹凸不平，就削了皮才煮，兩次都被婆婆數落一頓（《台中市民間文學采錄集④·瓠仔油油》〔註76〕）。還有個不會煮飯的媳婦，除了分不清瓠瓜、金瓜、菜瓜、苦瓜要不要削皮，甚至煮豆簽不加鹽，煮麵線反而加鹽；因為老是出錯，所以不時被婆婆責罵（《彰化縣民間文學集4故事篇（二）·煮飯》〔註77〕）。

其他關於主婦不會做菜的笑話還有很多，〔註78〕除了女人自己被取笑，也讓丈夫沒面子，甚至因此動手打老婆。父權機制藉由這些笑話宣示主婦應具備的能力，告誡女人在出嫁前就該做好主中櫃的準備，母親必須教會女兒作菜、理家才算盡到責任，否則，女兒嫁入夫家處處被嫌棄，母親的角色也會被質疑。

二、省吃儉用

主婦雖然要負責張羅家人的飲食，但自己吃什麼、吃多少，卻不能隨心所欲。

有個女人懷孕害喜，想吃湯圓，但又不敢吃，就一直催丈夫出外看戲，丈夫覺得納悶，出門不久又繞回來，在窗邊偷看，看到太太正在煮湯圓吃；後來他假裝看戲回來，太太問他看什麼戲，他說去看「金光剪（湯圓），一粒浮一粒偃」（《彰化縣民間文學集5故事篇（三）·食圓仔》〔註79〕）。

臭耳人攀翻話》（頁166～169）、《蘆竹鄉閩南語故事（一）·臭耳人攀彎話》（頁148～153）、《東石鄉閩南語故事集（一）·規家伙仔攏臭耳人》（頁104～107）、《宜蘭縣口傳文學（上）·一家攏是臭耳人》（頁249～250）等。

〔註75〕見《台南縣閩南語故事（三）·臭耳人》（頁140～144）。

〔註76〕這媳婦不僅煮瓠瓜和苦瓜出錯，絲瓜、冬瓜、菜頭也搞不清楚要不要削皮。見曾敦香、楊照陽等編，《台中市民間文學采錄集④》（台中市文化局，2000年12月），頁109～112。

〔註77〕見胡萬川編，《彰化縣民間文學集4故事篇（二）》，頁170～173。

〔註78〕如《嘉義市民間文學集4閩南語故事（一）·戇查某》（頁132）、《彰化縣民間文學集7故事篇（四）·芎蕉葉尚大木瓜》（頁158～166）、《龜山鄉閩南語故事（一）·戇某》（頁182～184）、《彰化縣民間文學集2故事篇（一）·做粿無目睭》（頁200～204）等，參見本論文第四章第二節（三）弄巧成拙。

〔註79〕見胡萬川編，《彰化縣民間文學集5故事篇（三）》（彰化縣立文化中心，1995

《彰化縣民間文學集 4 故事篇（二）・看戲》〔註80〕的情節雷同，故事裡的太太並沒有懷孕，就是搓完湯圓後很想馬上下鍋煮來吃，但是又怕丈夫笑她貪吃，因此設法將丈夫支開。

這兩則故事裡的女人，連吃湯圓都得偷偷摸摸，還要被丈夫諷刺嘲笑一番，可嘆主婦須得日日為丈夫家人煮飯燒菜，自己卻不能光明正大吃東西。不過，在過去物資缺乏的年代，賺錢不容易，一般家庭多是粗茶淡飯，做人妻子媳婦也只能省吃儉用，嘴饞是會被人嫌的。

再看女人吃湯圓造成的的悲劇：從前，一戶姓黃的人家娶媳婦，在酒席中新娘吃了兩碗湯圓，旁邊的人就笑說，這個新娘真會吃，新娘聽了很不好意思，急著把湯圓吞下去，竟然噎死了；喜事變成喪事，姓黃的祖先就起誓，後代子孫都不可搓湯圓（《宜蘭縣口傳文學（上）・姓黃的不挲圓仔之一》〔註81〕）。另一個故事是說，剛進門不久的媳婦正在煮湯圓，她不知道熟了沒有，就用筷子挾一個想試吃看看，婆婆恰巧這時進廚房，她就趕緊將滾燙的湯圓吞下去，就燙死了（《宜蘭縣口傳文學（上）・姓黃的不挲圓仔之二》〔註82〕）。

看來，女人的周遭似乎隨時有關切的眼睛在注意她吃了什麼、吃了多少；故事裡的女人因為吃湯圓被取笑，甚至因而送命，令人不禁懷疑，這些女人是不是從不曾吃飽？

有個婆婆常虐待她的三個媳婦，到過年時，她捨不得讓媳婦吃豐盛的年夜飯，就在下午蒸了糙米粥讓媳婦吃飽；圍爐時，公公要媳婦多挾點菜，媳婦就回說，糙米粥吃到飽，再好的食物也吃不下。「大年夜不餓媳婦」就是這樣來的（《彰化縣民間文學集 5 故事篇（三）・過年 ieng⁹ 無栳新婦》〔註83〕）。難得有頓豐盛的飯菜，媳婦卻先被餵飽而沒胃口享受美食，可見婆婆仍把媳婦當外人看待。

做人媳婦不只吃的方面被計較，甚至會因體型受嫌棄：有個人家，大媳婦身材高大，二媳婦瘦削嬌小，婆婆就常抱怨大媳婦做衣服要用七尺布才夠，

年 7 月），頁 132～135。

〔註80〕見胡萬川編，《彰化縣民間文學集 4 故事篇（二）》，頁 154～157。

〔註81〕見邱坤良等編，《宜蘭縣口傳文學（上）》，頁 169。

〔註82〕見邱坤良等編，《宜蘭縣口傳文學（上）》，頁 169～170。

〔註83〕見胡萬川編，《彰化縣民間文學集 5 故事篇（三）》，頁 152～155。《東石鄉閩南語故事集（一）・二九暝無栳媳婦》（頁 116～119）也是同類故事。

所以「娶媳婦要娶身型瘦小的，這樣做衣服都可以少用一尺布」（《南投縣福佬故事集（一）·二個新婦》〔註84〕）。體型是自然生成的，媳婦竟因此被嘲諷，足見媳婦難爲。

父權社會要求主婦盡力奉獻家庭，又要儘量減少消耗、樽節開支，得少吃、少用、多做，才符合夫家的期待。

三、謹言愼行

清代陸圻著《新婦譜》諄諄告誡即將出嫁的女兒：「婦人賢不賢全在聲音高低語言多寡，……言寡即是賢，多即不賢。」〔註85〕「口多言」甚至是離婚的理由之一，〔註86〕因此，婦人言語要注意收斂，否則言多必失，甚至將惹禍上身。

有個員外生前爲兒子娶了一個有福份的媳婦，一天，她和丈夫摘荔枝吃，她摘的子都很小，丈夫摘的子都很大，她一時說溜了嘴：「你就是乞丐命，沒福氣！」她的丈夫非常生氣，就將她趕出家門（《彰化縣民間文學集4故事篇（二）·乞食配狀元》〔註87〕）；這是妻對夫出言不遜而遭休離。

有個男人將秘密告訴妻子，沒想到後來和妻子離異，妻子就到處說他的秘密，令這丈夫感嘆「牽手死才咱的妻」（《羅阿蜂、陳阿勉故事專輯·牽手死才咱的妻》〔註88〕）；這是女子多話又一例。

正因爲言多必失，因此衍生「忍嘴」的笑話：母親告誡女兒，嫁到夫家不比在自己家，待人接物要客氣，要儘量忍嘴；女兒聽成了「忍屁」，結果憋了一肚子氣（《大甲鎮閩南語故事集（一）·忍嘴當做忍屁》〔註89〕）。

〔註84〕 故事的後續發展是，兩妯娌挑稻穀過溪碾米，回來時，下起西北雨，溪水滿了起來；「用布比較多」的媳婦涉水而過，先回到家；「較省布」的媳婦要等到溪水退了才能回來。見胡萬川編，《南投縣福佬故事集（一）》，頁80～85。

〔註85〕 陸圻，《新婦譜》，收入《筆記小說大觀五編六冊》（台北：新興書局，1980年），頁3386。

〔註86〕 參見瞿同祖《中國法律與中國社會》，（台北：里仁，1994年），頁164：「口多言之所以構成離婚條件之一的理由，很明顯的也是由於家族主義的關係，其目的在於維持家族間秩序，防止家族內人口之衝突。」

〔註87〕 見胡萬川編，《彰化縣民間文學集4故事篇（二）》，頁68～99。

〔註88〕 見林聰明、胡萬川編，《羅阿蜂、陳阿勉故事專輯》（宜蘭縣立文化中心，1998年6月），頁90～95。

〔註89〕 見胡萬川、黃晴文編，《大甲鎮閩南語故事集（一）》，頁224～227。

　　又一個母親擔心要出嫁的女兒會不經大腦亂說話，萬一得罪翁姑或親戚，以後日子就難過了，因此在木箱裡放了顆石頭，交代她等到石頭變成沙，才能開始跟人說話；夫家的人都以為她是啞巴，直到年底拜拜時才讓小姑聽到她開口祈禱（《台中市大墩民間文學采錄集‧禁未著續開金口》〔註90〕）。母親如此苦口婆心，正因她是過來人，深知多言之患。

　　主婦的對外言行也可能影響家運：

　　阿水伯在田裡撿到黃金打造的水煙吹，阿水娘到處炫耀丈夫撿到寶物，引來遠近訪客登門參觀，為了送往迎來，阿水伯由儉入奢，終於淪落到家徒四壁的窘境（《台灣民間故事集‧阿水伯坐吃山空》〔註91〕）。

　　農夫的太太因為貪財沒有把丈夫交代的錢還給債主，農夫受妻子影響也起了壞心眼，對債主堅稱錢已經歸還，後來農夫受到城隍爺懲罰，就病死了（《宜蘭縣口傳文學（上）‧城隍爺代田庄人討債》〔註92〕）。

　　這兩則故事中，其實做決定的是丈夫，但故事卻強調妻子的長舌與貪念，這在告誡女人不可誤導丈夫，陷丈夫於不義，應善盡規勸的責任。

　　有個老闆娘知道泥水師傅愛吃雞胗，就收集起來，準備給他帶回去，但是師父因為平常都沒吃到雞胗，以為老闆娘小氣，不給他吃，就在工程中「做巧妙」（暗中動手腳），做一艘小船載出，讓老闆不賺錢；後來他在回程時才發現飯包裡有好幾個雞胗，就很後悔自己動了手腳，還好他的徒弟因為老闆娘常殺雞請他們吃，就做一艘大船載入，入多出少，老闆就愈賺愈多了（《宜蘭縣口傳文學（上）‧小船出，大船入》〔註93〕）。

　　在另一個同類型的故事裡，因為老闆娘將整包香菸都給師父，徒弟一根都沒分到，他就懷恨在心，房子蓋到一半就「做巧妙」，後來每天晚上天花板都會出現人影，使屋主家宅不寧（《宜蘭縣口傳文學（上）‧得罪泥水匠》〔註94〕）。

　　這兩個故事兩種結局，關鍵在於老闆娘有沒有得罪人，可見賢能的主婦須得會做人，須得面面俱到，這是父權透過故事描繪的理想女性，於是家運興衰的責任也加諸女人身上了。

〔註90〕見楊照陽等編，《台中市大墩民間文學采錄集》，頁94～99。
〔註91〕見陳慶浩、王秋桂編，《台灣民間故事集》，頁209～215。
〔註92〕見邱坤良等編，《宜蘭縣口傳文學（上）》，頁127～128。
〔註93〕見邱坤良等編，《宜蘭縣口傳文學（上）》，頁207～208。
〔註94〕見邱坤良等編，《宜蘭縣口傳文學（上）》，頁208～209。

第四節　孝順謙和

一、婆　媳

　　婆媳相處向來是家庭生活中的大問題，婆婆是家中最高女性尊長，媳婦須服從婆婆的指示，即使不合理，也應當曲意順承。而由於「多年媳婦熬成婆」的心態，婆婆對待媳婦多半嚴苛，又諸多挑剔。

　　前節中就有虐待媳婦的婆婆，不肯讓媳婦在大年夜吃豐盛的食物；還有婆婆抱怨媳婦體型高大要用較多布料做衣服；但也有婆婆嫌棄媳婦個子小：以前的人在婚前沒照過面，有個婆婆在兒子新婚當天，見媳婦個頭小，就揶揄她說：「今天是我們的好日子，娶了一隻蟾蜍上椅子。」媳婦回答：「日子不相同，小孩嫁大人；我的個子小是小，以後有九個兒子十個媳婦。」喝喜酒的賓客都爲她鼓掌（《雲林縣閩南語故事（一）·考膾倒》〔註95〕）。這個媳婦以機智妙答化解自己的尷尬，也得到眾人稱許，但不免令人爲她捏把冷汗，才進門第一天就與婆婆過招，萬一將來沒有順利生出兒子，婆婆是不是又要想方設法奚落她呢？

　　若遇到不會做菜的笨媳婦，如前節中苦瓜削皮、瓠瓜不削皮，煮麵線加鹽、煮豆簽不加鹽的媳婦，〔註96〕婆婆定然不假辭色大加數落。

　　除了生活上的短兵相接之外，民間故事中的婆媳關係多著重在孝與不孝。由於中國傳統儒家思想以行仁爲核心，行仁又以行孝爲根本，〔註97〕「孝」已成爲漢人社會恪遵的倫理基礎；除了子女應孝順父母，媳婦也被要求善事舅姑，如同孝敬自己的雙親：

> ……有公婆，莫使性，早晚殷勤要孝順。……若公婆，身有病，時
> 時刻刻來請問。或捧茶，或煎藥，病輕病重要斟酌。……公婆老，
> 無依靠，全憑媳婦身邊叫。……欲行動，是老人，何妨親手扶他行。
> 有東西，買進來，交與公婆去主裁。……各人修，各人好，天地神
> 祇都相保。增福祿，添壽元，到老終身得安閒。在生時，官旌獎，

────────────────────

〔註95〕見胡萬川、陳益源編，《雲林縣閩南語故事（一）》，頁172～175。

〔註96〕如《台中市民間文學采錄集④·瓠仔油油》（頁109～112）、《彰化縣民間文學集4故事篇（二）·煮飯》（頁170～173），參見本章第三節（一）料理家務。

〔註97〕楊國樞、葉光輝，〈孝道的心理學研究：理論方法及發現〉，《中國人·中國心──傳統篇》，高尚仁、楊中芳合編（台北：遠流，1991年7月），頁193～250。

死去閻王更尊仰。再轉世，變男身，爲官爲宦誰不尊。〔註98〕

對公婆殷勤侍奉、盡心孝順的媳婦，不僅能添福壽、獲褒揚，還會得到神明的保佑，甚至來生可以轉世做男人，擺脫這輩子做女人的卑微與勞苦；這是以果報觀念規勸媳婦要孝敬公婆，然而，以來生性別轉換做爲獎賞，更加凸顯男尊女卑的現實。

至於不孝公婆的惡婦，則「天地不容，雷霆震怒，責罰加身，悔之無路」，〔註99〕此乃以果報觀念嚇止媳婦不孝的行爲。

以下幾則是孝媳的故事：

朱藩離家十六年，全賴妻子照顧母親，妻子對待婆婆如同自己的母親，婆婆甚至說「後世願做妳媳婦，奉你家娘一如今」；後來妻子的悲切情曲感動玉帝，朱藩才能返家團聚（《台灣民間故事集・紅雨和馬角》〔註100〕）。唯媳婦誠心侍奉婆婆，婆媳方能情同母女。

有個媳婦因家庭窮困，在冬至那天拿不出錢買好東西孝敬婆婆，後來靈機一動，將甕裡剩下的米磨成漿，瀝乾後搓圓，煮成圓仔湯給婆婆嚐新，而贏得賢孝的美稱（《台灣民間故事集・冬至吃湯圓的由來》〔註101〕）。

有個女人婚後生了兩個孩子，她丈夫卻出了意外，全身無法動彈，此後家庭重擔就落在她身上，婆婆、丈夫、小孩全都靠她養活；她在山上種菜，又因爲婆婆喜歡吃蛋，就把嫂子給她的一點錢買鴨子來養，沒想到鴨子拉出來的大便竟然都是金子，他們家便寬裕起來（《台南縣閩南語故事集（三）・有孝新婦》〔註102〕）；這是一個孝媳得金的故事。

林春娘是余家的童養媳，未婚夫亡，卻堅持守寡，奉養婆婆。她雖拼命勞動生產，還是常有斷炊之虞，因此讓婆婆吃米飯，自己喝米湯；婆婆得了眼翳病，她每天用舌頭去舔，竟舔好了；後來婆婆又中風，春娘不厭其煩隨侍在旁，直到婆婆往生。她又過繼族子、撫育幼孫，使余家血脈不致斷絕，可說是爲公婆盡了大孝。春娘不僅得朝廷旌表，建了貞節牌坊，至戴潮春之

〔註98〕見廖兔驕，《醒閨編，敬丈夫》，收錄於張福清編注《女誡——女性的枷鎖》，頁165～166。

〔註99〕見宋若華，《女論語・事舅姑章》，收錄於張福清編注《女誡——女性的枷鎖》，頁17。

〔註100〕見陳慶浩、王秋桂編，《台灣民間故事集》，頁233～236。

〔註101〕見陳慶浩、王秋桂編，《台灣民間故事集》，頁70～71。

〔註102〕見胡萬川編，《台南縣閩南語故事集（三）》，頁36～45。《東石鄉閩南語故事集（二）・孝媳得金山》（頁156～161）也是孝順媳婦意外得財的故事。

役,更三度祈雨成功,眾人都認為是春娘至孝感動了天地鬼神;她死後被稱為「貞節媽」,塑像供在鎮瀾宮裡,與大甲媽祖同受香火(《台灣民間傳奇(六)・林春娘慈悲如佛》〔註103〕)。

孝媳得美名與善報,不孝媳婦則多半下場悲慘:

一名婦人常拿魚頭、魚刺、蕃薯條給婆婆吃,又趁丈夫出海打魚,和兒子把婆婆抬到大圳上去丟棄,但她兒子把扁擔和米籃撿回來,說等媽媽老了,也要把她抬出去,她嚇壞了,才又把婆婆扛回來,開始孝順婆婆;但三、四年之後,她竟給雷打死了,比她的婆婆還早死(《龜山鄉閩南語故事(一)・草索拖俺婆的故事》〔註104〕)。故事後半段強調不孝媳婦遭天譴,即使醒悟悔改,還是會因先前的惡行受到報應,具強烈警世作用。

有個孝順的兒子在城裡做生意,常寄肉脯、肉乾給母親吃,但他妻子卻欺負婆婆眼盲,自己吃掉肉脯,卻油煎水蛭充當肉乾拿給婆婆。兒子回家,母親表示肉脯太硬,咬不動,他才發現原來妻子給母親吃水蛭乾,就在魚池邊砍下妻子的頭去餵水蛭了(《東勢鎮閩南語故事集(一)・不孝新婦的故事》〔註105〕)。另一類似的故事:瞎眼的母親愛吃牛肚湯,孝順的兒子拿錢叫太太每天買給母親吃,可是太太煮的卻是青蛙,丈夫就趁她看著甕裡的青蛙時,拔刀將她殺了;這不孝的媳婦死後變成風鼓鳥,終日悲怨的啼哭(《台灣民俗・風鼓鳥》〔註106〕)。

禮法規定:「子甚宜其妻,父母不悅,出。子不宜其妻,父母曰:是善事我,子行夫婦之禮焉。」(《禮記・內則》)意即,媳婦若不得公婆喜愛,即使夫妻情篤也要休妻;但如果媳婦能討公婆歡心,即使丈夫並不喜歡她,也不可休離。由此可見舊時男女婚姻「功能性」的本質:男子娶妻是為侍奉父母,夫妻情愛是次要的;對女子而言,她們首先是公婆的媳婦,其次才是丈夫的妻子。〔註107〕「不事舅姑」亦是「七出」之條,為媳不孝,可能因此遭休離或惹來殺身之禍。

孝順的媳婦與不孝的媳婦也出現在同一個故事裡:有一對兄弟,老二宗

〔註103〕見林藜,《台灣民間傳奇(六)》,頁160~169。

〔註104〕見胡萬川編,《龜山鄉閩南語故事(一)》(桃園縣文化局,2002年11月),頁48~55。

〔註105〕見胡萬川、王正雄編,《東勢鎮閩南語故事集(一)》,頁34~39。

〔註106〕見吳瀛濤,《台灣民俗》,頁448~449。

〔註107〕高世瑜,《中國古代婦女生活》,頁108。

義的妻子潘氏為人自私，她提議分家，又占盡便宜，甚至不願奉養婆婆，還放狗去咬傷她。大兒子宗華不與弟妹計較，妻子李氏也對婆婆細心照料。一天，李氏到鄰居家幫忙，人家請吃飯時，她特意把肉留下來，想孝敬婆婆。回家後，她把肉拿給臥床的婆婆，卻不小心掉進尿桶裡，沾到一點糞便，李氏馬上伸手拿出來，婆婆覺得丟了可惜，要李氏拿去洗一洗，燙過再給她吃。這時竟雷聲大作，她思忖自己不孝，要被雷打了，就跪在屋外樹下等著受罰，沒想到雷將樹劈開，露出一鍋黃金，此後他們生活就寬裕了。潘氏得知後也如法炮製，卻是把浸得臭薰薰的肉強逼婆婆吃下去，還找來丈夫一起到樹下，等著得到黃金，結果雷電交加，夫妻都被打成兩段（《外埔鄉閩南語故事集·有孝新婦合不孝新婦》〔註108〕）。李氏孝感動天，得神明贈銀；而假孝心瞞不過上蒼，終於得到報應。故事傳達出「不孝媳婦會被雷公打死」的警訊，這恐怕會讓普天下的媳婦臨深履薄、惴惴難安吧！此外，故事裡的二兒子宗義，竟聽信老婆的話，不供養母親又貪圖錢財，最後也一起送了命。

　　兒子媳婦的孝心還應延續到父母死後：

　　丁蘭的母親誤以為兒子要追打她，就跳進路邊的池塘，丁蘭下水找不到母親屍體，只撿到一塊木板，他把木板當成母親一樣奉養、祭拜，據說日子久了母親將會回魂，復活過來；但有一次，他太太擺好的供品被雞啄走，她一氣之下，就拿起竹子打這塊木板，母親的魂魄就被嚇跑了（《台南縣閩南語故事集（四）·「點主」的由來》〔註109〕）。在《台南縣閩南語故事集（二）·神主牌仔的故事》〔註110〕，丁蘭的太太因為神主牌拜久了覺得不耐煩，又氣丈夫只對木頭好卻對她不好，就拿鐵釘在木板上釘出許多洞，丈夫發現木板竟流出血珠似的眼淚，媳婦才下跪懺悔。〔註111〕媳婦孝順婆婆天經地義，即

〔註108〕見胡萬川、王正雄編，《外埔鄉閩南語故事集》（台中縣立文化中心，1998年6月），頁76～109。此故事異文不少：《石岡鄉閩南語故事集·有孝新婦合不孝新婦》（頁74～81）、《東石鄉閩南語故事集（一）·有孝媳婦和不孝媳婦》（頁126～133）、《朴子市閩南語故事集·尿桶內雞腿》（頁128～131）、《彰化縣民間文學集4故事篇（二）·有孝新婦》（頁110～115）、《彰化縣民間文學集5故事篇（三）·有孝新婦》（頁84～89）、《南投縣福佬故事集（一）·有孝的新婦》（頁140～143）。

〔註109〕見胡萬川編，《台南縣閩南語故事集（四）》（台南縣文化局，2002年4月），頁214～224。

〔註110〕見胡萬川編，《台南縣閩南語故事集（二）》（台南縣文化局，2001年4月），頁84～99。這則故事並沒有提及主角姓名。

〔註111〕在《台南縣閩南語故事集（五）·神主牌仔的由來》（頁82～91），丁蘭的老

使婆婆死了也不能怠慢。

父權社會不只要求女人成為「賢妻」，還必須是「孝媳」，方能穩固家庭組織，維繫父系傳承於不墜。民間故事中，不孝的媳婦往往受到嚴懲，與孝媳的善報恰成對比，以此勸誡媳婦行孝。

二、翁　媳

家庭生活中翁媳關係不像婆媳之間那麼針鋒相對，公公對媳婦通常較為友善；如前述《彰化縣民間文學集 5 故事篇（三）‧過年 ieng⁹ 無柺新婦》〔註 112〕，大年夜全家圍爐的時候，公公要三個媳婦「每個人都要多挾點菜，吃飽一點」，對老婆虐待媳婦頗不以為然。

不過若遇到不孝的媳婦，「棄老」的故事也會發生在公公身上：

梁成很富有，開了許多家絲線行；他父親早年種田傷了腳，又耳聾眼瞎，常纏著頭巾坐在店門口；媳婦對公公的不體面很不順眼，還跟人說公公是以前的老長工，因為可憐他無依無靠才收留他。她不斷向丈夫咒罵公公，要他想法子解決；梁成被她早也吵、晚也吵，整個人心思全變了，就叫兩個兒子把父親扛到深山去。兒子把拖爺爺上山的繩子留下來，說要等將來父親老了再拿來拖他上山，梁成一驚，才把父親扛回來，另外租屋，雇人照顧他（《彰化縣民間文學集 2 故事篇（一）‧草索拖因公就會拖因父》〔註 113〕）。這媳婦搧風點火，企圖棄養公公，是典型不孝的惡媳。

當兒子不成材，公公也會把振興家業的任務交託給媳婦：

員外的獨子是乞丐命，員外為他物色一個狀元命的女孩娶進了門，又私下告訴媳婦家裡金銀財物收藏之處，交代她不可告訴丈夫，才不會被敗光。後來這媳婦說話得罪丈夫被休離，另嫁後又得寶致富，但她惦記著公公的囑咐，就設法找到前夫，並跟他回老家幫助他重振家聲（《彰化縣民間文學集 4 故事篇（二）‧乞食配狀元》〔註 114〕）。故事裡的公公對媳婦委以重託，媳婦感念公公的疼愛及信任，日後前夫潦倒行乞時，她還願意回到前夫身邊，為他看顧財產；她的中介角色，使公公與丈夫之間家業得以順利傳承。

婆是用髮簪插神主牌，神主牌就流出血來。
〔註 112〕見胡萬川編，《彰化縣民間文學集 5 故事篇（三）》，頁 152～155。
〔註 113〕見胡萬川編，《彰化縣民間文學集 2 故事篇（一）》，頁 136～151。
〔註 114〕見胡萬川編，《彰化縣民間文學集 4 故事篇（二）》（彰化縣立文化中心，1994年 6 月），頁 68～99。

民間故事中對翁媳互動的描述常與直呼名諱的禁忌相關：

有個女子要出嫁時，爸媽叮嚀她，嫁到人家家裡要懂禮數，隨時向長輩請安，嘴巴要甜一點；一天，剛好是滿月，公婆在庭院乘涼，她就和公婆打招呼，後來說了一句「還好今晚的月光這麼亮」，沒想到話一出口，公婆就變了臉色，氣鼓鼓的不肯理她；她回娘家後一直哭，父母一再逼問她才說出經過，她爸爸這才想到，原來她公公名叫「佳哉」（還好），婆婆名叫「月」，她一句話裡剛好就有兩人名字的諧音，算是直呼公婆名諱，對他們不禮貌，難怪兩人會發脾氣（《雲林縣閩南語故事集（五）‧佳哉兮暗攑月即光》〔註115〕）。以前的人避諱直呼家人的名字，連同音字也要避開，尤其媳婦更要注意。

有個靈巧的媳婦叫阿英，她的公公阿狗常向朋友誇讚她賢慧，從不會在眾人面前說到「狗」的音，那朋友便約了八個同伴去他家，阿英回公公的問話時，就說客人「有兩個已經進屋裡，七個還在庭院走」，「有六把傘放在裡面，三把在外面」；客人一人吃一升米，總共要煮「一升半米、二升半米、三個半升米、三升半米」；果然都沒有講到「狗」（「九」）的音，大家都心服口服（《台中市民間文學采錄集④‧巧新婦》〔註116〕）。《六腳鄉閩南語故事集‧巧媳婦》〔註117〕也是同類的故事：有人相約上門試巧媳婦的能耐，公公問誰來，媳婦回答：「有四個、五個人，撐四把、五把傘，來我們這裡，要買細毛啦！」「細毛」即指狗，以此避開了狗字。

這類型故事異文不少，有個阿狗哥因為娶了聰明的媳婦，得意的高掛「無事牌」（《彰化縣民間文學集5故事篇（三）‧無事牌》〔註118〕），令人嫉羨。還有個巧媳婦甚至一口氣避開了「貓」、「狗」、「鍋子」三個家人名諱：她看見貓和狗打架，貓跳到高處，撞到鍋子，鍋子摔下來破掉了，就對公公說：「我們的粗毛咬了細毛，結果細毛跳上去，把 tong7 碰給撞下來摔破了。」（《彰化縣民間文學集5故事篇（三）‧巧新婦》〔註119〕）

〔註115〕見陳益源、潘是輝編，《雲林縣閩南語故事集（五）》（雲林縣文化局，2003年5月），頁98～107。
〔註116〕見曾敦香、楊照陽等編，《台中市民間文學采錄集④》，頁7～12。
〔註117〕見黃哲永編，《六腳鄉閩南語故事集》，頁120～123。
〔註118〕附近一個當官的不服氣，兩度上門都沒難倒巧媳婦。見胡萬川編，《彰化縣民間文學集5故事篇（三）》，頁156～161。
〔註119〕見胡萬川編，《彰化縣民間文學集5故事篇（三）》，頁76～79。類似的故事還有《蘆竹鄉閩南語故事（一）‧巧新婦的故事》（頁44～49）、《雲林縣閩南語故事集（五）‧巧新婦無愛講「九」》（頁94～97）。

　　另有解難題的巧媳婦：

　　九叔公有兩個媳婦，一個聰明，一個較笨，聰明的媳婦常受人稱讚，甚至認為她的聰明勝過公公；一天，媳婦要回娘家，九叔公故意出難題，吩咐她們妯娌要同時出發回娘家，又要同時返回家中，但一個住三、五日，一個住七、八日；回來時，一個紙包風，一個紙包火。笨媳婦聽了不了解其中的含意，煩惱不已，聰明的媳婦就教她，兩人一起住滿十五日再回來，一個提燈籠，一個拿扇子，就沒問題了。又一次，有九個人拄著九支拐杖到九叔公家裡來，聰明的媳婦一見到他們就說，「四支、五支靠著門邊放，四個、五個請裡面坐」；從此，九叔公也對巧媳婦的才智心悅誠服（《東石鄉閩南語故事集（一）·巧媳婦》〔註120〕）。

　　除了巧避名諱及解難題，巧媳婦也以「講諏古」表現機巧，幫助公公：

　　有個人講諏古輸給三個人，回家後很懊惱，後來那三人上門來，他媳婦以其人之道還治其人之身，替公公爭回了顏面（《布袋鎮閩南語故事·講諏古》〔註121〕）。

　　再看《大甲鎮閩南語故事集（一）·巧新婦》〔註122〕，有個內親家和外親家比賽吹牛，外親家說他巡水田時，拿鋤頭打掉蚊子的一隻腳，全莊的人都扛不動；內親家聽了就認輸了，要買菜請客。他回到家告訴媳婦，媳婦說由她來應付她老爸；她爸爸來了之後等了好久，菜都沒上桌，最後她女兒說，她公公買了很豐盛的菜，她拿到溝邊洗，剛好風沙吹進眼睛，當她正要下鍋煮菜時，那粒沙子掉進鍋裡，就把鍋子砸了個大洞；如此這般，女兒的吹牛功力更勝一籌，便省了一頓飯菜。這則故事情節與前章中妻助夫吹牛解圍大同小異，〔註123〕但換了角色，便耐人尋味了！出嫁的女兒為公公去「應付」自己的父親，不惜讓父親餓著肚子空等，表示她已是夫家的一份子，凡事得

〔註120〕見黃哲永編，《東石鄉閩南語故事集（一）》，頁120～124。
〔註121〕那三人分別說：三貂嶺的一頭水牛把頭伸到南台灣吃草；基隆山上的兩棵竹子垂到了恆春；阿里山上的一株檜木，橫斷面的中央可以搭戲台演戲，四個角落還能擺四張桌子宴客。這三人上門時，巧媳婦說，她公公聽到唐山演戲和敲鑼打鼓的聲音，就到唐山去看戲了；那面鼓就是用阿里山檜木做的，用三貂嶺的水牛皮張鼓，用基隆山的竹子做鼓槌，所以全世界都聽得到。見江寶釵編，《布袋鎮閩南語故事》（嘉義縣立文化中心，1997年6月），頁132～146。
〔註122〕見胡萬川、黃晴文編，《大甲鎮閩南語故事集（一）》，頁142～149。
〔註123〕如《彰化縣民間文學集7故事篇（四）·諏古》、《宜蘭縣口傳文學（上）·艋舺和大稻埕》，見本論文第四章第二節（一）排憂解難。

先為夫家打算。

　　民間故事中的翁媳互動多以「巧媳婦」的類型呈現，這是因為「男主外，女主內」，翁媳的生活領域重疊較少，少生摩擦，不若婆媳之間互動頻繁而關係緊張。然而，巧女們固然能以其機智化解生活上的問題，從故事中還是可以看出媳婦所承受的壓力，一言一行都得謹慎得體，才能得公婆歡心。此外，這些巧女雖然得到眾人的讚美，但她們的聰明機智終究只能發揮於家庭之中，父權社會並不容許她們走出家庭，一展長才。這樣的故事讓聰慧的女子在潛移默化中也認同了自身「居內」的定位。

三、叔　嫂

　　民間故事中的「惡嫂」每多搬弄是非，慫恿兄弟分家，藉機侵奪家產，受害者多是小叔：

　　相傳牛郎的兄嫂不賢，常趁丈夫外出收帳時虐待牛郎，甚至想用毒藥殺害他，幸有金牛星庇護才未得逞，丈夫回來後她又挑唆分家（《台灣民俗・牛郎織女》〔註124〕），是典型的惡嫂。

　　在「賣香屁」、「狗耕田」類型的故事裡，總是有個狠心的嫂嫂在丈夫耳邊不斷叨念，如《東勢鎮閩南語故事（一）・賣芳屁》〔註125〕，哥哥原本覺得弟弟還小，不應該這麼早分家，但嫂子不願意照顧小叔，哥哥被妻子「吵得沒辦法」，就分家了，照妻子的意思占了田、分了牛，弟弟只得到一隻牛蝨。後來，弟弟的牛蝨被雞吃了，人家就把雞給他；雞又被狗咬了，人家又把狗給他；最後狗死了，埋在山腳下，長出一大叢韭菜，吃了就會放香屁，弟弟竟然賣香屁賺了大錢。哥哥在妻子的咒罵唆使下也賣起香屁，卻因拉了一堆臭屎被打了一頓。《雲林縣閩南語故事集（一）・二兄弟》〔註126〕與此故事前段情節雷同，後來弟弟讓狗犁田，賣雜貨的打賭輸了，弟弟就賺到一擔雜貨；嫂子見了，就罵她丈夫，要他也去牽狗來耕田，但任憑他怎麼打狗都不走，就把狗打死了；弟弟準備了祭品去拜那隻狗，那竹叢竟掉下許多銀子；嫂子又看得眼紅，叫丈夫如法炮製，結果卻掉下一堆狗屎。〔註127〕

〔註124〕見吳瀛濤，《台灣民俗》，頁461～463。
〔註125〕見胡萬川、王正雄編，《東勢鎮閩南語故事（一）》，頁164～173。
〔註126〕見胡萬川、陳益源編，《雲林縣閩南語故事集（一）》，頁2～11。
〔註127〕其他異文：《彰化縣民間文學集7故事篇（四）・賣芳屁》（頁92～96）、《雲林縣閩南語故事集（二）・賣芳屁的》（頁164～168）、《雲林縣閩南語故事集

　　這類故事反映出傳統社會中，兄弟因遺產繼承問題而起的糾紛，幼子往往因失去父親的庇護，而成爲兄嫂欺凌的對象，因此形成狗顯靈幫助幼子的故事。〔註128〕嫂子與小叔既無血緣親情，卻有分家產的利害關係，因此嫂嫂貪財爭財的姿態特別鮮明。

　　大稻埕蕭家兄弟父母早已亡故，在蕭老大娶妻後，原本親愛的手足情就變調了，大嫂能言善道，卻口是心非，慫恿丈夫分家，占盡好處。蕭老二的河灘地因雨水太多血本無歸，便到彰化一帶謀生，他意外得到白銀，又經商致富。蕭老大卻因心中鬱悶生了一場大病，而至家道中落，他妻子過不慣苦日子，吵著回娘家，自此男婚女嫁，兩不干涉。蕭老大後悔逼走弟弟，便南下尋訪，後來旅費用盡，跟人排隊等大戶人家派飯吃，這好心的富翁竟就是他的弟弟。兄弟重逢後分別成家，又回到家鄉；當初蕭老二石田一般的河灘地，搖身一變成爲港口邊的昂貴地段，因此發了大財。而那位耐不住貧窮的蕭大嫂再嫁後卻落入赤貧，悔不當初（《台灣民間傳奇（一）‧忠厚得天眷》〔註129〕）。

　　惡嫂雖多，也有善待小叔的好兄嫂，王得祿的嫂嫂即爲一例：王得祿於乾隆末年協助清兵平定林爽文叛亂，又剿滅大海盜蔡牽，官至太子少保，煊赫一時。他的嫂嫂許氏早年養育得祿，對他十分疼愛，得祿決定投身軍旅時，又典當簪釵給他做旅費，還連夜爲他縫製兩雙合腳的大鞋；得祿建功封官之後，許氏即因有恩於得祿，榮封爲一品夫人（《台灣民間文學集‧一日平海山》〔註130〕、《台灣歷史故事‧先鋒旗手王得祿》〔註131〕）；這在當時還只是個小市鎮的嘉義，可說是一件破天荒的大事，所以「她雖然是一個女人，但勢力卻是很大」。夫人的管家即仗勢強占民田，後來在彰化知縣的審理下，田地歸還原主；夫人許氏本是明理的女人，也就接受判決（《台灣民間故事‧物歸原主》〔註132〕）。

　　（三）‧二兄弟合狗仔》（頁122～129）、《六腳鄉閩南語故事集‧三兄弟》（頁82～87）、《台灣民俗‧賣香屁》（頁412～415）。
〔註128〕林武憲，〈民間故事的文化透視〉，《精湛》19期（1993年7月），頁71。
〔註129〕見林藜，《台灣民間傳奇（一）》，頁133～146。
〔註130〕見李獻璋，《台灣民間文學集》（台北：龍文，1989年2月），頁68～74。
〔註131〕見王詩琅，《台灣歷史故事》（台北：玉山社，1999年2月），頁132～139。關於王得祿發跡的異文有《台灣民間傳奇（三）‧步履邁前程》（頁75～86）、《太保市民間傳說‧王大人的傳說（一）》（頁2～5）。
〔註132〕見王詩琅，《台灣民間故事》，頁84～87。部分民間故事是說，王得祿兄嫂受

　　《沙鹿鎮閩南語故事集・善良的小弟》〔註133〕：馬永拿了五十兩銀子給落難的北京客做路費，他哥哥知道以後非常生氣，馬永嚇得連夜離家出走。他大嫂日日燒香念佛，求眾神明保佑小叔平安歸來。馬永在外地當雇工、做生意，經過一番波折，與京官重逢，還成了官爺的女婿。他心中一直記掛疼愛他的大嫂，後來他丈人送他許多金銀財物，他和妻子回到家，就把財寶和哥哥平分，一家團圓和樂。故事裡的馬永和哥哥年紀相差很多，大嫂平日很照顧他，正因為長嫂如母，馬永離家時對嫂嫂的想念還甚於哥哥；這樣的大嫂當然值得酬賞。

　　在「男外女內」的傳統體制下，女人能受到封賞，若非節烈守貞，便是因家中出了成材成器、建功立業的男人；小叔若出人頭地，兄嫂也同享榮耀，如許氏的權勢即是依附在得祿身上，而馬永的大嫂也因馬永而得享富貴。至於前述幾則故事裡的惡嫂，她們鼓其如簧之舌挑撥搬弄，使家庭失和，也連累了丈夫；這類故事表現了「不和」所帶來的惡果，意在昭告女子對小叔應謙和柔順，不可陷丈夫於不義。故事傳達的訊息有助於鞏固家庭制度，當中仍隱含父權運作的痕跡。

四、姑　嫂

　　民間故事中的姑嫂關係也多是「不和」：

　　有個小姑喜歡找嫂嫂的麻煩，總是嫌嫂嫂邋遢，不愛乾淨。後來小姑嫁人了，有天嫂嫂去拜訪小姑，不巧小姑的孩子爬到桌上大便，小姑遠遠看到嫂嫂走來，來不及清理，就趕緊用碗把屎蓋住；不過嫂嫂已經看到了，一進門就掀開碗說：「哎唷！愛乾淨的小姑，竟用碗蓋著屎呢！」（《東石鄉閩南語故事集（一）・清氣小姑》〔註134〕）

　　有個嫂子常被小姑欺負，但是都不敢講，直到冬至搓湯圓祭祖拜拜時，這嫂子祈求天地神明保佑丈夫賺大錢、保佑公婆添福壽，卻希望「保佑小姑仔快快死」，躲起來偷聽的家人才知道，原來是小姑虐待大嫂（《宜蘭縣口傳

　　　　封後，勾結土豪侵占民地，最後還是因為彰化縣令楊貴森請出聖旨，才能以七品縣官將她一品夫人治罪。如《嘉義市民間文學集4閩南語故事（一）》當中的兩篇：〈王得祿的兄嫂佔人田園〉（頁38～57）、〈一品夫人霸佔田園〉（頁58～63）。
〔註133〕見胡萬川編，《沙鹿鎮閩南語故事集》，頁126～144。
〔註134〕見黃哲永編，《東石鄉閩南語故事集（一）》，頁108～109。

文學（上）・保庇小姑快快死》〔註135〕）。

英台男扮女裝去讀書時，在家中種了一盆花，她說若是花枯萎了，就表示她出事了；英台的嫂子一直拿熱水澆那盆花，但花還是活的好好的（《石岡鄉閩南語故事集（二）・山伯英台》〔註136〕）。異文中仍見壞嫂子：英台離家時，她的嫂嫂故意說「可別去時包巾包書本，回來時包巾包孩兒」，英台回答，家中那棵圓仔花好比她，若顏色純紅表示她仍是清白之身，若是她沒守住清白，花就會變成黑紫色。她嫂嫂居心不良，燒了開水去潑花，圓仔花竟就變成黑紫色了（《雲林縣閩南語故事集（三）・山伯英台的故事》〔註137〕）。現在的圓仔花都是黑紫色的，這花色也成了惡嫂的標記。

「椅子姑」是個十來歲的小姑娘，父母雙亡，她的嫂嫂度量小、心地壞，因哥哥爲養家經常在外奔波，嫂嫂便肆無忌憚虐待她，除了把全部家務交給她，還規定灶裡的火不准熄，她只好終日守在灶邊，邊幹活邊照應燒火，連睡覺也只能在灶前打個盹，深怕火滅了，遭嫂嫂一頓毒打；她生前受盡折磨，終於在元宵夜隨死去的媽媽走了（《台灣民間故事集・元宵懷念「椅子姑」》〔註138〕）。

另一版本的「椅仔姑」更加悲慘，她才小小年紀，嫂嫂嫁過來後就開始虐待她，要她燒水煮飯、洗碗、掃地、挖菜、餵豬、撿樹枝、添爐火，家裡所有的工作都指派給她，嫂嫂如果不滿意，就打她、捏她，不給她吃，晚上也不讓她睡床上，就叫她睡在廚房；可憐椅仔姑原本因家境不好就長得瘦小，在嫂嫂的虐待下更不成人樣；哥哥雖然耳聞太太會欺負妹妹，但他太太總是強辭奪理，他卻軟弱無能，不敢說什麼。一天，椅仔姑不小心打翻煮好的菜，摔破了碗，嫂嫂一氣之下，拿著燒紅的火箸烙她，隔天椅仔姑就死在廚房的竹椅上。嫂嫂大清早看到灶裡的火快熄了，正想動手打椅仔姑，才發現她已全身冰冷，因爲怕吃上官司，就把她埋在豬槽下；此後嫂嫂常看到椅仔姑出現在爐灶前或屋簷下，她就像被鬼魂纏身一樣因心生不安而病倒，不多久就病死了（《雲林縣閩南語故事集（二）・椅仔姑》〔註139〕）。這應該是最冷酷無情的惡嫂了，最終也遭到了報應。

〔註135〕見邱坤良等編，《宜蘭縣口傳文學（上）》，頁232。
〔註136〕見胡萬川編，《石岡鄉閩南語故事集（二）》，頁26～38。
〔註137〕見胡萬川、陳益源編，《雲林縣閩南語故事集（三）》，頁134～143。
〔註138〕見陳慶浩、王秋桂編，《台灣民間故事集》，頁68～69。
〔註139〕見胡萬川、陳益源編，《雲林縣閩南語故事集（二）》（雲林縣文化局，2001年1月），頁84～95。

前一則故事裡，椅仔姑受虐是因為哥哥常不在家，嫂嫂代理兄長行使權威；但後一則故事，嫂子的氣勢凌駕於丈夫，做哥哥的竟保護不了妹妹，這正是宣告娶妻不賢、夫權不彰，則家中將無寧日，甚至貽禍至親家人。受果報的結局則告誡為人兄嫂者要善待小姑，藉由警誡式的情節傳達出「和」的觀念，同樣具有穩定父權家庭制度的作用。

第五節　母教治家

一、教養子女

漢人傳統觀念從來是尊重母親，重視母親的養育之恩，婦人一旦生了兒子，則可以為夫家傳宗接代之功而無愧於社會與家庭，並且以男性子嗣的母親此一身分超越男尊女卑的格局，而擁有較高的地位並獲得實際的權利。〔註140〕

玄天上帝的胃化成大龜，變身為一艘船在洛陽江上讓人搭乘，再趁機吃人；一次，大龜正要沉船，玉帝派金甲神來喝止，原來船上懷孕婦人肚子裡的孩子是未來的狀元（《彰化縣民間文學2 故事篇（一）‧洛陽橋的故事》〔註141〕）。所謂「母以子貴」，因兒子的庇護，母親得以免除災難。

同一則故事中，李五遭誣陷下獄，鄺金龍請託太后姑姑裝病，讓皇帝赦免重犯，但皇上仍沒有釋放李五，太后便斥責他「你是想要媽媽沒命嗎？」皇帝終於「不堪母親威脅」，赦了李五。即使貴為九五之尊，仍要聽從母親的話。

母親在家庭中必須負起教養子女的啓蒙任務，將傳統倫理道德及應對進退的禮節傳遞給下一代：

> ……所以為教不出閨門，以訓其子者也。教之者，導之以德義，養之以廉遜，率之以勤儉，本之以慈愛，臨之以嚴恪，以立其身，以成其德。慈愛不至於姑息，嚴恪不至於傷恩。……〔註142〕

〔註140〕參見高世瑜，《中國古代婦女生活》，頁 17；及卓意雯，《清代台灣婦女的生活》，頁 75。

〔註141〕故事裡婦人的孩子蔡端果然考上狀元，建造洛陽橋。見胡萬川編，《彰化縣民間文學2 故事篇（一）》，頁 106～135。

〔註142〕明‧仁孝文皇后，《內訓‧母儀章第十六》，收錄於張福清編注《女誡——女

……有兒女，誰不愛，若不教他反成害。兒與女，從小教，等待大
來性多傲。……存天良，重生命，常將果報説他聽。讓哥哥，敬姐
姐，見了叔伯要行禮。……知長幼，別親疏，要好兒孫在讀書。……
〔註143〕

大家曰：夫爲人母者，明其禮也。和之以恩愛，示之以嚴毅，動而
合禮，言必有經。……七歲，男女不同席，不共食。八歲，習之以
小學。……使男女有別，遠嫌避疑，不同巾櫛。女子七歲，教之以
四德，其母儀之道如此。〔註144〕

母親雖扮演家庭教育的直接傳播者，然而在家庭中仍只居於輔從地位：

母親在家庭中的權力，是得之於父親的，是因爲父親的妻子身分而
獲得的。同時母親的權力不是最高的，也不是絕對的；因爲妻是從
夫的，在治家上居於輔佐的地位。……當父權和母權發生衝突的時
候，則夫權越於妻權，父權高於母權，……〔註145〕

在父權家庭中，由於「男主外，女主內」觀念的影響，父親通常並不積極參
與子女的教養工作，母親則以依附於父權所產生的輔佐地位而擁有家庭教育
權；若是父親出外工作，則教養子女的責任就全歸於母親。如賣不倒翁的阿
義要到番邦做生意，出門前就交代妻子好好管教孩子（《朴子市閩南語故事
集・阿不倒義仔》〔註146〕）。

　　母親若不能善盡教養之責，不僅孩子不學好，也可能造成家庭問題：羅
狀元生了兩個兒子，因爲太太過於寵愛孩子，他們讀書都很疏懶，樣樣笨拙，
羅狀元失望之餘，便出家去了；他妻子這才跪求老師好好教育兩個孩子，再
也不敢縱容他們；十八年後，羅狀元回到舊居，探知兩個兒子分別中了文武
狀元，在牆上題了詩就又離開了（《彰化縣民間文學集 9 故事篇（五）・狀元
出家》〔註147〕）。母親溺愛孩子的代價竟是失去丈夫！即使即時督促兒子認眞

性的枷鎖》，頁 30。
〔註143〕廖冕驕，《醒閨編・待兒女》，收錄於張福清編注《女誡——女性的枷鎖》，頁
　　　　177～182。
〔註144〕鄭氏，《女孝經・母儀章第十七》，收錄於張福清編注《女誡——女性的枷鎖》，
　　　　頁 11。
〔註145〕劉維開，〈傳統社會下我國婦女的地位〉，《社會建設》36 卷 37 期（1979 年 6
　　　　月），頁 79～86。
〔註146〕見黃哲永編，《朴子市閩南語故事集》，頁 162～170。
〔註147〕見胡萬川編，《彰化縣民間文學集 9 故事篇（五）》，頁 38～45。

讀書，兩人雙雙得中狀元，但丈夫出了家就再不回頭了。

相形之下，《桃園市閩南語故事（一）‧羅狀元》〔註148〕故事裡的妻子更無辜，她並沒有寵溺孩子，羅狀元完全是因兒子不成材而心灰意冷出家當和尚，此後就不曾回來，她太太只好自己教這兩個孩子，幸而後來請到一位老師把孩子教聰明了，兩人都考上狀元，這時羅狀元才回家一趟，留了詩就匆匆離去；〔註149〕兩個兒子打聽到父親落腳的寺廟，前去相認迎請，羅狀元還是不回家。做父親的可以因兒子愚鈍拂袖而去，母親卻不能也一走了之，她必須母代父職，獨力教養他們成人。

兒子有成就，母親的角色才會受到肯定；這是父權體制透過故事將教養的責任加諸女性身上。

二、寡　母

母親通常與子女的互動較為密切，母親的角色呈現「親而不尊」的屬性，較容易展現慈愛的母性；〔註150〕尤其寡母與孩子相依為命，慈母的形象更為突出。

洪鴛在丈夫死後，就租田耕種，又編蘭草席賺取工資，用自己的勞力撫養孩子；一天，見兒子被火辣的太陽曬得滿臉通紅，便決心為兒子編織能遮陽避雨的草帽。她得到夢中銀髯老翁的指示，將黃、綠兩色小花交配，長出了堅韌又有光澤的三角蘭草，繼而編成前所未見、巧奪天工的大甲帽（《台灣民間傳奇（十）‧巧洪鴛編蘭致富》〔註151〕）；慈愛的寡母如洪鴛，是會受上天眷顧的。

吳明的父親婚後沒幾年就死了，留下寡婦與兩個孤兒，不久長子又不幸夭折；當時家族產業由伯父經營，吳明和寡母因位卑不得過問；母子二人寄人籬下難免受閒氣，後來不得不遷出來。吳明的母親替人洗衣和縫補，把吳明帶大，讓他進私塾求學；一天，吳明見有錢人家在吃荔枝，看來非常可口，他一時食指大動，就告訴母親想吃荔枝；當時荔枝是由福建船運而來，專供

〔註148〕見胡萬川編，《桃園市閩南語故事（一）》（桃園縣文化局，2002 年 11 月），頁 222～239。
〔註149〕詩的後兩句：「兒孫自有兒孫福，莫把兒孫當馬牛」，一般人多耳熟能詳，即源出於此。
〔註150〕張靜茹，《敘事文學中的台灣清代婦女行為類型研究》，頁 67～68。
〔註151〕見林藜，《台灣民間傳奇（十）》（台北：稻田，1995 年 12 月），頁 79～86。

官宦富豪享用，相當昂貴；母親因疼惜孩子，不願見他失望難過，便偷偷的典當了結婚時那條綾羅繡花裙，買回一紮鮮紅的荔枝。吳明知情後十分後悔，母親安慰他，荔枝等到有錢時已買不到了，但典當的羅裙有錢時還可以贖回來，愛子之情溢於言表。吳明長大後精明能幹，終於以米糖貿易躋身百萬富商（《台灣民間傳奇（六）・吳春祿長袖善舞》〔註152〕）。吳明能有成就，當得自寡母的用心栽培。

民間故事裡常見孤兒寡母組成的家庭，且寡母門下多孝子：

福海的父親很早就去世，他爲了奉養母親，每天風雨無阻上山打柴；由於福海又孝順又勤快，夢中出現的白髮老公公送給他一個可以自己磨出鹽巴的神奇石臼，從此福海靠著賣鹽賺了不少錢，和母親過著快樂的生活（《台灣民俗・奇異的石臼》〔註153〕）。

有個孝子和寡母相依爲命，因爲家裡貧窮，無田可耕，只好去做長工；因爲媽媽眼睛瞎了，孝子每天上工前先做好早飯，中午又趁休息的時候趕回家作中飯，晚上收工了還要作晚飯；由於孝子孝心感人，龍王的女兒特來治好他母親的眼睛，還幫助孝子娶到一個好太太，又得到許多陪嫁的金銀財寶（《台灣民間故事集・海龍王的女兒》〔註154〕）。

有對母子僅有屋前一小塊什麼也長不出來的水田，別無其他家產；兒子每天天沒亮就出去替人打工，太陽下山才回家；母親也克勤克儉，總算勉強維持生計。這位慈善的農婦雖然家中貧困，但看到面黃肌瘦的老乞丐，仍不吝惜的把留給兒子的一碗飯施捨給他；乞丐將剛下肚的米飯噴向水田，不久長出一片清香的白花，遠近村民都慕名而來，母子倆從此賣花度日，日子比以前好過多了（《台灣民間故事集・水仙花》〔註155〕）。

有個媳婦在丈夫死後，連同七歲的兒子，被婆婆趕出家門，他們只好棲身在百姓公廟；那孩子隨著砍柴的人上山，鬼王便趕緊派小鬼去幫忙，因此再多的柴他都挑得動；小鬼又幫他挑柴到街市去賣，還將員外引來買他的柴薪，員外聽了他的遭遇，不但多給他許多錢，又送他米和兩隻雞，讓他過年有得吃。他回家的路上會經過一個萬丈深淵，天神發現了就去稟告玉皇大

〔註152〕見林藜，《台灣民間傳奇（六）》，頁72～79。
〔註153〕見吳瀛濤，《台灣民俗》，頁393～395。《台灣民間故事集・海水變鹹》（頁21～23）是同一則故事。
〔註154〕見陳慶浩、王秋桂編，《台灣民間故事集》，頁247～254。
〔註155〕見陳慶浩、王秋桂編，《台灣民間故事集》，頁65～72。

帝，請求月亮在年三十晚上出來幫忙照路，使這孩子平安到家，和母親一起歡喜過年（《羅阿蜂、陳阿勉故事專輯・孝子的故事》〔註156〕）。

這些故事裡，寡母的兒子都孝順、善良、勤儉，而且最後都得神仙相助，或是逢凶化吉，或是改善了生活；這樣的情節安排無疑為社會上眾多的寡母們帶來心靈上的安慰。

即使沒有神仙現身，孤兒也能勤奮自勵而有所成就：

謝金鑾因父親早年逝世，家境貧困，靠著寡母艱苦操持，才把他撫養成人，因此他對母親非常孝順，頗得鄰里樂道；謝金鑾長大後鄉試及第，對台灣貢獻良多（《台灣民間傳奇（十一）・謝金鑾書生報國》〔註157〕）。

李大由於家貧，又天性不愛讀書，再加上母親是個守寡的婦道人家，街坊都因此認定他前途有限。一次，他看到老鼠在啃石磨軸，卻沒人肯相信他，他察覺到那是因為大家看輕他，因此決定出外闖出一番事業。他從沿途叫賣、擺攤到開布店，錢越賺越多，終於衣錦還鄉；他故意說祠堂前的石階被曬彎了，眾人竟都同聲附和（《台灣民間傳奇（二）・不以人廢言》〔註158〕）。寡母孤兒謀生不易，常受人輕視侮蔑，可說是社會的邊緣人；在這則故事中，並無任何意外之財，憑個人的努力同樣能夠致富。

孝子名聲遠播，也可能得「人」助：

許阿泉父親早逝，他每天在鹽場做雜工奉養寡母；一年，大海盜蔡牽登陸劫掠，百姓紛往山中逃難，阿泉曾患小兒麻痺，雖然行動不便，仍背著母親逃到叢林中的小祠，為挖蕃薯充飢，被海盜所擒。阿泉是有名的「跛腳孝子」，而蔡牽昔日也有一個吃盡人間艱苦的寡母，因此不但放走阿泉，還贈他米糧菜餚；蔡牽知道阿泉無力娶妻，幾天後更送上一名年輕美麗的女子，強迫他們成親。那女子是鄰村王大舍的獨生女，海盜撤退後，由知縣做媒，王大舍將女兒嫁入許家，嫁妝十分豐厚（《台灣民間傳奇（九）・許阿泉因禍得福》〔註159〕）。

孝子終身行孝，孝心甚至可以至死「不」休：

〔註156〕見林聰明、胡萬川編，《羅阿蜂、陳阿勉故事專輯》，頁78〜89。

〔註157〕謝金鑾曾任諸羅教諭、彰化教諭，編修台灣縣志，又寫成「蛤仔難記略」，奏請朝廷將蛤仔難收入版圖，始設噶瑪蘭廳。見林藜，《台灣民間傳奇（十一）》，頁65〜72。

〔註158〕見林藜，《台灣民間傳奇（二）》（台北：稻田，1995年12月），頁208〜215。

〔註159〕見林藜，《台灣民間傳奇（九）》（台北：稻田，1995年12月），頁196〜203。

　　金大嬸的兒子大城以打零工維持母子倆的生活，不料他竟感染風寒，一病不起；金大嬸哭得死去活來，因為「寡婦死了兒子就完全沒指望了」。就在大城病逝那天，金員外在夢中聽說，村中孝子金大城陽壽已盡，將投胎到他家中；果然天亮後夫人就產下一子，那孩子還握緊右拳，員外扳開一看，發現掌心寫著「大城」二字，應驗了夢境所聞。員外知道大城必然是放心不下無依無靠的母親，就把金大嬸請到家裡當保母，還索性把孩子也取名大城；金少爺一樣是個孝子，把金大嬸也當母親一般孝順（《台灣民間傳奇（三）‧身後報親恩》〔註160〕）。這位孝子甚至在死後仍設法間接盡人子之道，可說是將孝心發揮到了極致。

　　不過，並非所有民間故事中失怙的孩子都品行端正。曾切幼年喪父，年輕時就放蕩起來，時常賭博、打架，甚至學起了偷竊；由於他有飛簷走壁的好本領，做人又慷慨，所以小偷們都信服他，推尊他為頭兒，他因而管束著一班偷兒，沒有他的命令絕不准胡亂打擾人家。此外，他所偷的大都是些土豪劣紳及行為不檢的官吏，又常將偷來的錢周濟窮人，因此被稱為「義賊」。上了年紀以後，他時常後悔自己走入歧途，以致斷送一生（《台灣民間故事‧曾切的故事》〔註161〕）。如此看來，曾切也算不上大惡之徒，而且尚能體恤寡母，平素對母親很孝順；然而，故事一開始，曾切的年少放蕩卻直接被歸因於「寡母管顧不周到」；可見孩子成不成材即代表寡母的教養是否成功，這也透露出社會輿論加諸寡母的壓力。這些失去丈夫的母親面對社會檢視的眼光，想必總是戰戰兢兢。

　　以寡母孝子為主角的民間故事為數不少，但關於寡母孝女的故事卻不多，《台灣民間故事集‧鐵拐李和孝女阿秀》〔註162〕是其中一則：

　　彰化大旱，人們必須在黃昏時奔波數十里，半夜到八卦山下排隊汲取泉水，回到家往往已是次日清晨。才八歲的阿秀和母親相依為命，媽媽又病倒，取水的任務就落在她身上。阿秀走到半路就累得倒在路旁睡著了，醒來時汲水的人正往回程趕，她趕緊拔腿衝到山下，好不容易接到了石縫中滴落的水珠；當她捧著裝滿水的葫蘆往回跑，卻被一隻狗絆倒了，那老黃狗也因飢渴奄奄一息，阿秀忘了取水的辛勞，把水倒入黃狗口中，黃狗便逐漸恢復精神。回到家，阿秀先請母親喝水，自己卻捨不得喝；這時門外出現一個瘸腿的老

〔註160〕見林藜，《台灣民間傳奇（三）》，頁133～139。
〔註161〕見王詩琅，《台灣民間故事》，頁30～39。
〔註162〕見陳慶浩、王秋桂編，《台灣民間故事集》，頁240～246。

乞丐，他說已有兩天一滴水也沒沾上唇了，哀求母女把水施捨給他。阿秀好心的把葫蘆遞給乞丐，乞丐轉身把剩下的水撒向天空，用枴杖一指，剎那間雨點如傾如注，原來是鐵拐李現身施法終結了乾旱；小女孩的孝心善念解救了一方生靈。

　　阿秀雖是女兒，對母親的孝心並不亞於其他故事中的孝子，然而，就社會功能而言，兒子才是寡母真正的依靠。

　　有一年，林朝英往福州趕赴鄉試，途中偶遇一新寡的婦人，腹中有即將臨盆的遺腹子，但沒有錢給丈夫處理後事；林朝英贈銀相助，並安慰她不要過於悲傷：「他日生下了孩子，如果是男的，你便有了指望了！」（《台灣民間傳奇（六）・林朝英義責蔡牽》〔註163〕）言下之意，若生的是女兒，就減損了活下去的意義了。

　　這些「夫死從子」的母親，在經濟上依靠兒子，心理上也以兒子為寄託；諸多寡母孝子的故事，可說是父權社會為安撫守寡的母親所精心建構的神話，讓失去丈夫的女人甘願守節撫孤，走上父權體制預設的路徑。

三、後　母

　　根據《台灣私法》的記載，家庭中的尊長有權教令及懲戒卑幼，子孫有違反教令行為，被祖父母、父母毆打成傷或致成篤疾時無罪，殺死時始有罪，但依法決罪或誤殺時亦無罪。〔註164〕父母有如此大的教令權，後母虐待子女可說是有恃無恐了。

　　後母一般都形象不佳，民間故事裡的後母多是苛待孩子的壞女人：

　　有個狠心的後母常趁丈夫不在時虐待前妻的小孩，有一次丈夫出遠門做生意，她連續三個晚上裝鬼嚇孩子，雖然老師發現那孩子精神恍惚，在第三天晚上帶了一群學生去他家前後巡察，卻已經來不及，這孩子已經被裝鬼的後母嚇死了（《六腳鄉閩南語故事集・後母假鬼》〔註165〕）。

　　又如《龜山鄉閩南語故事（一）・阿媽的咒詛》〔註166〕，講述者描述自

〔註163〕這名寡婦生下的孩子即是有名的海盜蔡牽，他曾迎接林朝英到海島上殷勤款待，並欲以千兩黃金相贈，林朝英不肯接受，並勸他棄邪歸正。見林藜，《台灣民間傳奇（六）》，頁58～71。
〔註164〕《台灣私法》第二編〈人事・家〉「家長的選任」條（南投：台灣省文獻會，1993年2月），頁477～481。
〔註165〕見黃哲永編，《六腳鄉閩南語故事集》，頁146～149。
〔註166〕見胡萬川編，《龜山鄉閩南語故事（一）》，頁42～47。

己的經驗：後母一來就很兇，會打罵他們，奶奶爲了祖護孫兒常跟後母吵架，奶奶還說，如果她先死，就要讓後母的眼睛看不見；後來奶奶過世那天晚上，後母眞的瞎了，怎麼治療都沒有效。

《台中市民間文學采錄集④・後母蚊》〔註167〕也說，後母常暗地裡打罵前妻子女，又在丈夫面前搬弄是非，而丈夫爲了家庭和諧，往往以省事的心態和後妻站在同一邊，因此有句俗話：「後母出後爸。」閻羅王最氣這種虐待孩子的後母，會將她們燒成灰，再用鼓風機將骨灰吹出去變成蚊子。

舜的母親死後，父親又娶了後母，後母只疼愛自己的兒子象，卻處心積慮想把舜害死。她先是對舜放蠱，接著又要他去修穀倉再趁機放火，後來又叫他去井底撿針再丟下石頭封住井口；幾次都是太白神仙即時搭救。大舜登基後，後母又自稱是國母，穿戴皇帝衣冠，命令手下殺了舜，玉皇大帝便趕緊召來五雷擊斃歹毒的後母（《宜蘭縣口傳文學（上）・大舜耕田》〔註168〕）。後母三番兩次要置大舜於死地，正是後母典型的惡毒形象，終於難逃天譴。

一個冷心腸的繼母，把挑水、種菜、鋤地等勞苦工作都分派給前母所生的孩子，卻從不讓自己的親生兒子去做那些費力的雜事，但這對同父異母的兄弟感情很好，弟弟會背著母親幫哥哥的忙，或把飯盒裡的肉夾給哥哥。一天，繼母要他們分別到山南山北種豆子，等豆子發芽了才可以回家；兩人走到叉路休息時，發現弟弟那袋豆種很小，哥哥的豆種卻很肥大，哥哥想讓弟弟能早點回家，就好意跟他交換。幾天後，哥哥的豆子長芽了，他以爲弟弟的豆種一定長得更快，但回到家卻沒看到弟弟；繼母命令他去找回弟弟，找不到就不必回家了。這繼母交給大兒子的豆種是浸過鹽水，不會發芽的，她原希望將前妻所生的兒子趕出家門，不必再負擔他的生活費，不料她的壞主意竟害死了自己的孩子（《台灣民間傳奇（五）・雲深不知處》〔註169〕）；狠心的繼母害人害己，是上天給她的懲罰。

吳老爺的妻子因難產去世，他爲了找人來照顧小孩才續絃，但繼室心腸

〔註167〕見曾敦香、楊照陽等編，《台中市民間文學采錄集④》，頁208～212。
〔註168〕見邱坤良等編，《宜蘭縣口傳文學（上）》，頁189～191。本文與《羅阿蜂、陳阿勉故事專輯・大舜耕田》（頁2～17）講述者都是陳阿勉，但采錄時間與采錄者不同，故事情節也略有差異。
〔註169〕見林藜，《台灣民間傳奇（五）》，頁47～53。另，《台灣民俗・狠心的繼母》（頁404）中，繼母刻意準備的生豆和熟豆被飛鳥調換了，她的親生兒子播種的生豆沒有一個發芽，繼子播植的熟豆卻長滿了豆子；自此繼母痛覺前非，不再虐待繼子了。

狠毒，竟把才八、九月大的嬰兒放在鐵鑊中拋到溪裡，謊稱孩子不慎落水而死，幸好孩子爲潘姓少女所救；三年後，潘女帶孩子往上游尋親，正巧向吳家求宿，因鐵鑊的出現說明了當年一切；吳老爺父子團圓，將繼室逐出家門，後來又娶潘女爲妻（《台灣民間傳奇（五）·尋根夢得圓》〔註170〕）。繼室與潘女一惡一善，報應不爽。

琅仙的母親死後，父親娶了後妻，後來父親病亡，後母對自己親生的女兒十分疼愛，卻百般折磨琅仙，要她上高山砍柴，下深谷汲水，不得空閒。一天，琅仙在溪谷撿到受傷的鯉魚，帶回家偷偷餵養，鯉魚長大了就放到離家不遠的池塘，每天對牠訴說心事。繼母發現後，故意支使琅仙到遠處汲水，換上她的衣服，模仿她的聲音，引出鯉魚來殺了煮來吃；琅仙失去了知心朋友，就向路旁的有應公祈求賜福給鯉魚和自己，之後竟走上一條岔路，巧遇林員外夫婦正在替女兒做頭七；他們聽說琅仙的身世，又看她衣衫破舊，便把亡女的衣服送給她。琅仙穿上漂亮的衣服去逛廟會，清新的氣質吸引了張姓富家公子的目光；後來林員外受託作媒，琅仙繼母對於能擺脫累贅又能收取聘金十分滿意，但看到迎親隊伍的排場又不禁又妒又氣；不出兩年，收來的聘金用盡，繼母和女兒變得一無所有（《台灣民間傳奇（四）·金鯉作良媒》〔註171〕）。故事裡的繼母又是個壞心腸的女人，連琅仙的鯉魚朋友也不放過；最後琅仙得到好歸宿，繼母則陷於貧窘，傳達了揚善抑惡的意涵。

後母不盡然自私無情，也有和善體貼的例子：

有個員外的妻子自恃家裡有錢，看不起窮人，也從不肯佈施；她死後，員外再娶，這後妻很善良，常濟助親戚鄰里，她生了兩個兒子，但對前妻的兒子也視如己出。這大兒子長大後去參加考試，沒考上；三年後和老二再考，只有老二考上；之後又和老三一起考，還是只有老三考上。後母怕他失去信心，就不斷鼓勵他繼續努力；員外猜想，大兒子是被他母親的壞心眼拖累，便和後妻商量幫他改運；考前一天，後母趁大兒子在木桶洗澡時，用她的「生囝裙」披在他身上，代表他是後母親生，果然大兒子這次就考上了（《宜蘭縣口傳文學（上）·前人囝考校》〔註172〕）。如此後母，更勝親生母親！這故事強調娶妻娶賢，所謂「播著歹田望後冬，娶著歹某一世人」，賢德的妻子能興

〔註170〕見林藜，《台灣民間傳奇（五）》，頁90～98。

〔註171〕見林藜，《台灣民間傳奇（四）》，頁113～126。

〔註172〕見邱坤良等編，《宜蘭縣口傳文學（上）》，頁216～217。

家蔭子，「歹妻」卻會連累後人。

　　上述故事中，善良的後母能爲子孫加添福報，壞心的後母則多受到懲罰；這同樣是父權藉由故事發出警告，要求世上的後母應疼惜前人子女，扮演好母親的角色。

第六章　結　論

　　當母系氏族時代過渡到父權社會，男性逐漸掌握統治權力，建立了父子相繼的宗族體制。爲確保父系血統世代相傳，具有生育能力的女性必須被收編於男性的統治國度。這套繁複完備的收編系統，目的是透過以男性爲中心的婚姻與家庭制度，使女性淪爲替男性生養子嗣的工具；配套的措施則是，以陰陽二元對立思想定義男女性別尊卑，並以禮教法律規範對女子行止進行嚴密監控，再以文學藝術創作深化性別刻板印象，當男性話語無處不有，父權體制即完成建構。於是，女人被形塑爲卑弱柔順的次等人種，甘心安於父系秩序，終生從父、從夫、從子，接受男性統馭支配；如此一來，女人的存在即可符應父權社會的需要，而又不具任何威脅。

　　民間故事記載了民眾的集體想像與記憶，其間自然也反映了存在於社會文化中的性別意識。台灣福佬系故事可說是產生於父權價值全面宰制的歷史語境，故事中的女性往往受制於三從四德等道德規範的重重約束，特別是在婚姻關係、夫妻互動與家庭生活之中，明顯充斥著性別政治運作的痕跡，本文即以此三個面向進行性別解讀。

一、婚姻關係的建立由父權主導

　　按照禮法，婚姻關係的締結須依「父母之命，媒妁之言」，婚事的最終決定權在父親手中，這是「在家從父」觀念的具體呈現，若不接受父親安排，將被視爲不孝。由於嫁娶男女雙方並無感情基礎，甚至婚前不曾謀面，如果丈夫並非理想的對象，在從一而終的禮教要求下，大多數女子會隱忍下來，以前世因果的宿命觀安頓委屈的身心。即便是人與異類的婚戀，依然流露出

夫權至上的訊息：無論是仙女、精怪、走獸亦或女鬼，一旦成為妻的身分，即謹守人妻的傳統角色規範，為凡人丈夫生子、理家或助夫改善生活；當角色互異，女子下嫁精怪或獸類時，對丈夫並不看輕或怠慢，同樣以夫為尊。變例婚姻仍是為父權體系服務：養媳可減省聘金與婚禮花費，使男子容易娶妻成家；招贅婿是為沒有男嗣的家庭解套，以外孫傳續香火；蓄妾更是避免家族無後的堂皇之舉，不過，即使男人已有子嗣仍可娶妾，妾可說是男權膨脹的產物；相對於男子一出生即具有本家宗祧資格，未嫁早夭的女子只能藉由冥婚的方式入祀夫家，這在提醒世間女子，出嫁才是女人最終的歸宿。至於那些堅持婚姻自主的女子，則斷然離家與專制父權劃清界線，她們有的付出生命為代價，對父權社會提出深沉的抗議；也有因命定的運數發跡致富或身分翻轉，重新得到父親接納。女性角色唯有以神仙形象出現時，才有機會擺脫俗世的婚姻束縛。

二、妻從屬於夫，終生不移

在夫妻互動上，由於「夫為妻綱」，丈夫對妻子有管轄支配權，可以休妻、賣妻、以妻易物，或將妻子出借朋友；但妻的身分地位附屬於丈夫，因此，不論丈夫貧賤富貴聰明愚魯，都要夫唱婦隨，盡力助夫成功；這是明顯的兩性權力失衡。妻子如因無知而鬧笑話，將令丈夫臉面無光，還可能因貪念或妄言而給男人帶來麻煩與禍患，這類故事在告誡女子謹言慎行，扮演好「賢內助」的角色。妻對夫並須敬謹專一，如丈夫長年不歸，也要堅貞守候；夫亡則守寡撫孤，不得改嫁，甚至未婚而夫亡也要守節，若毅然以身殉節，更將備受推崇；這些女子付出青春與生命博得高潔聲譽或建坊旌表，可說是受到貞節觀的薰陶鼓動，在歷代女教書籍的推波助瀾下，「男可重婚，女無再適」的偏頗觀念被女性奉為圭臬，父權體制藉以對女性實行單方面的性禁錮，保證丈夫生前死後對妻子的絕對占有。於是，婚外私情成了千夫所指的罪愆，未婚懷孕的女子多以自殺收場，紅杏出牆的妻子則以遭到報應作結，在在昭告女人只能是唯一合法丈夫的性工具，婚前婚後都必須一意守貞；但若是丈夫拈花惹草，妻子必須更加用心服侍，才可能讓丈夫回心轉意。至於姐妹妻妾為奪夫相爭，或女子被負心漢拋棄，則含冤受屈的一方往往藉由超自然的力量實現公義；這意味著，女人唯有死後藉鬼魂的靈力才能展開反擊，揭示了傳統社會中女性身分的卑微與力量的薄弱。

三、傳嗣與持家是主婦的使命

在家庭生活中，生育子嗣是最重要的大事，「怪異兒」、「十兄弟」、棺中產子的故事，皆傳達出民眾殷切求子的期望；不孕令女人背負沉重壓力，但卻未必是女方的責任；如果夫妻並未生育，或寡婦想爲夫家傳後，抑或男子不曾娶妻，大概唯有領養兒子一途；總之，「無後」是大不孝，父系香火必須設法延續。由於男丁才可傳衍後代，因此家庭中普遍重男輕女；生而爲女，就註定了「弄瓦」的卑下身分，對生家而言又是將來要出嫁的賠錢貨，若出身貧戶，可能幼年時即被典賣，給人做養女、養媳或婢女，開始負擔沉重的家務，她們長大後，還可能被轉賣入妓。至於能在生家長大的女兒，除官宦富貴之家可延請塾師坐館，一般女子沒有機會讀書，而由母親教導三從四德的婦道及整治酒食、紡織針黹之事，以便將來能在夫家履行供衣備食等「婦職」。出嫁女子以「婦」的身分取得夫家宗祧後，自此開始理中饋、操持家務的主婦生涯。事奉公婆應曲從順命，孝媳可得美名與善報，不孝媳婦則多遭天譴，兩相對比，以勸誡世人行孝；對公婆不可直呼名諱，言行要謹慎得體，才能得公婆歡心。與叔妹須謙和相處，若搬弄是非，與小叔爭奪家產，不僅陷丈夫於不義，自己也會嘗到惡果，而他日小叔如有成就，兄嫂也與有榮焉；至於小姑找嫂嫂麻煩，或嫂嫂狠心虐待小姑，同樣使家庭失和，受果報譴責的警戒式結局傳達出了「和爲貴」的觀念。待婦女成爲母親後，得以在家庭中擁有較高地位，須善盡撫育教養子女之責；即使身爲後母，亦應善待前人子女；孤兒寡婦雖處境艱難，但寡母門中多孝子，又屢得上天垂顧護佑，讓守節的母親得到安慰與寄託。

四、以故事傳述馴化女性

話語是構成知識的方式，也是施展權力的工具；話語可以塑造個人，使其認同特定的主體位置；[註1] 權力的運作使規訓的社會形成一種規範和控制自我合理化的系統，人們因而屈從於性別系統的規格，並配合社會而自我管制。[註2] 台灣福佬系故事充斥著性別權力宰制的男性話語，正是性別規訓的

[註1]　見黃華，《權力，身體與自我──福柯與女性主義文學批評》，頁38；及克麗絲‧維登（Chris Weeden）著，白曉紅譯，《女性主義實踐與後結構主義理論》（*Feminist Practice & Poststructuralist Theory*）（台北：桂冠，1994年8月），頁128。

[註2]　傅柯在 *The History of Sexuality, Volume One: An Introduction*（《性意識史》）和

一環：故事中的女性角色具有多種面貌，其中，符合男權社會要求的賢妻良母、孝女孝媳、貞節烈婦，可說是父權體系為女性描繪的理想生命藍圖，她們在故事中或得善報或受褒揚，令閱聽者心生景仰，因而自然內化當中的道德規範；反之，不貞、不孝、不慈、不和的女子則得惡報或遭唾棄，具有警世作用，令閱聽者在潛移默化下選擇趨避這些負面行為。無論正反兩類人物，都承載了男性中心的父權思維；這些民間故事就在傳述的過程宣揚並強化父系價值，達成馴化女性的目的，使父權統治更形牢固；這又是性別政治運作的一環，隨著故事的傳布幾乎無遠弗屆。

而女人，生命的標準姿態乃是「婦空空」（《大戴禮記‧主言》），以男性角度為角度，以男性話語為話語，生命的目的在貢獻家庭、成就男人，終其一生無怨無悔；她們隱身家庭之中、男人身後，不知自我主體為何物，更遑論追求自我實現。少數看似衝撞父權秩序的女性角色，其實並未真正擺脫父系思維，如黃祿嫂以婦人身分經商有成，乃是承繼亡夫事業；戴潮春陣營中女將剽悍勇猛，無非是助夫征戰，皆不脫夫唱婦隨的傳統夫妻關係。巧女縱有才智，也只是用來為身邊的男人分憂解難；那些違背父命尋求婚姻自主的女子，最後不是以死抗議就是經由「從夫」之路重新回歸父系秩序；至於女鬼雖得以超自然力量平反冤屈，其復仇行動仍須經由地府閻王認可；即使場景搬到仙界，一般男神女神可平起平坐，仍有至高父權玉皇大帝坐鎮掌控；天庭冥府一如人間，全都是由父權觀點架構出來的。在如此鋪天蓋地無所不在的父權羅網中，女人又如何找到屬於自我的生命的出口？

五、性別平等的省思

女性主義運動發軔於十八世紀末，至今不過兩百餘年，父權統治卻已有數千年歷史，因此，現今標舉男女平權的世代裡，父權意識銘刻的痕跡依然揮之不去：男人應該剛強，女人應該溫柔，這仍是多數人抱持的性別刻板印象，父母師長對男孩女孩的要求與期待也有所不同；女人為避免成就高於另一半，可能選擇隱藏實力；男人總是專心打拼事業，女人卻多半在家庭與工

Discipline and Punish: the Birth of the Prison（《規訓與懲罰》）提出權力系譜學；見卯靜儒，〈重構女性教師的「主體性」研究：女性主義研究觀點的探索〉，收錄於潘慧玲主編，《教育研究方法論：觀點與方法》（台北：心理出版社，2004 年），頁 319～338。

作兩頭奔忙；「女」醫生、「女」法官、「女」總統、「女」強人的稱謂，也標示著真正的性別平等尚有一段距離。當我們閱聽民間故事之餘，藉由細察其間隱含的性別符碼，可透視父權機制綿密的滲透路徑，進而審視反省女性今昔處境的差異。現代社會中，父權已然鬆綁，女性應自覺建立獨立人格，擺脫依賴男性的心態，並將種種習以爲常的性別偏見逐一拔除，畢竟要實現真正的男女平等須得從改變自己本身做起。

參考文獻

一、研究文本

（一）專　書

1. 王詩琅，《台灣民間故事》，台北：玉山社，1999 年 2 月（原《王詩琅全集》第二卷《鴨母王》，張良澤編，高雄：德馨室，1979 年）。

2. 王詩琅，《台灣歷史故事》，台北：玉山社，1999 年 2 月（原《王詩琅全集》第一卷《孝子尋母記》，張良澤編，高雄：德馨室，1979 年）。

3. 吳瀛濤，《台灣民俗》，台北：眾文，1981 年 8 月（原於 1969 年 12 月由台北振文書局出版）。

4. 李獻璋編，《台灣民間文學集》，台北：龍文，1989 年 2 月（原於 1936 年 6 月由台北台灣文藝協會發行）。

5. 林藜，《台灣民間傳奇》1～12，台北：稻田，1995 年 12 月（原《寶島蒐古錄》共 5 冊，於 1978 年由台灣新生報出版）。

6. 施翠峰，《台灣民譚探源》，台北：漢光，1985 年 5 月（原稱《台灣民間文學研究》，於 1982 年 8 月自印）。

7. 陳慶浩、王秋桂編，《中國民間故事全集（一）——台灣民間故事集》，台北：遠流，1989 年 6 月。

（二）各縣市民間故事集

（依縣市別整理，縣市排序依第一本故事集出版時間）

台中縣

1. 《石岡鄉閩南語故事集》（一），胡萬川總編輯，台中縣立文化中心，1993 年 3 月。

2. 《石岡鄉閩南語故事集》（二），胡萬川總編輯，台中縣立文化中心，1993年6月。

3. 《沙鹿鎮閩南語故事集》，胡萬川總編輯，台中縣立文化中心，1994年3月。

4. 《沙鹿鎮閩南語故事集》（二），胡萬川總編輯，台中縣立文化中心，1994年5月。

5. 《大甲鎮閩南語故事集》，胡萬川、黃晴文總編輯，台中縣立文化中心，1995年6月。

6. 《新社鄉閩南語故事集》（一），胡萬川、黃晴文總編輯，台中縣立文化中心，1996年6月。

7. 《清水鎮閩南語故事集》（一），胡萬川、黃晴文總編輯，台中縣立文化中心，1996年6月。

8. 《梧棲鎮閩南語故事集》（一），胡萬川、黃晴文總編輯，台中縣立文化中心，1996年7月。

9. 《新社鄉閩南語故事集》（二），胡萬川、黃晴文總編輯，台中縣立文化中心，1997年6月。

10. 《清水鎮閩南語故事集》（二），胡萬川、黃晴文總編輯，台中縣立文化中心，1997年6月。

11. 《外埔鄉閩南語故事集》，胡萬川、王正雄總編輯，台中縣立文化中心，1998年6月。

12. 《大安鄉閩南語故事集》（一），胡萬川、王正雄總編輯，台中縣立文化中心，1998年6月。

13. 《大安鄉閩南語故事集》（二），胡萬川、王正雄總編輯，台中縣立文化中心，1998年6月。

14. 《大安鄉閩南語故事集》（三），胡萬川、王正雄總編輯，台中縣立文化中心，1999年11月。

15. 《東勢閩南語故事集》（一），胡萬川、王正雄總編輯，台中縣立文化中心，2000年5月。

彰化縣

1. 《彰化縣民間文學集2故事篇》（一），胡萬川總編輯，彰化縣立文化中心，1994年6月。

2. 《彰化縣民間文學集4故事篇》（二），胡萬川總編輯，彰化縣立文化中心，1995年1月。

3. 《彰化縣民間文學集5故事篇》（三），胡萬川總編輯，彰化縣立文化中心，1995年7月。

4. 《彰化縣民間文學集 7 故事篇》（四），胡萬川總編輯，彰化縣立文化中心，1995 年 7 月。

5. 《彰化縣民間文學集 9 故事篇》（五），胡萬川總編輯，彰化縣立文化中心，1996 年 6 月。

6. 《彰化縣民間文學集 17〔線西伸港福興地區〕》，胡萬川、康原、陳益源總編輯，彰化縣文化局，2002 年 4 月。

7. 《彰化縣民間文學集 18〔芬園花壇秀水地區〕》，胡萬川、康原、陳益源總編輯，彰化縣文化局，2002 年 4 月。

8. 《彰化縣民間文學集 19〔員林大村埔心地區〕》，胡萬川、康原、陳益源總編輯，彰化縣文化局，2003 年 5 月。

9. 《彰化縣民間文學集 20〔北斗田尾社頭地區〕》，胡萬川、康原、陳益源總編輯，彰化縣文化局，2003 年 5 月。

10. 《彰化縣民間文學集 21〔鹿港福興和美地區〕》，陳益源總編輯，彰化縣文化局，2004 年 11 月。

11. 《彰化縣民間文學集 22〔溪湖溪州竹塘二林大城二水地區〕》，陳益源總編輯，彰化縣文化局，2004 年 11 月。

嘉義縣

1. 《布袋鎮閩南語故事》，江寶釵總編輯，嘉義縣立文化中心，1997 年 6 月。

2. 《東石鄉閩南語故事集》（一），黃哲永總編輯，嘉義縣文化中心，1999 年 6 月。

3. 《東石鄉閩南語故事集》（二），黃哲永總編輯，嘉義縣文化中心，1999 年 6 月。

4. 《朴子市閩南語故事集》，黃哲永總編輯，嘉義縣文化中心，1999 年 6 月。

5. 《太保市民間傳說》，黃哲永總編輯，嘉義縣文化中心，1999 年 6 月。

6. 《六腳鄉閩南語故事集》，黃哲永總編輯，嘉義縣文化中心，1999 年 6 月。

台中市

1. 《台中市「台灣民間文學」采錄集》，賴妙華等編作，台中市立文化中心，1998 年 5 月。

2. 《台中市大墩民間文學采錄集》，楊照陽等編，台中市立文化中心，1999 年 4 月。

3. 《台中市民間文學采錄集》（四），曾敦香、楊照陽等編作，台中市文化局，2000 年 12 月。

宜蘭縣

1. 《羅阿峰、陳阿勉故事專輯》，林聰明、胡萬川總編輯，宜蘭縣立文化中心，1998 年 6 月。
2. 《宜蘭縣民間文學集》（二），宋隆全、胡萬川總編輯，宜蘭縣立文化中心，1999 年 6 月。《宜蘭縣口傳文學》（上），邱坤良等編作，宜蘭縣政府，2002 年 5 月。

苗栗縣

1. 《苗栗縣閩南語故事集》，胡萬川總編輯，苗栗縣立文化中心，1998 年 6 月。
2. 《苗栗縣閩南語故事集》（二），胡萬川總編輯，苗栗縣文化局，2001 年 12 月。
3. 《苗栗縣閩南語故事集》（三），胡萬川總編輯，苗栗縣文化局，2002 年 12 月。

高雄縣

1. 《鳳山市閩南語故事集》，胡萬川、王長華總編輯，高雄縣立文化中心，1999 年 5 月。

基隆市

1. 《基隆市民間文學采集》（一），余燧賓主編，基隆市立文化中心，1999 年 6 月。

雲林縣

1. 《雲林縣閩南語故事》（一），胡萬川、陳益源總編輯，雲林縣文化局，1999 年 12 月。
2. 《雲林縣閩南語故事》（二），胡萬川、陳益源總編輯，雲林縣文化局，2001 年 1 月。
3. 《雲林縣閩南語故事》（三），胡萬川、陳益源總編輯，雲林縣文化局，2001 年 1 月。
4. 《雲林縣閩南語故事》（四），胡萬川、陳益源總編輯，雲林縣文化局，2001 年 12 月。
5. 《雲林縣閩南語故事》（五），陳益源、潘是輝總編輯，雲林縣文化局，2003 年 5 月。

桃園縣

1. 《蘆竹鄉閩南語故事》（一），胡萬川總編輯，桃園縣立文化中心，2000 年 9 月。
2. 《蘆竹鄉閩南語故事》（二），胡萬川總編輯，桃園縣文化局，2000 年 12

月。

3. 《龜山鄉閩南語故事》（一），胡萬川總編輯，桃園縣文化局，2002 年 11 月。

4. 《桃園市閩南語故事》（一），胡萬川總編輯，桃園縣文化局，2002 年 11 月。

嘉義市

1. 《嘉義市民間文學集 4 閩南語故事》（一），江寶釵總編輯，嘉義市文化局，2000 年 12 月。

2. 《嘉義市民間文學集 5 閩南語故事》（二），江寶釵總編輯，嘉義市文化局，2000 年 12 月。

台南縣

1. 《台南縣閩南語故事》（一），胡萬川總編輯，台南縣文化局，2001 年 4 月。

2. 《台南縣閩南語故事》（二），胡萬川總編輯，台南縣文化局，2001 年 4 月。

3. 《台南縣閩南語故事》（三），胡萬川總編輯，台南縣文化局，2001 年 4 月。

4. 《台南縣閩南語故事》（四），胡萬川總編輯，台南縣文化局，2002 年 4 月。

5. 《台南縣閩南語故事》（五），胡萬川總編輯，台南縣文化局，2002 年 4 月。

6. 《台南縣閩南語故事》（六），胡萬川總編輯，台南縣文化局，2004 年 12 月。

南投縣

1. 《南投縣福佬故事集》（一），胡萬川總編輯，南投縣文化局，2003 年 5 月。

二、書　籍

（一）古籍・史料

1. 《毛詩正義》十三經注疏，台北：藝文印書館，1979 年 3 月。
2. 《周易正義》十三經注疏，台北：藝文印書館，1979 年 3 月。
3. 《周禮注疏》十三經注疏，台北：藝文印書館，1979 年 3 月。
4. 《尚書正義》十三經注疏，台北：藝文印書館，1979 年 3 月。

5. 《儀禮注疏》十三經注疏，台北：藝文印書館，1979 年 3 月。

6. 《論語注疏》十三經注疏，台北：藝文印書館，1979 年 3 月。

7. 《禮記正義》十三經注疏，台北：藝文印書館，1979 年 3 月。

8. 《大元聖政國朝典章》，台北：文海，1974 年 4 月。

9. 《大明會典》，台北：文海，1985 年 10 月。

10. 史典，《願體集》，收錄於張福清編注《女誡——女性的枷鎖》，北京：中央民族大學，1996 年 6 月。

11. 宋若莘，《女論語》，收錄於張福清編注《女誡——女性的枷鎖》，北京：中央民族大學，1996 年 6 月。

12. 明‧仁孝文皇后，《内訓》，收錄於張福清編注《女誡——女性的枷鎖》，北京：中央民族大學，1996 年 6 月。

13. 姚雨薌原纂，胡仰山增輯《大清律例會通新纂‧戶律婚姻》，台北：文海（未著出版年月）。

14. 范曄，《後漢書》，台北：鼎文書局，1978 年。

15. 班固，《漢書》，台北：鼎文書局，1978 年。

16. 陳文達，《台灣縣志》卷一〈輿地志風俗〉，台灣文獻叢刊第一〇三種，台北：台灣銀行經濟研究室，1961 年。

17. 陸圻，《新婦譜》，收錄於《筆記小說大觀五編六冊》，台北：新興書局，1980 年。

18. 董仲舒，《春秋繁露今注今譯》，賴炎元註譯，台北：台北商務印書館，1996 年 12 月。

19. 廖免驕，《醒閨編》，收錄於張福清編注《女誡——女性的枷鎖》，北京：中央民族大學，1996 年 6 月。

20. 劉氏，《女範捷錄》，收錄於張福清編注《女誡——女性的枷鎖》，北京：中央民族大學，1996 年 6 月。

21. 劉向，《新刊古列女傳》，收錄於百部叢書集成‧文選樓叢書，台北：藝文印書館，1965 年。

22. 鄭氏，《女孝經》，收錄於張福清編注《女誡——女性的枷鎖》，北京：中央民族大學，1996 年 6 月。

23. 盧德嘉，《鳳山縣采訪冊》，文叢第七十三種，台北：台銀，1960 年。

24. 台灣慣習研究會，《台灣慣習記事》（中譯本），台中：台灣省文獻會，1984 年。

25. 伊能嘉矩，《台灣文化志》上卷（中譯本），台中：台灣省文獻會，1991 年 6 月。

26. 金關丈夫原編，林川夫重編，〈俚諺中的台灣男女〉，《民俗台灣》第六輯

（原刊本爲日文版，編於 1943～1945），台北：武陵，1990 年 12 月。

27. 吳新榮，〈媳婦仔螺〉，收錄於《民俗台灣》第二輯，林川夫主編，台北：武陵，1990 年 12 月。

28. 臨時台灣舊慣調查會，《台灣私法》第二編（中譯本），南投：台灣省文獻會，1993 年 2 月。

29. 臨時台灣舊慣調查會，《第一部調查第二回報告書》第二卷下，神户：臨時台灣舊慣調查會，1907 年。

（二）專　書

1. 王玉波，《歷史上的家長制》，台北：谷風，1988 年 6 月。

2. 余鶴清，《史學方法》，台北：洪氏出版社，1975 年 2 月。

3. 吳瀛濤，《台灣諺語・俚諺》，台北：眾文，1992 年。

4. 李筱峰，《台灣史 100 件大事》（上），台北：玉山社，1999 年 10 月。

5. 李赫，《台灣諺語的智慧》第 2 冊，台北：稻田，1995 年。

6. 杜學元，《中國女子教育通史》，貴陽：貴陽教育出版社，1995 年 8 月。

7. 卓意雯，《清代台灣婦女的生活研究》，台北：自立晚報，1993 年 5 月。

8. 周嘉辰，《女人與政治》，台北：揚智文化，2003 年 8 月。

9. 周蕾，《婦女與中國現代性——東西方閱讀記》，台北：麥田，1995 年 1 月。

10. 孟悅、戴錦華，《浮出歷史地表》，台北：時報，1993 年 9 月。

11. 林麗珊，《女性主義與兩性關係》，台北：五南，2003 年 7 月。

12. 施翠峰，《台灣鄉土的神話與傳說》，彰化：彰化縣立文化中心，1995 年 6 月。

13. 段寶林，《中國民間文學概要》，北京：北京大學，1985 年。

14. 胡幼慧編，《質性研究：理論、方法及本土女性研究實例》，台北：巨流，2002 年 3 月。

15. 胡萬川，《民間文學的理論與實際》，新竹：清華大學，2004 年 1 月。

16. 唐荷，《女性主義文學理論》，台北：揚智，2003 年 2 月。

17. 高世瑜，《中國古代婦女生活》，台北：台灣商務，1998 年 12 月。

18. 高國藩，《中國民間文學》，台北：台灣學生書局，1995 年 9 月。

19. 高達觀，《中國家族社會之演變・中國家族社會之特性》，台北：東方文化書局，1970 春複印。

20. 張京媛編，《當代女性主義文學批評》，北京：北京大學出版社，1992 年 1 月。

21. 張岩冰，《女權主義文論》，濟南：山東教育出版社，1998 年 12 月。

22. 陳東原，《中國婦女生活史》，台北：河洛，1979 年 9 月。

23. 陳紹馨，《台灣的人口與社會變遷》，台北：聯經，1992 年 3 月。

24. 陳瀅巧，《圖解文化研究》（台北：易博士文化，2006 年 11 月），頁 115。

25. 陶希聖，《婚姻與家族》，台北：台灣商務，1968 年 6 月。

26. 曾秋美，《台灣媳婦仔的生活世界》，台北：玉山社，1998 年 6 月。

27. 黃仕忠，《落絮望天──負心婚變與古典文學》，（西安：陝西人民教育，1991 年。

28. 黃華，《權力，身體與自我──福柯與女性主義文學批評》，北京：北京大學出版社，2005 年 6 月。

29. 廖炳惠編，《關鍵詞 200》，台北：麥田，2003 年 9 月。

30. 趙鳳喈，《中國婦女在法律上之地位》，台北：食貨出版社，1997 年。

31. 劉守華，《故事學綱要》（修訂本），武漢：華中師範大學出版社，2006 年 9 月。

32. 劉安彥，《心理學》，台北：三民，1982 年。

33. 劉還月、李易蓉，《認識平埔族群的第 N 種方法》，台北：原民文化，2001 年 5 月。

34. 潘英，《台灣平埔族史》，台北：南天，1996 年 6 月。

35. 鍾靜文，《民間文學概論》，上海：上海藝文出版社，1990 年 8 月。

36. 瞿同祖，《中國法律與中國社會》，台北：里仁，1994 年。

37. 簡瑛瑛，《何處是女兒家──女性主義與中西比較文學文化研究》，台北：聯合文學，1998 年。

38. 顧燕翎編，《女性主義理論與流派》，台北：女書文化，1996 年 9 月。

39. Beauvoir, Simone de.（西蒙・波娃）著，陶鐵柱譯，《第二性》（*The Second Sex*），北京：中國書籍出版社，1998 年。

40. Millett, Kate.（米利特）著，宋文偉、張慧芝譯，《性政治》（*Sexual Politics*），台北：桂冠，2003 年 12 月。

41. Millett, Kate.（米利特）著，宋文偉譯，《性政治》（*Sexual Politics*），江蘇：江蘇人民出版社，2000 年 9 月。

42. Moi, Toril.（托莉・莫）著，王奕婷譯，《性／文本政治：女性主義文學理論》（*Sexual/Textual Politics: Feminist Literary Theory*），台北：巨流，2005 年 9 月。

43. Phoca, Sophia.著，謝小芩譯，《後女性主義》（Postfeminism），台北：立緒文化，1999 年 12 月。

44. Tong, Rosemarie.（羅思瑪莉・佟恩）著，刁筱華譯，《女性主義思潮》（*Feminist Thought: A Comprehensive Introduction*），台北：時報文化，1996年11月。

45. W. Lawrence Neuman 著，王佳煌、潘中道等合譯，《當代社會研究法》（*Social Research Method: Qualitative and Quantitative Approaches*），台北：學富文化，2002年4月。

46. Weeden, Chris（克麗絲・維登）著，白曉紅譯，《女性主義實踐與後結構主義理論》（Feminist Practice & Poststructuralist Theory），台北：桂冠，1994年8月。

47. Wollstonecraft, Mary.（瑪麗・渥斯通克拉夫特）著，《女權辯護》（*A Vindication of the Rights of Women*），北京：商務印書館，1995。

三、期刊及單篇論文

1. 卯靜儒，〈重構女性教師的「主體性」研究：女性主義研究觀點的探索〉，收錄於潘慧玲主編，台灣師範大學教育研究中心策劃《教育研究方法論：觀點與方法》，台北：心理出版社，2004年。

2. 江寶釵，〈台灣民間文化中呈現的性別意識〉，《台灣歷史文化研討會・性別與文化論文研討論文集》，台灣省文獻委員會，2000年12月。

3. 江寶釵，〈走過的痕跡——嘉義地區文學的採集、調查、整理與研究概述〉，《漢學研究》19卷2期（總74期），2000年5月。

4. 江寶釵，〈開闢一片活水田——訪胡萬川先生，談民間文學〉，《文訊雜誌》155期，1998年9月。

5. 宋美璍，〈資本主義與女權意識——性別差異和權力抗爭〉，《聯合文學》4卷12期，1998年9月。

6. 汪志勇，〈漫談民間文學中的僞品及糟粕〉，《中國通俗文學民間文學學術研討會論文集》，台北：政治大學中文系所主編，教育部顧問室贊助出版，1994年。

7. 阮昌銳，〈台灣冥婚與過房之原始意義及其社會功能〉，《中央研究院民族學研究所集刊》33期，1972年。

8. 周婉窈，〈清代桐城學者與婦女的極端道德行爲〉，《大陸雜誌》87卷4期，1993年10月。

9. 林文寶，〈笑話研究〉，《台東師專學報》13期，1985年4月。

10. 林武憲，〈民間故事的文化透視〉，《精湛》19期，1993年7月。

11. 林培雅，〈近四十年來台灣民間文學的調查、研究狀況〉，《台灣文學研究學報》3期，2006年10月，頁33～52。

12. 施翠峰，〈台灣民間故事的發展及其內容〉，《漢學研究》8 卷 1 期，1990 年 6 月。

13. 洪淑苓，〈女性與智者：巧女故事的兩個介面〉，發表於「婦女文學學術會議」，1995 年 12 月 16 日，收錄於鍾慧玲主編，《女性主義與中國文學》，台北：里仁，1997 年 4 月。

14. 胡萬川，〈台灣地區民間文學調查、采集、整理、研究〉，《文學台灣》123 期，1995 年 1 月。

15. 范姜灯欽，〈台灣方志中所收錄民間文學作品的內容與特色：以 1945 年後纂修之方志為研究對象〉，《國立中央圖書館台灣分館館刊》10 卷 2 期（2004 年 6 月），頁 94～107。

16. 唐羽，〈清代台灣移民生活使之研究（中）——從禁渡與白契文字所作四項慣習之探討〉，《台灣文獻》39 卷 1 期，1988 年 3 月。

17. 張淑麗，〈逆讀明末清初才子佳人小說——從《玉梨嬌》談起〉，發表於「婦女文學學術會議」，1995 年 12 月 16 日，收錄於鍾慧玲主編，《女性主義與中國文學》，台北：里仁，1997 年 4 月。

18. 梅家玲，〈六朝志怪人鬼姻緣故事中的兩性關係——以「性別」問題為中心的考察〉，原發表於「第三屆魏晉南北朝文學與思想學術研討會」，1996 年 4 月，收錄於梅家玲等合著，《古典文學與性別研究》，台北：里仁，1997 年 9 月。

19. 梅家玲，〈依違於婦德與才性之間：《世說新語》〈賢媛篇〉的女性風貌〉，原載《婦女與兩性學刊》8 期，1997 年 4 月，收錄於梅家玲等合著，《古典文學與性別研究》，台北：里仁，1997 年 9 月。

20. 梅家玲，〈漢晉詩歌中「思婦文本」的形成及其相關問題〉，發表於「婦女文學學術會議」，1995 年 12 月 16 日，收錄於鍾慧玲主編，《女性主義與中國文學》，台北：里仁，1997 年 4 月。

21. 莊金德，〈清代台灣的婚姻禮俗〉，《台灣文獻》14 卷 3 期，1963 年 9 月。

22. 陳東原，〈男子眼中的女性美〉，收錄於李又寧、張玉法主編，《近代中國女權運動史料》（上冊），台北：傳記文學出版社，1975 年。

23. 陳益源，〈明清時期的台灣民間文學〉，《中正大學中文學報年刊》3 期，嘉義：中正大學中國文學研究所，2000 年 9 月，頁 183～203。

24. 陳葆文，〈中國古代笑話中妻子形象探析〉，《中外文學》，21 卷 6 期，1992 年 11 月。

25. 陳麗娜，〈「蛇郎」故事在台灣的流傳與變異〉，《美和專校學報》16 期，1998 年 6 月。

26. 彭衍綸，〈淺談台灣民間故事發展概況〉，《國立中央圖書館台灣分館館刊》，5 卷 2 期，（1998 年 12 月），頁 109～121。

27. 黃志民，〈民間文學的範圍〉，《中國通俗文學民間文學學術研討會論文集》，台北：政治大學中文系所主編，教育部顧問室贊助出版，1994 年。

28. 黃嫣梨，〈班昭與《女誡》〉，收錄於《妝臺與妝臺以外——中國婦女史研究論集》，香港：牛津大學出版社，1999 年。

29. 楊國樞、葉光輝，〈孝道的心理學研究：理論方法及發現〉，《中國人‧中國心——傳統篇》，高尚仁、楊中芳合編，台北：遠流，1991 年 7 月。

30. 劉維開，〈傳統社會下我國婦女的地位〉，《社會建設》36 卷 37 期，1979 年 6 月。

31. 劉靜貞，〈劉向《列女傳》的性別意識〉，《中國婦女史論集六集》，鮑家麟編，台北：稻香，2004 年 2 月。

32. 鄭至慧，〈存在主義女性主義——拒絕作第二性的女人〉，《女性主義理論與流派》顧燕翎主編，台北：女書文化，1996 年 9 月。

33. 鄭阿財，〈台灣民間故事傳承與衍變的文化意義〉，《海峽兩岸民間文學學術研討會論文集》，中壢：元智大學中國語文學系，2000 年 7 月。

34. 鄭培凱，〈晚明士大夫對婦女意識的注意〉，《九州學刊》6 卷 2 期，1994 年 7 月。

35. 薛順雄，〈李獻璋《台灣民間文學集》評介〉，《東海學報》38 卷（1997 年 7 月），頁 167～170。

36. 龔浩群，〈從蛇妖到蛇仙〉，劉守華主編，《中國民間故事類型研究》，武漢：華中師範大學出版社，2006 年 12 月。

37. Culler, Jonathan.（喬納森‧卡勒）著，黃學軍譯，〈作為婦女的閱讀〉（"Reading as a Woman"），張京媛主編，《當代女性主義文學批評》，北京：北京大學，1992 年 1 月。

38. Gilbert, Sandra & Guber, Susan.（桑德拉‧吉爾伯特、蘇姍‧格巴）著，董之林譯，〈鏡與妖女〉（"The Mirror and Vamp"），張京媛主編，《當代女性主義文學批評》，北京：北京大學，1992 年 1 月。

39. Gilbert, Sandra（蘇姍‧格巴）著，孔書玉譯，〈「空白之頁」與女性創造力問題〉（"'The Blank Page' and the Issues of Female Creativity"），張京媛主編，《當代女性主義文學批評》，北京：北京大學，1992 年 1 月。

40. Humm, Maggie.（瑪奇‧洪姆）著，《女性主義批評》（*Feminist Criticism*），成令方譯（第一章）：〈女性文學批評〉，《聯合文學》4 卷 12 期，1988 年 9 月。

41. Kristeva, Julia.（朱莉亞‧克里斯多娃）著，程巍譯，〈婦女的時間〉（"Women's Time"），張京媛主編，《當代女性主義文學批評》，北京：北京大學，1992 年 1 月。

42. Mitchell, Juliet.（茱麗葉‧米切爾）著，張京媛譯，〈婦權制‧親屬關係

與作爲交換的婦女〉（"Patriarchy, Kinship, and Women as Exchange Objects"），張京媛主編，《當代女性主義文學批評》，北京：北京大學出版社，1992 年 1 月。

43. 曾曬淑，〈女性主義觀點與藝術創作、藝術史、藝術評論〉（原文：〈女性主義觀點的美術史研究〉，刊載於《中央大學人文學報》15 期，1997 年 6 月，頁 81～121），教育部婦女與性別研究網站，性別與藝術網路畫廊：http://www.ntnu.edu.tw/fna/gender.art/main_2.htm，2008 年 1 月 15 日。

44. 雲霓，〈父權政治凝視下的他者——劉向《列女傳》的女性自殘〉，雲軒中文工作站：http://www.tacocity.com.tw/yini/002.htm，2008 年 1 月 1 日。

四、學位論文

1. 王光宜，《明代女教書研究》，台灣師範大學歷史研究所碩士論文，1999 年。

2. 王釗芬，《「周成過台灣」故事的形成及演變》，東吳大學中國文學研究所碩士論文，1994 年。

3. 安碧蓮，《明代婦女貞節觀念的強化與實踐》，中國文化大學史學研究所博士論文，1995 年。

4. 吳瓊媚，《清代台灣「妾」地位之研究》，台灣師範大學歷史研究所碩士論文，2000 年。

5. 李俐思，《中國民間故事的巧女形象》，台東大學兒童文學研究所碩士論文，2004 年。

6. 張靜茹，《敘事文學中的台灣清代婦女行爲類型研究》，中正大學中國文學研究所碩士論文，1996 年。

7. 許蓓苓，《台灣諺語反映的婚姻文化》，東吳大學中國文學研究所碩士論文，2000 年。

8. 黃淑卿，《林投姐故事研究》，成功大學中國文學研究所碩士論文，2006 年。

9. 黃麗玲，《《女四書》研究》，南華大學文學研究所碩士論文，2003 年。

10. 盧彥光，《清代養女制度之研究》，成功大學歷史語言研究所碩士論文，1992 年。

11. 簡齊儒，《台灣地區蛇郎君故事研究》，中興大學中國文學研究所碩士論文，2000 年。